Druck gefördert durch das Bundesministerium für Unterricht, Kunst und Sport

CIP-Titelaufnahme der Deutschen Bibliothek

Puhm, Rosa:
Eine Trennung in Gorki / Rosa Puhm. - Wien: Verl. für Gesellschaftskritik, 1990
(Biographische Texte zur Kultur- und Zeitgeschichte; Bd. 9)
ISBN 3-85115-121-6
NE: GT

ISBN 3-85115-121-6

Umschlagentwurf: Andrea Zeitlhuber unter Verwendung der Todesurkunde für Dino Maestrelli.
Druck: rema print, Neulerchenfelder Straße 35, A-1160 Wien

BIOGRAFISCHE TEXTE
ZUR KULTUR- UND ZEITGESCHICHTE
Band 9

Rosa Puhm

EINE TRENNUNG IN GORKI

Herausgegeben vom Verein Kritische Sozialwissenschaft
und Politische Bildung

ROSA PUHM

EINE TRENNUNG IN GORKI

Verlag für Gesellschaftskritik

INHALT

NACH DEM ERSTEN WELTKRIEG

IN DER SOWJETUNION

IN DER ZWEITEN REPUBLIK

Meiner Enkelin Dina

NACH DEM ERSTEN WELTKRIEG

Proletarische Kindheit

Eigentlich war meine Geburt eine Enttäuschung für meine Eltern. Nicht, weil sie kein Kind gewollt hätten. Im Gegenteil, sie hatten es sich sehr gewünscht, aber es hätte unbedingt ein Bub sein müssen, nämlich ein gleichwertiger Ersatz für ihren heißgeliebten, vergötterten kleinen Edi, der im Alter von drei Jahren an Gehirnhautentzündung, einer damals nicht heilbaren Krankheit, gestorben war. Sie hatten sich einen ebensolchen Jungen wieder erwartet - und nun hatten sie "nur" ein Mädchen bekommen. Wie mir mein Onkel später erzählte, wirkte sich bei meinem Vater die Enttäuschung über dieses Ereignis vorerst so aus, daß er drei Tage lang nicht nach Hause kam. Er hat sich dann allerdings mit dem Mädchen abgefunden und soll sogar oft des Nachts, wenn ich schrie, mit mir herumgelaufen sein, um mich zu beruhigen, was ja damals die Väter nur sehr selten taten. Das Gefühl, daß ein Bub etwas Besseres ist, habe ich aber mitbekommen. Ich wäre immer lieber ein Bub gewesen. Buben wurden mehr geschätzt und hatten, anders als die Mädchen, das Privileg, schlimm sein zu dürfen.

Darüber, wie sich meine Eltern kennengelernt hatten, wurde zu Hause nie gesprochen. Erst viel später habe ich brockenweise einiges über ihre Jugend erfahren. Die Eltern meiner Mutter waren Wiener Hausmeister. Sie hatten drei Töchter. Karoline, mit einem Schneider verheiratet, starb noch jung an Jahren. Die 16jährige Tochter mußte fortan anstelle der Mutter für ihren erst vierjährigen Bruder sorgen. Die älteste der drei Schwestern, die Marie-Tante, besaß einen Hang zum Abenteurertum. Sie war Federnschmückerin - heute würde man Modistin sagen -, übersiedelte nach einem Konflikt mit ihrem Dienstgeber nach Deutschland, wo sie heiratete; später wanderte sie mit ihrem Mann nach Amerika aus. Die Tochter Lintschi blieb in Deutschland, besuchte eine Schauspielschule und trat dann bis zu ihrer Heirat in Wuppertal auf. Die dritte der Schwestern war Relli, meine Mutter. Sie arbeitete in einer Fabrik, wo sie Korken für Flaschenverschlüsse händisch zuschnitt. In dieser Zeit, zu Ausgang des 19. Jahrhunderts, waren die Arbeitsbedingungen für Fabriksarbeiterinnen noch unvorstellbar schlecht. Meine Mutter sprach manchmal darüber, daß in dieser Fabrik auch die bekannte Sozialistin und spätere Abgeordnete zum Parlament Adelheid Popp gearbeitet hatte. Meine Mutter fand, daß sie sich immer "zu sehr hervorgetan" habe. So wie viele andere Frauen hat auch meine Mutter nicht verstanden, daß die maßlos ausgebeuteten Arbeiterinnen es bitter nötig hatten, sich mehr "hervorzutun", um menschenwürdigere Arbeitsbedingungen zu erreichen.

Die drei Schwestern hingen sehr aneinander, und die Marie-Tante - sie ließ sich gerne "Tante Mary" nennen - schickte uns oft aus Amerika Pakete, eine Tradition, die später ihre Tochter Lintschi aus Deutschland fortsetzte.

Von den Eltern meines Vaters weiß ich nur, daß sie arme Bauern nahe der tschechischen Grenze aus dem Dorfe Rappolz im Waldviertel waren. Mein Großvater väterlicherseits war Invalide. Er hatte Talent zum Malen und malte die Heiligenbilder für die diversen Marterln der Umgebung. Er soll auch musikalisch sehr begabt gewesen sein und versucht haben, meinem Vater das Geigenspiel beizubringen, allerdings ohne Erfolg, wie mein Vater erzählte. Als meine Großmutter noch verhältnismäßig jung an einer Lungenentzündung starb, blieb für die halbwüchsigen Kinder nur der Weg in die Stadt, um selbst ihren Unterhalt zu verdienen. Mit viel Fleiß und Entbehrungen haben es alle vier Geschwister auch geschafft. Mein Vater sprach oft von seiner tristen Lehrzeit, wo er zum Essen "ein Schusterlaiberl am Tag" bekam und immer hungrig war. Er erlernte den Hafnerberuf, brachte es bis zum Meister und übernahm später die Leitung dieser Sparte in einem genossenschaftlichen Betrieb mit dem Namen "Grundstein". Er war sehr gewissenhaft und korrekt. Seine kompromißlose Geradheit, aber auch seine Strenge, die ich selbst zu spüren bekam, waren neben seiner Intelligenz die hervorragendsten Eigenschaften. Meine Mutter hingegen, die schwach und kränklich war, versuchte sich so gut es ging durchs Leben zu schlängeln. Der Bruder meines Vaters, Karl, wurde ein tüchtiger Maurer, der etwas ältere Raimund lernte die Schneiderei und wurde später Kammerdiener beim Kohlenbaron Guttmann, wo es ihm gut gegangen ist. Ich durfte ihn als Kind oft im Währinger Cottage in der Villa des Barons besuchen und bekam von ihm schöne Bücher - Klassiker - geschenkt. Unser Gespräch wurde manchmal von einem Klingelzeichen unterbrochen, da wurde er zu seinem Herrn gerufen. Vaters Schwester Anna, meine geliebte Anna-Tante, spielte in meinem Leben eine sehr große Rolle. Als sie nach dem Tod der Mutter aus dem Waldviertel nach Wien kam, ging sie, wie man damals sagte, "in den Dienst": sie arbeitete im Haushalt bei verschiedenen wohlhabenden Familien. In den Zeugnissen, die ich in ihrem Nachlaß gefunden habe, wird ihr "Treue, Fleiß, Sittlichkeit, Geschicklichkeit, Redlichkeit und Verläßlichkeit" bescheinigt. Für ihre Brüder fühlte sie sich als ältere Schwester gewissermaßen verantwortlich, doch haben später die Ehefrauen der Brüder ihre Fürsorglichkeit als unerwünschte Einmischung abgelehnt. Für sie war Fürsorglichkeit und Hilfsbereitschaft aber ein Bedürfnis. Noch in hohem Alter mit einer nur winzigen Rente fand sie immer noch Gelegenheit zum Schenken. Im "Bassena-Haus", in dem sie wohnte, holten sich die Nachbarkinder bei ihr immer gerne ein Stück vom selbstgebackenen Kuchen, wenn der Duft verriet, daß gebacken worden war.

Mein Vater stieß sehr früh zur sozialdemokratischen Arbeiterbewegung. Es gehört zu meinen ersten Kindheitserinnerungen, daß ich als kleines Mädchen an der Hand meines Vaters inmitten einer großen Menschenmenge mitgezogen wurde, von der ich nur die Beine sehen konnte. Mein Vater hob mich hoch und sagte: "Schau Dir die vielen Menschen einmal an!" Ich riß erstaunt die Augen auf: Da wogte ein unabsehbares Meer von Köpfen dahin, welches die ganze Breite der Straße einnahm. Es wird wohl eine der großen Maidemonstrationen der Wiener Arbeiter im Prater gewesen sein, die ich auf diese Weise zuerst nur von unten und dann auch von oben zu Gesicht bekommen habe. Das Interesse für Politik habe ich von zu Hause mitbekommen. Ich habe Politik immer als Teilnahme am Kampf für mehr Gerechtigkeit verstanden, dem man sich nicht entziehen darf.

Im Leben meiner Mutter bedeutete der Tod ihres dreijährigen Kindes einen so gewaltigen Einschnitt, daß sie sich davon, wie ich glaube, bis an ihr Ende nicht erholen konnte. Sie kränkelte viel und mußte öfter ins Krankenhaus. Als ich noch ganz klein war, bin ich deshalb einmal bei einer hilfsbereiten Nachbarin gelandet: Im kärglichen Zimmer, in dem sich viele Kinder befanden, hatte die Frau in einem hölzernen Trog, in dem sonst die Wäsche gewaschen wurde, Wasser zum Baden der Kinder vorbereitet. Eines nach dem anderen wurde ins gleiche Wasser gesteckt und mit derben Händen abgeschrubbt, wobei jedes von ihnen wie am Spieß zu schreien begann, wenn es an der Reihe war. Es sah für mich schrecklich aus, wie ihre Körper, auch die Köpfe, ins Wasser getaucht wurden, und ich bekam riesige Angst, daß vielleicht die Reihe auch an mich kommen würde. Das war aber zu meiner großen Erleichterung nicht der Fall.

Als die Mutter wieder einmal ins Krankenhaus kam und der Vater in seiner Hilflosigkeit nicht wußte, wohin er mich geben sollte, brachte er mich zu seiner Schwester, der Anna-Tante. Sie hatte zusammen mit ihrem Mann, meinem Onkel Leopold Witzmann, einen Gasthausbetrieb in Währing übernommen. Anfangs war ich sehr scheu und mißtrauisch, aber die mütterliche Wärme, die von der Tante ausging, tat ihre Wirkung. Das Leben bei ihr und dem Onkel gab mir nicht nur Geborgenheit, es war auch interessant: Da waren die Gäste in der Wirtsstube, es wurde Klavier gespielt und gesungen, und ich konnte immer in der Nähe der Tante sein. Ich hielt mich meist an ihren weiten und langen Röcken fest, auch wenn sie herumlief, um die Gäste zu bedienen. Dabei habe ich mir, wie sie mir später erzählte, unzählige Male den Kopf an der Pipe des Bierfasses angeschlagen, die gerade in meiner Kopfhöhe angebracht war. Die beiden Jagdhunde "Lord" und "Flott" wurden meine Spielgefährten. Mit "Flott", dem Weibchen, konnte ich Verstecken spielen, und wir durften zusammen die Zeitung aus der Trafik nebenan holen, wobei "Flott" stolz die Zeitung im Maul heimtrug. Beim Zeitungholen hörte ich eines Tages die Leute in der Trafik aufgeregt davon sprechen, daß es Krieg geben werde und daß alle Männer von zu Hause fort müßten. Erschrocken erzählte ich der Tante darüber, ohne das Gehörte zu begreifen. Es waren die Schüsse von Sarajewo gefallen und Österreich hatte Serbien den Krieg erklärt. In den nächsten Tagen konnte ich des öfteren ausgelassene junge Burschen mit Sträußchen an den Hüten sehen. Es waren die Rekruten, die sich, wie es auf den ersten Blick schien, darüber freuten, für Gott, Kaiser und Vaterland in den Krieg ziehen zu dürfen. Der Erste Weltkrieg hatte begonnen.

Unser Leben begann sich zu wandeln. Onkel und Tante mußten das Gasthaus aufgeben und zogen in eine kleine Wohnung in den Bezirk Ottakring. Meine Eltern übersiedelten mit mir - die Mutter war nun wieder zu Hause - in eine noch kleinere Wohnung im gleichen Haus. Während die Wohnung der Tante aus Küche mit anschließendem kleinen Lichthof und einem Zimmer mit zwei Fenstern bestand, hatte unsere Wohnung nur eine kleine Küche, in welcher auch tagsüber Licht gemacht werden mußte, und ein winziges Kabinett mit einem Fenster, das auf den engen Lichthof ging. Wasser und Klo waren am Gang.

Der Vater mußte einrücken. Er diente als Feldwebel in der Stadt Laibach, die damals zur Österreichisch-ungarischen Monarchie gehörte und wo es ein großes Munitionsdepot gab. Er erzählte oft von der Panik, welche nach schweren Explosionen im Munitionsdepot ausbrach. Auf den Straßen sah man immer öfter Männer, denen Gliedmaßen fehlten. Dem einen fehlte ein Bein, dem anderen ein Arm, dem dritten beides. Ich erinnere mich, wie ich einmal die Tante erschreckte, als ich beim Anblick eines solchen Kriegskrüppels, der mir unsagbar leid tat, den Wunsch verspürte, zu ihm besonders lieb zu sein. Ich konnte mein Gefühl nicht besser ausdrücken und sagte zur Tante: "Ich möchte, daß das mein Vater ist!"

Als die Zeit kam, wo ich zur Schule gehen mußte, bekam ich so wie die anderen Kinder eine Schultasche, die übliche Schiefertafel mit Griffel, Schwamm und Fetzerl, die an einer Schnur außen an der Schultasche baumelten. An der Schule gefiel mir, daß ich lesen lernte. Nun brauchte ich nicht mehr zu warten, bis ich Märchen erzählt bekam, ich las die Märchen jetzt selbst in den billigen Heften, die ich mir kaufen durfte. Sie entrückten mich in die wunderbare Welt verzauberter Prinzen und Prinzessinnen, und nur allzugern wäre ich selbst so eine Prinzessin gewesen, die ihre Untertanen beglückt. Der Unterricht in der Schule wurde mit einem Gebet begonnen, das ich noch auswendig kann. Unsere Lehrerinnen wurden mit einem Knicks und mit "Küß die Hand" begrüßt. Bei allen möglichen und unmöglichen Anlässen sangen wir das Kaiserlied "... Gut und Blut für unsern Kaiser ..." Aber mir kam damals auch ein Lied zu Ohren, in welchem Protest durchklang und das mich sehr beeindruckte, als mir der Sinn bewußt wurde: "Es geht bei gedämpfter Trommel Klang ..." Es handelte von der Füsilierung eines von allen Kameraden geliebten Soldaten, den die Kugel seines besten Freundes trifft:

"Ich hab auf der Welt nur ihn geliebt,
nur ihn, dem man jetzt den Tod doch gibt!
bei klingendem Spiel wird paradiert,
dazu, dazu bin auch ich kommandiert ...

Es haben die neun wohl angelegt
Acht Kugeln, die haben vorbeigefegt,
Sie zitterten alle vor Jammer und Schmerz,
doch ich, doch ich traf ihn mitten ins Herz ..."

Der Krieg richtete sich also nicht nur gegen "den äußeren Feind"! Das war eine neue Erkenntnis!

Die Lebensmittelversorgung wurde miserabel. Oft ging die Mutter des Nachts, wenn ich eingeschlafen war, auf die Straße, um sich um Lebensmittel anzustellen. Manchmal wurde ich wach, und dann war ich in unserer kleinen Kammer ganz allein und bekam große Angst. Ich sah zum Fenster in die schwarze Nacht hinaus und nahm mir vor, die Mutter innigst zu bitten, in der Nacht nicht mehr wegzugehen. Das habe ich dann aber doch nicht fertiggebracht. Ich war sehr mager - man konnte an meinem Körper alle Rippen zählen -, und die Mutter trachtete, mich mit Kinderaktionen aufs Land zu schicken, um mich aufzupäppeln. Aber diese Heimaufenthalte waren durchaus nicht fröhlich, es gab überall ein strenges Regiment, und man behandelte uns wie kleine Rekruten. Bei meinem ersten Kindertransport - ich ging noch nicht zur Schule - stellte man uns bei der Ankunft in Reih und Glied auf, und die Empfangstante sagte, wir sollten schön artig sein und während des Weges immer in der Reihe bleiben. Und so ging ich inmitten einer mir fremden Kinderschar, und dabei blühten rechts und links die Wiesen in voller Pracht, wie ich sie noch nie zuvor gesehen hatte; sie waren voll herrlicher Margeriten. Ich konnte nicht anders, ich lief aus der Reihe und holte mir schnell ein paar von diesen schönen Blumen. Was folgte, war ein Strafpredigt: Man werde sich merken, daß ich ein schlimmes und unfolgsames Kind sei. Oh, hätte ich doch in meinem späteren Leben öfter so gehandelt, wie damals, als ich buchstäblich "aus der Reihe tanzte"!

Daß Kinder auch grausam sein können, zeigt eine Episode von damals, an die ich mich noch erinnere. In diesem Heim nahm mich einmal ein Bub an der Hand, um mir etwas zu zeigen. Er führte mich in die Dachkammer, in der mehrere Kinder zum Schlafen untergebracht waren. Dort befahl er einem Buben: "Herzeigen!" und begann ihn zu puffen und zu stoßen. Dieser Bub, den die Kinder umringt hatten, hob darauf mit trauriger, schuldbewußter Miene sein Hemd hoch und "zeigte her": Seine Genitalien waren stark gerötet und um und um mit Geschwüren bedeckt, die ihm große Schmerzen verursacht haben müssen. In mir stieg Mitleid mit diesem armen Jungen auf, doch war ich zu klein, um etwas dazu sagen zu können. Dem Personal war das Leiden dieses Kindes nicht aufgefallen.

In einem anderen Heim wieder sah man es nicht gerne, wenn die Kinder außerhalb der vorgeschriebenen Zeiten aufs Klo gingen. Schlimm war es aber des Nachts. Im großen Schlafsaal der Kinder war ein Abteil mit Vorhängen für die Erzieherin abgegrenzt, die ihre Ruhe haben wollte. Da die Klosetts weit entfernt lagen, waren am anderen Saalende zwei Kübel aufgestellt, die für die kleine Notdurft bestimmt waren. Es wurde uns aber jeden Abend vor dem Schlafengehen eingetrichtert, es sei nicht nötig, diese Kübel zu benützen. Konnte die Erzieherin einen nächtlichen Kübelgeher hören, dann wurde er ausgeschimpft. Dies hatte zur Folge, daß ich jede Nacht lange in Ängsten wach lag, weil ich fürchtete, auf den Kübel gehen zu müssen, was dann gewöhnlich auch eintrat. Ich schlich mich dann so leise wie möglich, so daß die Erzieherin nichts hören konnte, an die Kübel heran. Als ich einmal nach der Verrichtung wieder schnell ins Bett schlüpfen wollte, schlug ich mich derart am metallenen Seitenteil des Bettes an, daß mir das Blut aus der Scham zu rinnen begann. Da ich vor mich hinweinte, wurde die Erzieherin auf mich aufmerksam, und als man das Blut sah, wurde ich verarztet. Ich fühlte mich sehr verlassen und oft betete ich, der liebe Gott möge die Mutter zu mir schicken - und diese Bitte wurde auch erhört. Der Verein "Settlement" nämlich, welcher diese Kinderaktion organisierte, hatte in Wien seinen Sitz in der Nähe unserer Wohnung. Dort vergaben die Damen dieses wohltätigen Vereins Strickarbeiten an Frauen, die etwas verdienen wollten. Meine Mutter war eine Art Starstrickerin und bei den Damen gut angeschrieben. Die hatten ihr den Vorschlag gemacht, im Kinderheim von Muckendorf, in dem ich gerade war, als Aushilfskraft in der Küche zu arbeiten. Dann wäre sie in meiner Nähe, und wir könnten beide längere Zeit dort verbringen. Aber viel änderte sich dadurch nicht: Die Mutter war in der Küche und ich bei der Kinderschar. Nur fand ich hin und wieder zu meiner Verwunderung, unter meinem Kopfpolster versteckt, ein außergewöhnlich gutes Stück Kuchen, wie wir Kinder es sonst nie bekamen. Es wurde also, wie ich begriff, für das Personal besser gekocht, und da konnte die Mutter manchmal etwas für mich abzweigen.

Meine Eltern entschlossen sich, mich die dritte Klasse der Volksschule im Nachbarort auf dem Land absolvieren zu lassen. Ich verstand mich gut mit den Bauernkindern, mit denen ich oft mein Marmeladebrot gegen schöne Blumen eintauschte. Die Erziehungsmethoden in der Landschule waren hart, und ich mußte oft mitansehen, wie der Lehrer den Kindern mit dem Lineal auf die Finger schlug, so daß sich die Gesichter vor Schmerz verzerrten. Im Gegensatz zur Schule in Wien, wo ich gut und gern lernte, machte mir das Lernen in der Landschule wenig Spaß. Ich erkrankte schließlich an einer schweren Mittelohrentzündung, bekam hohes Fieber und begann zu phantasieren. Als ein Arzt gerufen wurde, veranlaßte er, daß ich ins Krankenhaus nach Wien überführt wurde. Krankenwagen gab es keine, die wurden für die Front gebraucht, und so verfrachtete man mich mit hohem Fieber in einen überfüllten Eisenbahnwaggon. Im ebenfalls überfüllten Krankenhaus lag ich dann mit einem zweiten Kind in einem Bett: eines von uns lag mit dem Kopf am Fußende. Das schlimmste dort aber war, daß es keinerlei Beschäftigung gab und uns die Zeit daher unendlich lang wurde. Nach einem operativen Durchstich des Trommelfells kam ich bald wieder auf die Beine und durfte nach Hause gehen.

Körperlich schwach, war ich für Krankheiten sehr anfällig. Nachdem ich einen Lungenspitzenkatarrh überstanden hatte, kam ich zur vollständigen Ausheilung in das Kindererholungsheim "Am Tivoli" nach Schönbrunn. Dieses Heim wurde, soviel ich mich erinnere, aus amerikanischen Mitteln erhalten. Man versuchte, auf diese Art das Nachkriegselend in den besiegten Ländern zu mildern. In der Schule gab es die "Amerikanische", eine Schülerausspeisung, bei der wir Kinder ein warmes Mittagessen bekamen. Damals kam einmal eine Gruppe von ausländischen Damen in unsere Schulklasse und unterhielt sich mit unserer Lehrerin. Da sie in meiner Nähe standen, hörte ich, wie sie sagten, daß die Kinder in den inneren Bezirken Wiens besser entwickelt wären, was ich irrtümlich auf die geistige Entwicklung bezog. Nach dem Abgang der Damen wurde ich von der Lehrerin nach dem Grund für meinen "Rüssel" - die beleidigt geschürzten Lippen - befragt. Ich teilte ihr mit Entrüstung mit, was ich glaubte, gehört zu haben, und wurde dabei von den Klassenkameradinnen lebhaft unterstützt. Wir Arbeiterkinder hatten eben auch unseren Stolz! Die kluge Lehrerin verstand es, dieses Mißverständnis auf dezente Weise aufzuklären. Daß sich unsere "schlechtere Entwicklung" auf den Körper und nicht auf unseren Verstand bezog, nahmen wir hin.

Im Heim "Am Tivoli" hatte ich es gut, dort gab es keinen Kasernenhofton, und das Personal war nett zu uns. Dem Chefarzt, der ein großer Kinderfreund war, war ich ans Herz gewachsen. Er zeigte mich immer als Paradestück her, wenn eine Delegation kam, um das Heim zu besichtigen. Ich hatte mich gut erholt.

Der Krieg war unrühmlich zu Ende gegangen, die Kaiserbilder von den Wänden verschwunden und das Kaiserlied war nicht mehr zu hören. In dem amputierten und klein gewordenen Österreich, welches für nicht lebensfähig gehalten wurde, entstand in allen Parteien der Wunsch nach dem Anschluß an ein größeres Staatengebilde, insbesondere an Deutschland. Doch damals habe ich von alldem nichts verstanden. Man lehrte uns in der Schule ein Lied, in dem die schwülstigen Worte vorkamen: "... Hebt die Stirn mit edlem Stolze / Euren nord'schen Brüdern gleich / ja, aus deutschem Eichenholze / sind auch wir in Österreich ..." Ich habe also mit einem gewissen Stolz zur Kenntnis genommen, daß auch ich aus deutschem Eichenholz bestehe.

Die einsetzende Geldentwertung habe ich nur insofern in Erinnerung, als ich die Banknoten, die man mir schenkte, ihrer schönen Bilder wegen gesammelt habe. Buchstäblich von einem Tag zum anderen verloren diese Scheine, auf denen die Nullen hinter den Ziffern immer zahlreicher geworden waren, ihren Wert. Wie viele andere auch, hatte meine Mutter ein Sparbuch angelegt und dafür am Notwendigsten gespart. Im Winter heizte sie erst gegen Abend ein, bevor der Vater von der Arbeit kam. Während wir tagsüber meist fleischlos aßen, wurde dem Vater ein besseres Essen vorgesetzt, wobei ihm vorgeschwindelt wurde, wir hätten das gleiche gehabt. Als 1924 die Geldumrechnung kam und bei der Umstellung von der Kronen- auf die Schillingwährung die Nullen auf den Scheinen wegfielen (aus 10.000 Kronen wurde ein Schilling), traf das vor allem die kleinen Sparer, deren Ersparnisse über Nacht zu einem Bettel zusammenschrumpften.

Nach Kriegsende gab es im Rahmen von Hilfsaktionen Kindertransporte in wirtschaftlich besser gestellte Länder wie Holland, die Schweiz usw. Ich war für einen solchen Transport bestimmt worden und kam über die Ferien nach Holland in den kleinen Ort Zwartsluis in der Nähe der Zuidersee. Ich freute mich nicht, es war mir zuwider, mich wieder an unbekannte Menschen gewöhnen zu müssen. Am Bahnhof in Wien hatte man uns Kindern ein Täfelchen umgehängt, mit deren Hilfe uns die für jedes Kind bestimmten Pflegeeltern bei der Ankunft finden sollten. Als sich der Zug mit den vielen Kindern in Bewegung gesetzt hatte und immer weiter von zu Hause fortfuhr, hatte ich nur mehr ein Gefühl, das Gefühl vollkommener Verlassenheit, und ich weinte bitterlich. Meine Pflegeeltern waren sehr gut zu mir. Sie hatten einen Sohn, der etwas jünger war als ich. Mich interessierten aber mehr die im gleichen Ort untergebrachten Kinder aus Wien. Da war vor allem ein netter, schüchterner Bub, der sich oft vor unserem Haus aufstellte und geduldig wartete, bis ich herauskam. Nach meiner Rückkehr habe ich noch lange brieflichen Kontakt mit meinen Pflegeeltern gehabt.

Meine Krankenhaus- und Heimaufenthalte hatten natürlich zur Folge, daß ich oft längere Zeit der Schule fernbleiben mußte. Meine Lernerfolge hat dies aber nicht sehr beeinträchtigt. Meine Eltern wollten auf keinen Fall, daß ich ein "Straßenkind" werde - das wurde als Schimpfname aufgefaßt -, und so durfte ich mich leider nur selten an jenen Kinderspielen beteiligen, die damals in den Arbeiterbezirken vorwiegend auf der Straße stattfanden. Weil höchstens ab und zu ein Pferdewagen durch die Straße fuhr, gehörte diese noch vorwiegend den Kindern. Manchmal durfte ich auch im Park mit den dort versammelten Kindern spielen. Da gab es ungemein viele Aktivitäten, die ganz ohne das Zutun von Erwachsenen abrollten. Im "Diabolo" oder im Schnurspringen brachten es manche zu geradezu akrobatischen Leistungen, wie man sie heute nur mehr im Zirkus sehen kann. Bei den vielen Kreisspielen gab es eine Rollenverteilung, und jedes Kind konnte in diesen Spielen abwechselnd zum Schauspieler, Sänger, Regisseur usw. werden oder als Statist mit den anderen den Kreis bilden. Viele musische und organisatorische Talente sind auf diese Weise angesprochen worden.

Meine Eltern übersiedelten in eine etwas größere Wohnung, die nur eine Straße weiter lag: Gangküche und ein Zimmer mit immerhin zwei Fenstern. Der sehnliche Wunsch nach einer Wohnung in einem der schönen neuen Gemeindebauten blieb unerfüllt, mein Traum von einem eigenen Zimmer schien geradezu vermessen. Die große Korrektheit meines Vaters, der immerhin ein aktiver Sozialdemokrat war, hätte es ihm niemals erlaubt, irgendwelche Beziehungen und Bekanntschaften für die Zuweisung einer Wohnung zu nützen. Im Hause, in dem wir jetzt wohnten, gab es einen Greißler, bei dem wir einkaufen mußten, denn man mußte gut mit ihm stehen - er war der Hausbesitzer. Wenn ich mit der Mutter auf den Markt ging, wo wir billiger einkauften, achteten wir bei der Rückkehr mit den vollen Einkaufstaschen darauf, daß uns der Hausherr nicht sehen konnte. Auch an der Ecke gegenüber gab es einen Greißler, als Konkurrent des Hausherrn kam er jedoch für uns nicht in Frage. Ich habe noch seine Schilder mit den total verwaschenen Anfangsbuchstaben in Erinnerung, die mir immer in die Augen sprangen, wenn ich zum Fenster hinaussah: ".ehl, .rieß, .eis, .utter, .ier".

Von der Mutter wurde ich schon früh angehalten, im Haushalt zu helfen, wobei sie sich der Strenge meines Vaters anpaßte. Den Vater sollte ich einmal wegen einer Bagatelle - genau weiß ich nicht mehr, welches

"Delikt" ich begangen hatte - um Verzeihung bitten. Da ich mich unschuldig fühlte, weigerte ich mich hartnäckig. Es war vor dem Schlafengehen, und der Vater zwang mich, nachdem er zu Bett gegangen war, neben seinem Bett so lange zu knien, bis ich um Verzeihung bitten würde. In diesem ungleichen Kräftemessen blieb ich die Unterlegene und mußte schließlich um Verzeihung bitten für etwas, dessen ich mich nicht schuldig fühlte. Für meinen Vater war die eigene Kindheit Maßstab für seine Erziehungsmethoden. Er erzählte oft, daß er als Kind zur Strafe auf Holzscheiten hatte knien müssen.

Meine besten und schönsten Kindheitserinnerungen sind die Ferien, die ich im Waldviertel verbrachte. Der Onkel und die Tante waren dorthin gezogen, um in Waldhers, dem Nachbarsdorf von Tantes Geburtsort Rappolz, die kleine Wirtschaft einer alten verwitweten Verwandten zu führen, die selbst dazu nicht mehr imstande war. Und ich durfte während der Schulferien bei ihnen im Waldviertel bleiben und habe so die nähere Heimat meines Vaters kennen - und auch sehr lieben gelernt. Was gab es da für herrliche Nadelwälder, in die man hineingeht wie in einen Dom, so mächtig, still und feierlich stehen sie da! Die schönen saftigen Wiesen, die wogenden Getreidefelder, in denen die Mohn- und Kornblumen leuchteten, die blauen Lein- und die bunten Mohnfelder - das alles war für mich neu und in der Stadt nicht zu haben. Und erst die Tiere am Bauernhof! Wenn ich einmal nicht gleich zu finden war, dann wußte man, daß ich im Stall bei den Kühen, den Kälbern oder den Ziegen anzutreffen war. Schon als Kleinkind hatte ich bedauert, daß nicht alle Tiere so wie im Paradies nur darauf warteten, von mir gestreichelt und gekost zu werden. Der Hahn lief davon, wenn ich ihn streicheln wollte und der Löwe in Schönbrunn verschanzte sich gar hinter einem Gitter, damit ich ihn nicht streicheln konnte. Dabei hätte ich mich so gut mit allen verstanden!

Sehr früh begann sich bei mir eine große Neigung fürs Theaterspiel zu entwickeln. So sehr mir aber als Kleinkind das Kasperltheater zuwider war - ich fand alle Puppen dort häßlich -, so sehr interessierte mich später "der Künstler". "Der Künstler", das waren wandernde Theatergruppen, die auf unverbauten Plätzen der Vorstadt unter freiem Himmel bei geringem Eintritt Varieté- und Theatervorstellungen gaben. "Der Künstler" übte auf mich eine große Anziehungskraft aus, und ich erbettelte von der Mutter des öfteren das Eintrittsgeld, um dann glücklich auf einer der Holzbänke zu sitzen und ganz Aug und Ohr für das zu sein, was sich auf der Bühne tat. Später, in der Bürgerschule, entwickelte sich eine neue Beziehung zum Theater. Die Lehrerin Reim, die uns in Deutsch und in Geschichte unterrichtete und die wir überaus verehrten, verstand es, in uns Liebe und Hochachtung gegenüber der Literatur und besonders gegenüber dem Theater zu wecken. Sie animierte uns, gutes Theater anzusehen - auf dem Stehplatz natürlich -, und ihr habe ich die damals völlig ungewöhnliche Tatsache zu verdanken, daß ich bereits als Schulkind, aus einer Ottakringer Arbeiterfamilie stammend, unser ehrwürdiges Burgtheater, das Deutsche Volkstheater, wie es damals hieß, und sogar die Staatsoper kennenlernte. Einmal, es war bei einer "Don Carlos"-Aufführung, war auch unsere Lehrerin mit ihrer Mutter im Theater anwesend, natürlich auf einem Sitzplatz. Und da neben ihr zwei Plätze freigeblieben waren, holte sie mich mit meiner Freundin Milla Schöfer zu sich, um neben ihr Platz zu nehmen. Das war für uns beide der Gipfel der Seligkeit! Der rebellierende Jüngling Don Carlos, die wunderbaren Schauspieler, und das alles im Glanz der Nähe unserer angehimmelten Lehrerin! Ich hatte vor Begeisterung völlig vergessen, daß ich in meiner Hand ein Schokoladebonbon hielt, und erst beim eindringlichen Ruf des Marquis Posa an König Phillip: "Geben Sie Gedankenfreiheit!" merkte ich, daß mir die Schokolade durch die heiß gewordenen Finger rann. Ich war zu dieser Zeit überzeugt, selbst einmal eine Schauspielerin werden zu können, und es tut mir heute noch leid, daß ich es nicht zuwege bringen konnte. Man sagte damals, daß Schauspielerin nur werden kann, wer entweder sehr viel Geld fürs Studium aufbringt oder aber die Betten einflußreicher Theaterregisseure frequentiert. Daß meine Eltern für "Theaterflausen" nichts übrig hatten, war mir klar, und so mußte der Traum vom Theater, wie so viele andere Träume, mit der Zeit begraben werden. Nur bei der Tante im Waldviertel konnte ich während der Schulferien einmal dieser Neigung ungehindert freien Lauf lassen. Der Namenstag der Tante fiel nämlich mit dem Datum meines Geburtstages zusammen, was die Tante gewöhnlich zum Anlaß nahm, ein Festessen mit selbstgebackenen Köstlichkeiten zu veranstalten. Um auch einmal aus diesem Anlaß mit etwas Besonderem in Erscheinung zu treten, wollte ich mit einigen befreundeten Dorfkindern Theaterszenen aufführen und alle Eltern der Kinder dazu einladen. Die Anna-Tante hatte nicht nur nichts dagegen, sie half auch aus, wo es nur ging. Ich hatte mich für einige Szenen aus dem "Verschwender" von Ferdinand Raimund entschieden. Einiges Kopfzerbrechen bereiteten die Zaubereien und Verwandlungen in diesem Stück. Aber wir schafften es. Die Leintücher, die uns die Tante zur Verfügung stellte, leisteten gute Dienste als Vorhang, aber auch als malerische Drapierung für das Kostüm der guten Fee Cheristane. Um es kurz zu machen: Die Aufführung wurde ein voller Erfolg. Sie fand in unserem Garten statt, wo zwischen zwei Bäumen der Vorhang gespannt war und alle verfügbaren Sessel und Bänke den "Zuschauerraum" bildeten. Die Eltern der Bauernkinder waren gekommen, bewunderten die "Schauspieler" und spendeten reichlich Applaus.

Das Leben während der Ferien auf dem Land gefiel mir außerordentlich. Bei jeder Arbeit wollte ich mitmachen. Bei der Heumahd ließ man mich "Heuumdrehen", bei der Getreideernte durfte ich die zum Garbenbinden nötigen "Bandeln" machen. Es war herrlich, nach der Heumahd weich gebettet oben auf dem Heuwagen zu liegen, der von Ochsen gezogen, langsam die staubige Landstraße dahinschaukelte. Ich habe jetzt an meiner Wand im Zimmer die kleine Reproduktion eines Bildes von Pieter Breughel hängen, welche die Erinnerungen an meine Landerlebnisse im kleinen Waldhers lebhaft wachruft: Während einige fleißige Schnitter das reife Korn mit der Sense schneiden und in Garben binden, sitzen die anderen bereits im Schatten eines Baumes versammelt, und laben sich an Speis und Trank.

Während die Ferien auf dem Land immer eine wahre Erholung für Körper und Seele waren, war das Leben in der kleinen elterlichen Wohnung in der Stadt eng und bedrückend. Am Land hatte ich die Tiere und mehrere Gespielinnen. Hier in der Stadt war es nur meine Schulfreundin Milla, mit der ich mich treffen durfte.

Um die Aufklärung heranwachsender junger Mädchen war es schlecht bestellt. Auch als wir reifer wurden, wurde weder in der Schule noch im Elternhaus von "solchen Dingen" gesprochen. Wir steckten oft die Köpfe zusammen, wenn eines der Mädchen den anderen ihr erworbenes Wissen mitteilte. Dies war auch die Art und Weise, wie ich erfuhr, daß es so etwas wie die Menstruation gibt und daß dies etwas "Furchtbares" sei. Hätte ich nicht wenigstens diese fragwürdige "Information" gehabt, ich wäre wahrscheinlich in Panik verfallen, als einige Tage darauf das besagte Ereignis bei mir eintrat. Später, als ich bereits aus der Schule war, erregte ein wissenschaftlicher Aufklärungsfilm über das Entstehen menschlichen Lebens, der in die Kinos kam, großes Aufsehen. Er rief eine Menge Proteste hervor und wurde sogar mit Jugendverbot belegt, obwohl gerade ein solcher Film für die Jugend von Wichtigkeit gewesen wäre! Meine Freundin und ich haben uns ins Kino schwindeln müssen, um diesen Film zu sehen, der uns notwendige und interessante Aufschlüsse vermittelte.

Reibereien gab es in der Schule nur mit unserem Katecheten. Man muß bedenken, daß viele Väter der Schulkinder, so wie auch mein Vater, Freidenker und aus der Kirche ausgetreten waren. Dies färbte natürlich auf uns Kinder ab. Außerdem hatten wir in Naturlehre die faszinierende Geschichte der Entstehung unserer Erde kennengelernt. Wir widersprachen deshalb unserem Katecheten, wenn er z.B. von der Entstehung der Erde in sieben Tagen aus der Sicht der Religion sprach. Dabei war ich eingestandenermaßen eine Rädelsführerin gewesen. Der Katechet schickte mich deshalb zu Beginn des Unterrichts immer in die letzte Bank und schloß mich somit faktisch vom Unterricht aus. Ich nahm es zufrieden zur Kenntnis und las in meiner letzten Bank in Ruhe ein Buch. Schon als Kleinkind habe ich den lieben Gott keineswegs als den freundlichen Vater empfunden, als den man ihn mir einreden wollte. Ich sollte jemanden lieben, der überall seine Nase drin hat, weil er allwissend ist, der immer da ist, auch wenn man gern allein sein möchte - das gefiel mir nicht!

Mit meinem Größerwerden kam zu den Bedenken wegen der Widersprüche und Ungereimtheiten innerhalb der Religionslehre hinzu, daß damals kirchliche Würdenträger wie der Prälat Ignaz Seipel in der Politik mächtig mitmischten, sehr zum Schaden der arbeitenden Menschen. Als ich großjährig geworden war, trat ich im Einverständnis mit meinem Vater aus der Kirche aus.

Die Schule war für mich zu Ende, und ich bekam ein gutes Abschlußzeugnis. Noch hatte ich mir keine Gedanken gemacht, was weiter sein würde. Die Tante, die selbst viel nähte, hatte öfter davon gesprochen, daß es sehr praktisch wäre, Schneiderin zu werden, dann könne man sich alle Kleider selber nähen. Mir aber klang in den Ohren der Satz, den ich so oft von verschiedenen Leuten gehört hatte: "Das Mädl hat Talent, ihr müßt es etwas lernen lassen!" Ich hätte auch für mein Leben gern "etwas gelernt", d.h. studiert, mehr Wissen geschöpft, denn mein Wissensdurst war immer schon groß. Freilich wäre das damals in einer Arbeiterfamilie, noch dazu für ein Mädchen, ganz ungewöhnlich gewesen. Ich kenne auch niemanden in meiner näheren Verwandtschaft, dem es beschieden gewesen wäre, ein Studium zu absolvieren. So gab es beim entscheidenden Schritt ins Leben allerorts nur Ungewißheit, Unsicherheit, Hilflosigkeit. Dazu kam die allgemeine trostlose wirtschaftliche Situation. Die Wirtschaftskrise begann sich auszubreiten, und die Lasten, welche nach dem Zerfall der Monarchie von dem klein gewordenen Österreich getragen werden mußten, wurden von der damaligen Regierung immer offener auf die Werktätigen abgewälzt. Die Zahl der Arbeitslosen nahm zu. Gab es zur Zeit meines Schulaustrittes 200.000 Arbeitslose in Österreich, so waren es zehn Jahre später bereits mehr als eine halbe Million. Nachdem es zu Hause über meine Berufsaussichten eine erregte Diskussion gegeben hatte, in die ich selbst aber nicht einbezogen worden war, ging die Mutter mit mir am folgenden Tag zu einer Handelsschule und ließ mich in einen Abendkurs einschreiben, der ein paar Monate dauerte. Ich lernte Stenografie und Maschinschreiben sowie einfache Buchhaltung, die mir aber ganz und gar nicht lag. Das war alles nicht nach meinem Wunsch, und der leise Vorwurf an meine Eltern - den ich allerdings nie ausgesprochen habe - ist geblieben, daß mein insgeheim erhofftes Studium weniger an den begrenzten finanziellen Möglichkeiten - mein Vater verdiente ganz gut - als am mangelnden Verständnis gescheitert ist.

Nach Abschluß des Kurses begann ich mit der Stellensuche. Täglich sah ich die Zeitungsinserate durch. Ich schrieb Stellengesuche und hatte Glück: Ich wurde in einem damals sehr renommierten, heute nicht mehr existierenden Herrenkleiderhaus auf der Mariahilferstraße als Kontoristin mit bescheidenem Anfangsgehalt aufgenommen. Gemeinsam mit der Buchhalterin erledigte ich die anfallenden Büroarbeiten, schrieb Briefe und mußte vor allem viel rechnen, so zuwider mir das auch war. Rechenmaschinen gab es nicht. Ich zählte ellenlange Zahlenkolonnen in den Büchern zusammen und setzte dies auch nachts im Traum fort. Während der Mittagspause der Geschäftskassierin und während ihres Urlaubs vertrat ich sie an der Kassa, wo auch das Telefon zu bedienen war. In Anbetracht eines manchmal sehr hektischen Kaufhausbetriebes war dies eine gewaltige Anforderung an ein damals gerade erst 15 Jahre alt gewordenes Mädchen. Der Seniorchef der Firma war in jeder Hinsicht ein harter Bursche, der es verstand, aus seinen Angestellten das Letzte herauszuholen. Wenn er von seinem Schreibtischsessel aufsprang, um nervös im Geschäft herumzulaufen, tuschelten die Angestellten, man möge sich auf Zornausbrüche gefaßt machen, denn den Chef plagten wieder einmal seine Hämorrhoiden! Ein Lehrjunge beging einmal die Dummheit, das Geld für einen Anzug, den er bei einem Kunden abgeliefert hatte, für sich zu behalten. Der Chef schmiß ihn daraufhin nicht nur hinaus, er ließ ihn auch von der Polizei abführen. Ich begann diesen Mann zu hassen, der mir nach und nach zum Inbegriff eines kapitalistischen Ausbeuters wurde.

Bei meinem Vater, der Sozialdemokrat war und auf der Seite der Ausgebeuteten stand, hatte ich zu Hause oft Diskussionen mitangehört, wenn seine Freunde zum Kartenspielen zu uns kamen. Diese Diskussionen weckten in mir den vorerst noch schwärmerischen Wunsch, auch selbst für die Ausgebeuteten und Unterdrückten etwas zu tun. Jetzt begann ich zu begreifen, daß ich nicht, so wie ich oft als Kind geträumt hatte, wie eine Prinzessin im Märchen Geschenke an die Armen verteilend durch die Straßen gehen würde - ich selbst gehörte zu diesen Armen und niemand würde mir etwas schenken. An meinem Arbeitsplatz bekam ich dazu praktischen Anschauungsunterricht. Man mußte gemeinsam für ein besseres Leben kämpfen. Mein Vater hatte nichts dagegen, als ich ihm sagte, daß ich in die sozialistische Jugendorganisation ("SAJ") eintreten wolle.

Kämpferische Jugend

Von diesem Zeitpunkt an verlagerten sich meine Interessen immer mehr auf die Jugendorganisation. Zusammen mit meiner ehemaligen Mitschülerin Hanni Toiflhart, die ich dort wiedersah, ging ich nach der Arbeit in Vorträge oder zu den geselligen Zusammenkünften. Ich erinnere mich, wie begierig ich die Worte der Versammlungsredner aufnahm, die sich gegen soziale Ungerechtigkeit richteten, und mit welch feierlicher Andacht ich am Ende einer solchen Veranstaltung in das schöne "Lied der Arbeit" oder die "Internationale" einstimmte. Die Gemeinschaft der Jugend zog mich an wie ein Magnet, am liebsten wäre ich immer in dieser Gemeinschaft geblieben. Ich begann aus mir herauszugehen, mich selbst neu zu entdecken und mich aus einem braven und allzu folgsamen Kind zu einem jungen Menschen mit wachsendem Selbstbewußtsein zu mausern. Zu Hause - der Vater kümmerte sich anfangs wenig darum - merkte meine Mutter mit wachsendem Mißtrauen, daß sich mein Wesen veränderte: Ich ließ mir nicht mehr befehlen, begann zu widersprechen und wurde immer aufmüpfiger. Ich erwartete immer sehnlich den Abend, um mit meinen Gleichgesinnten sein zu können. Wenn es keine anderen Aktivitäten gab, zogen wir singend durchs Liebhartstal, oft sehr zum Ärger der ruhebedürftigen Bürger.

Damals setzten bereits auch faschistisch orientierte Jugendverbände ihre Aktivitäten. Wir betrachteten es als unsere Aufgabe, sie dabei zu stören. Als einmal die Versammlung einer solchen Organisation von uns gesprengt wurde, verhaftete die Polizei einige unserer Jugendlichen. Meine Freundin Hanni und ich suchten deshalb den Nationalrat Albert Sever im Arbeiterheim Ottakring auf, um ihn zu bitten, sich für die Freilassung dieser Jugendlichen einzusetzen. Wir fanden ihn in der Gaststube des Arbeiterheimes gemütlich bei einem Krügel Bier sitzend. Nachdem er uns angehört und mit den Augen gemustert hatte, meinte er, so junge Dinger wie wir hätten bei solchen Versammlungen nichts verloren, sondern gehörten ins Bett. Wir waren enttäuscht. Ob er für die Jugendlichen bei der Polizei interveniert hat, weiß ich nicht.

Ein großer Festtag war immer der 1. Mai, der damals tatsächlich noch als Kampf- und Feiertag der Arbeiterschaft begangen wurde. Bereits in den frühen Morgenstunden wurden wir in Ottakring von zwei Bläsern des Republikanischen Schutzbundes geweckt, die den Weckruf blasend durch die Gassen zogen. Von den Fenstern der Arbeiterhäuser flatterten unzählige rote Fähnchen. Freudig erregt sammelte man sich an den Treffpunkten und zog mit Fahnen und Transparenten in die Stadt zum Rathaus. Bei einer Maidemonstration war mir im Vorbeimarschieren aufgefallen, daß es auf dem Platz vor der Votivkirche ebenfalls eine

Maikundgebung gab. Ich war neugierig und ging hin, um mir das näher anzusehen. Die Losungen dort waren radikaler als jene der SAJ und imponierten mir. Ich notierte im Kopf, daß es außer uns noch andere Kämpfer für die Sache der Arbeiter gab und daß sie sich "Kommunisten" nannten. Bei Aktionen unserer SAJ-Gruppe gegen den aufkeimenden Faschismus kamen wir dann öfter mit kommunistischen Jugendlichen in Berührung, die sich an diesen Aktionen beteiligten. Ihr entschlossenes Auftreten gefiel mir. In zahlreichen Diskussionen fanden die radikaleren Ansichten der kommunistischen Jugendlichen immer mehr Zustimmung. Die Politik der sozialdemokratischen Parteiführung, die vor den Reaktionären zurückwich, denen die Errungenschaften der Arbeiterschaft ein Dorn im Auge waren, wurde kritisiert. Die Politik der Sozialdemokraten richtete ihr Hauptaugenmerk auf das Bildungswesen; doch jenem großen Teil der Jugend, der arbeitslos und buchstäblich dem Hunger und dem Elend preisgegeben war, bedeuteten die schönen Sprüche "Bildung macht frei" und "Wissen ist Macht" wenig, sie brauchten Arbeit. Es kam zu Austritten aus der vom Parteivorstand gegängelten SAJ und zur Gründung der "Unabhängigen Sozialistischen Jugend", die sich später dem Kommunistischem Jugendverband (KJV) anschloß. Ich trat ebenfalls dem KJV bei, doch durften dies meine Eltern nicht wissen, denn sie hatten mir verboten, mich mit Kommunisten zu treffen. Dieses Verbot bewirkte natürlich bei mir keinen Gesinnungswechsel, dafür aber wurde die Kluft zwischen den Eltern und mir immer größer. Ich hatte manchmal versucht, mit meinem Vater über politische Probleme zu sprechen, doch hatten diese Gespräche in der Regel mit den Worten meines Vaters geendet, daß ich noch zu jung sei, um das alles zu verstehen. Je mehr ich aber in Vorträgen und Versammlungen sowie aus Büchern über die Geschichte der österreichischen und der internationalen Arbeiterbewegung erfuhr, umso deutlicher wurde für mich, wie verhängnisvoll die Politik der Sozialdemokratie für die Arbeiterschaft gewesen ist. Bei Ausbruch des Ersten Weltkriegs war die Sozialistische Internationale zerfallen, weil sich ein großer Teil ihrer Führer auf die Seite der Hurrapatrioten ihrer Länder gestellt hatte. Unsere Leitbilder hingegen waren Rosa Luxemburg und Karl Liebknecht in Deutschland, die sich mutig gegen die Welle des Chauvinismus gestemmt und eine neue Linke gebildet hatten. Rosa Luxemburg und Karl Liebknecht, die von den Bütteln der Chauvinisten bestialisch ermordet worden waren, lebten weiter in den Liedern, die wir sangen. In den "Spartakistenliedern", die nach dem blutig niedergeschlagenen Spartakusaufstand in Deutschland entstanden waren, fand der bewaffnete Kampf seinen Niederschlag, der allein nach unserem damaligen Verständnis zur Befreiung der Arbeiter führen konnte. Wir sangen das Lied vom "kleinen Trompeter", den eine feindliche Kugel traf, oder von der Jungen Garde: "... im Arbeitsschweiß die Stirne, der Magen hungerleer, die Hand voll Ruß und Schwielen umspannet das Gewehr ..."

Aber es gab auf der Welt auch ein entgegengesetztes, ein positives Beispiel. Ich erfuhr, daß auf einem Sechstel der Erde, nämlich in Rußland, die Revolution unter der Führung der dortigen Bolschewiki 1917 gesiegt hatte und daß dort die Arbeiter und Bauern darangingen, ihren eigenen Staat ohne Kapitalisten aufzubauen. Tatsächlich blickten damals die Arbeiter der ganzen Welt voll Hoffnung und Sympathie auf dieses Land. Als dies alles in meine Gedankenwelt eindrang, hatte es den Anschein, als wären die ärgsten Schwierigkeiten, die Bürgerkrieg und ausländische Interventionen in Rußland mit sich gebracht hatten, bereits überwunden, und als sei die Zeit für einen glanzvollen Aufbau gekommen. Auch für viele Sozialdemokraten in Österreich war die Sowjetunion damals eine große Hoffnung. Ich erinnere mich an eine Ausstellung, die die Hernalser Sozialdemokraten unter dem Titel "Das rote Wien und das rote Moskau" organisiert hatten und in der die sozialistischen Errungenschaften dieser Städte gezeigt wurden. Wien mit den Maßnahmen eines Stadtrates Hugo Breitner im Finanz-, eines Julius Tandler im Sozial-, und eines Otto Glöckel im Schulwesen konnte sich tatsächlich sehen lassen. Dies wurde aber von den Kommunisten nicht gewürdigt, sondern es wurde ausschließlich auf die negativen Seiten der sozialdemokratischen Politik hingewiesen, womit man sich selbst den Zugang zu den sozialistischen Arbeitern erschwerte.

Großes Aufsehen gab es, als Eisensteins grandioser Film "Panzerkreuzer Potemkin" aus der Sowjetunion nach Wien kam. Schon Wochen, bevor er eintraf, wurde in den Zeitungen über ihn geschrieben. Als er da war, stellten wir uns sofort an den Kinokassen um Karten an. Ich gehörte zu den ersten und habe, so wie die anderen Kinobesucher, mit angehaltenem Atem die Ereignisse auf dem Panzerkreuzer und in der Stadt Odessa während der Meuterei der Matrosen im Jahre 1905 verfolgt. Mit einem solchen Thema hatte sich bis dahin noch kein Film auseinandergesetzt. Ich habe ihn mir später noch einige Male angesehen. Als ich ihn nach dem 15. Juli 1927 wiedersah, wurde mir übel, und ich mußte den Saal verlassen. Die Bilder von der zaristischen Polizei, die schießend im Gleichschritt wie eine exakte Mordmaschine über die Treppen von Odessa schreitet, Leichen von Frauen und Kindern hinter sich lassend, hatten eine erschreckende Ähnlichkeit mit der schießenden Wiener Polizei des 15. Juli 1927.

Das Pfingsttreffen des KJV 1925

Als 1925 das Pfingsstreffen des KJV in Linz stattfinden sollte, war es mein heißer Wunsch, mit dabei zu sein - doch über Nacht durfte ich nicht von zu Hause fort. Da wurde, um mir zu helfen, ein Plan ausgeheckt: Eines der Mädchen ging mit mir nach Hause und bat meine Eltern, mir zu erlauben, mit einer Wandergruppe der "Naturfreunde" über Pfingsten auf eine Tour mitzukommen. Die mißtrauische Frage meines Vaters, ob es sich nicht um Kommunisten handle, wurde natürlich verneint, worauf mein Vater meinte, er wolle es sich noch überlegen. Knapp vor der Abreise übergab er mir dann ein Schriftstück, das er aufgesetzt hatte und in dem ich bestätigen sollte, daß ich nicht mit Kommunisten zusammentreffe. Ich unterschrieb bedenkenlos und eilte voll Freude zu meinen Freunden. Schon am Westbahnhof gab es einigen Wirbel. Die Polizei, die das Treffen verboten hatte - Begründung: in Linz fänden zur gleichen Zeit "andere Festlichkeiten" statt -, stöberte in den Rucksäcken herum, suchte vergeblich nach "Waffen" und eroberte mit Gewalt die Fahnen, die wir mit hatten. Als sich aber der Zug in Bewegung gesetzt hatte, flatterte vorne aus dem Fenster trotzdem eine rote Fahne. In Linz war die Polizei bereits alarmiert, denn das monarchistische "Kameradschafts- und Veteranentreffen", das dort über die Bühne ging, mußte geschützt werden. Wir stiegen in Kleinmünchen, einem Vorort von Linz, aus und zogen von dort Lieder singend in die Stadt, wo uns die Polizei bereits erwartete und sofort auf alles, was jung war und Wanderblusen trug, wild Jagd machte. Ich lief und merkte, wie die Laufschritte eines Polizisten hinter mir immer näher kamen und wie sich schließlich seine Hände in meine Bluse verkrallten. Die hätte ich ihm am liebsten überlassen, so wie ein verfolgte Eidechse auf ihre Schwanzspitze verzichtet, um entkommen zu können. Er aber hielt mich fest, und zusammen mit vielen anderen Eingefangenen wurde ich auf ein Lastauto gestoßen und in den Polizeiarrest gebracht, der bald überfüllt war. Damals wurden über 220 Jugendliche verhaftet, viele wurden von der wild mit Säbeln dreinschlagenden Polizei verletzt, manche auch schwer. Das alles war vorerst ein großer Schreck und ein Dämpfer für meine Begeisterung, und erst am trotzig zur Schau getragenen Verhalten meiner Mitgefangenen, die energisch protestierten, konnte ich mich nach dem ersten Schock wieder aufrichten. Ich hatte meine Feuertaufe erhalten. Zu meiner Überraschung wurde ich aufgerufen und freigelassen. (Alle anderen wurden später gemeinsam mit der Bahn nach Wien abgeschoben). Draußen erwartete mich einer von uns, den sie nicht erwischt hatten. Es war der Peperl Ronczay, dem ich nicht gleichgültig war und der es offensichtlich fertiggebracht hatte, die Polizei davon zu überzeugen, daß ich nur "zufällig" in diesen Wirbel geraten war. Darüber freuten wir uns beide sehr und fuhren zusammen durch die schöne Wachau zurück. Für uns gab es also doch noch einen guten Pfingstausklang, der gleichzeitig meine erste Liebe eingeläutet hat. Ich hatte die vage Hoffnung, daß meine Eltern vielleicht von meinem Schwindel nichts erfahren würden. Dies stellte sich aber bald nach meiner Rückkehr als Illusion heraus, denn es kam eine Vorladung zur Polizei ins Haus geflattert. Nicht nur, daß ich zu Hause allerhand zu hören bekam, meine Mutter kam auch zur Polizei mit und erklärte dort, man möge mich nur bestrafen, denn mir sei ohnehin der Umgang mit Kommunisten verboten worden. Die Strafe bestand damals in einem Linz-Verbot, ich glaube, für drei Jahre. Ich habe mich damals sehr geschämt, aber nicht wegen meines "Deliktes", sondern wegen der erniedrigenden Bevormundung, der ich ausgesetzt worden war.

Der Peperl, mein Befreier aus der Linzer Haft, war faktisch das Haupt unserer Hernalser Jugendgruppe. Zusammen mit zwei guten Freunden, dem Kurt Maiwald und dem Joschi Tesarek - dieser war wahrscheinlich der einzige unter uns, der aus einer Bürgerfamilie stammte -, bildeten sie ein Dreigespann, das sich bei uns großer Beliebtheit erfreute. Peperl war ein hübscher und intelligenter Bursche, der es ausgezeichnet verstand, unsere Gruppe zusammenzuhalten, die eine verschworene Gemeinschaft geworden war. Er gefiel mir sehr, und es war ein eigenartiges Gefühl von Angst und Freude zugleich, das mich befiel, als ich merkte, daß dieser umschwärmte Bursche um mich zu werben begann. Er wußte auch wie. Mit Speck fängt man bekanntlich Mäuse, und der Speck bestand in meinem Fall weder aus Blumen noch anderen Geschenken (so etwas wäre uns zu "bürgerlich" vorgekommen), sondern aus Broschüren mit den Lehren des Marxismus, die ich mit großem Interesse verschlang, auch wenn mir nicht alles verständlich war, was darin stand. Es begann die Zeit der jungen Liebe, und sie war so schön, wie eben eine junge Liebe voll Romantik nur sein kann. Wir trafen uns so oft, wie nur möglich, und wir waren beide sehr glücklich. Aber nun kam zu meinen schon vorhandenen Schuldgefühlen den Eltern gegenüber noch ein neues Schuldgefühl dazu: Ich hatte einen Freund! Als er mich eines Abends nach Hause begleitete, kam meine Mutter gelaufen, die uns vom Fenster aus kommen gesehen hatte, und verabreichte mir auf der Straße eine Ohrfeige. Damit wurde ein neuer Tiefstand in der Beziehung zu meinen Eltern eingeleitet. Schließlich wurde mir sogar nachspioniert. Wenn meine achtsamen Freunde die Mutter auftauchen sahen - entweder war dies in unserem Stammpark, dem damals noch existierenden "Rosensteinpark", oder in einem unserer Veranstaltungslokale -, brachten sie mich schnell durch eine Hintertür in "Sicherheit". Ich erinnere mich nicht gern dieser unwürdigen Zeit, wo ich mit Schlägen zur "Räson" gebracht werden sollte. Jedes spätere Nach-Hause-Kommen, in dem man vermutete, daß ich dort gewesen wäre, wo zu sein mir verboten worden war, wurde mit Schlägen quittiert. Als "folgsames" Kind war ich nicht geschlagen worden. Jetzt, wo ich begonnen hatte, nicht mehr zu "folgen", sondern ein Mensch mit eigenen Vorstellungen - nicht immer richtigen - und eigenem Willen zu sein, sollten mir diese Vorstellungen mit Schlägen ausgetrieben werden. Hatte man mich vorher zum Lügen gebracht, weil das Umgehen eines ganzen Dickichts von Verboten nicht anders möglich war, so war nun durch Schläge erreicht worden, daß die Kluft zwischen meinen Eltern und mir ein fast unüberbrückbares Ausmaß angenommen hatte. Dabei hätte ich manchmal so dringend einen erfahrenen Menschen gebraucht, mit dem ich mich hätte aussprechen und der mir hätte raten können! So aber wurde meine ehrliche junge Liebe zu einem verwerflichen Delikt gestempelt, ich mußte sie verstecken. Nach den schönen kurzen Stunden zu zweit, in denen die Welt so wunderbar gewesen war, mußte ich wieder zurück in die andere Welt, in der ich kein liebender und geliebter Mensch mehr, sondern das Gegenteil davon war. Oft wurden mir Schimpfnamen an den Kopf geworfen, deren Sinn ich nicht einmal verstand, denn in Wirklichkeit war ich noch sehr naiv.

Der Paragraph 144

Und dann passierte es. Die Anzeichen sprachen dafür, daß ich schwanger geworden war. Der Arzt hielt mich lange hin, bis er die Schwangerschaft bestätigte. Das war ein neuer schwerer Schlag! In meiner Situation kam nur ein Abbruch der Schwangerschaft in Frage. Der berüchtigte § 144 stellte aber Schwangerschaftsabbrüche unter Strafe. Reiche Damen allerdings konnten es sich schon immer durch irgendeinen "Sanatoriumsaufenthalt" richten. Gegen die anderen aber gab es laufend Prozesse. Es waren verzweifelte Frauen aus Arbeitslosenfamilien, Frauen, die krank waren oder bereits viele Kinder hatten, die abtreiben ließen und dafür hohe Strafen erhielten. Wiederholt kam es vor, daß Frauen versuchten, selbst mit Stricknadeln einen Eingriff an sich vorzunehmen und daran verbluteten. An den illegalen Schwangerschaftsabbrüchen verdiente ein Heer von Hebammen und Ärzten. Die Abschaffung dieses Paragraphen war eine der Hauptforderungen der organisierten Arbeiterschaft. Nun sollte ich es am eigenen Leib verspüren. Ich stand da und wußte, daß ich aus eigener Kraft keinen Ausweg finden konnte, denn eine Abtreibung kostete sehr viel Geld und das hatten weder ich noch der Peperl, der damals arbeitslos geworden war. Ich würde zu Hause, wo man schon aufmerksam geworden war, meinen Zustand bekennen müssen. In diesen Tagen ging ich wie in Trance herum und schrie nachts im Schlafe auf. Es war wieder meine Tante, der es schließlich gelang, mich zum Reden zu bringen. Diesmal schlugen mich die Eltern nicht, sondern sie mußten sich wohl oder übel dem Problem stellen. Auf Grund einer Annonce, wie es sie damals reihenweise in den Zeitungen gab - "Hebamme empfiehlt sich" -, ging meine Mutter mit mir zu einer dieser Hebammen, die uns überaus freundlich empfing. Nachdem sie festgestellt hatte, daß man mir natürlich helfen müsse, ich sei doch selbst noch ein Kind, verwies sie mich zur Operation an einen Arzt. Offenbar war sie für diese Zubringerdienste an dessen Honorar beteiligt. An einem der nächsten Tage wurde dann in der Ordination des Arztes unter Assistenz einer Krankenschwester die illegale Operation durchgeführt. Hinbegleitet hat mich nur der Peperl. Ich bekam den Wattebausch mit Äther vors Gesicht und mußte zählen. Ich hörte, wie meine eigene Stimme ganz fremd und fern wie aus dem Weltall an meine Ohren drang: ..."zwölf, dreizehn, vierzehn ..." usw. Als ich aufwachte, war alles vorbei und mir war sehr übel.

Auseinandersetzung mit der Politik

Die Lektüre der marxistischen Bücher und Broschüren, die ich in die Hand bekam, bereitete mir manchmal Schwierigkeiten und warf Fragen auf, die ich beantwortet haben wollte. Und da gab es den schon älteren und marxistisch sehr gebildeten Genossen Danner. Er wohnte im Männerheim in der Wurlitzergasse. Den Genossen Danner konnte ich immer wieder fragen, und er gab mir in geduldigen Gesprächen meistens in einem Kaffeehaus die ersten Erläuterungen zum "Kommunistischen Manifest", zu "Lohnarbeit und Kapital" usw. Danner war es, der im privat geführten Männerheim gegen die übermäßig hohen Mieten auftrat und der den Widerstand organisierte, als das Heim geräumt werden und die Insassen im Kälterekordwinter 1929/30 bei 30 Grad Kälte auf die Straße gesetzt werden sollten. Er bekam dafür zwei Monate strengen Arrest.

Als ich in der Hernalser Hauptstraße, eine an der sogenannten "Hunderterschule" - sie existiert nicht mehr - affichierte Ankündigung las, daß der sozialdemokratische Abgeordnete Max Winter einen Grundkurs für Marxismus abhält, entschloß ich mich, meine Teilnahme anzumelden. Dadurch lernte ich diesen einzigartigen Menschen, den Mitbegründer der Wiener "Kinderfreunde"-Organisation und außergewöhnlichen Journalisten kennen. Damals waren mir aber seine blendenden Sozialreportagen noch unbekannt. Im Kurs fiel ich ihm durch mein reges Interesse und wohl auch durch meine Jugend auf, und er fragte mich einmal nach der Kursstunde, aus welcher Sektion ich käme. Es war mir etwas peinlich, sagen zu müssen, daß ich nicht in der SAJ, sondern im KJV Mitglied sei. Max Winter nahm es gelassen zur Kenntnis.

Der Schriftsteller und Journalist Hugo Bettauer gab damals "Bettauers Wochenschrift" heraus, eine Zeitschrift, die ich mir gerne kaufte. In ihr wandte er sich unter anderem gegen die Zurücksetzung und Benachteiligung der Frauen, auch gegen jene auf dem Gebiet der Sexualität, was manche für unmoralisch hielten. Für Moralwächter war diese Zeitschrift ein rotes Tuch. Im Februar 1925 kam in die Redaktion ein gewisser Rothstock und gab auf Hugo Bettauer mehrere tödliche Schüsse ab. Der "Jude, welcher die Jugend verdarb", war von einem Saubermann "ausgelöscht worden", wie sich der Mörder ausdrückte. Man sprach ihn in einem Prozeß wegen "Verwirrung" frei und brachte ihn vorübergehend in eine Heilanstalt. Nach 52 Jahren, im Februar 1977, bekam er im österreichischen Fernsehen Gelegenheit, sich seiner Tat zu brüsten. Es war nicht der einzige ungesühnte politische Mord in jener unheilvollen Zeit.

Wenn ich auf den Baumgartner Friedhof gehe, auf dem sich unser Familiengrab befindet, gehe ich an einem Grab vorbei, das die Aufmerksamkeit durch einen Stein auf sich zieht, in den der nackte Oberkörper eines Arbeiters, der seine Faust ballt, gehauen ist. Darunter die verwitterte Inschrift: "Franz Birnecker / gefällt am 17. Februar 1923 / über dem Grab des Gefährten / der Stein sei gewaltiges Zeichen / daß uns der Tod nicht schreckt / für die Freiheit zu sterben." Birnecker war eines der ersten Opfer des in verschiedenen Formen aufkeimenden Faschismus: als Hakenkreuzler, Frontkämpfer, Heimwehren. Diese damals noch kleinen Gruppen provozierten immer öfter Zusammenstöße mit Arbeitern und schreckten vor Morden nicht zurück. Birnecker war in Penzing umgebracht worden, im gleichen Jahr der Arbeiter Still in Favoriten und der Arbeiter Kovarik in Spillern, nahe bei Wien. Im Mai 1925 wurde in Mödling der Obmann der dortigen SP-Gruppe und des Republikanischen Schutzbundes Leopold Müller von Hakenkreuzlern ermordet. Die Mordserie riß nicht ab. In den darauffolgenden Prozessen gab es entweder Freisprüche oder lächerlich geringe Strafen für die Mörder. Wir Jungen hatten die Namen der Gemordeten in unsere Lieder aufgenommen und sangen: " ... Rache für Müller, für Kovarik und Still, Rache für jeden, der durch euch fiel ..." Innerhalb der Arbeiterschaft wuchs die Empörung über die Rechtlosigkeit, aber die Führung der Sozialdemokratie trat auf die Bremse. In den Reden der Parteiführer waren nach jedem Mord hohe Töne zu hören wie: "Das Maß ist voll", "Wir stehen Gewehr bei Fuß" usw., aber es blieb bei den scharfen Worten. Selbst angesichts der sich immer öfter wiederholenden faschistischen

Gewalttaten verließ man sich in der SDAPÖ weiter auf den Kampf mit sogenannten "geistigen Waffen" und mit dem Stimmzettel. Man erzeugte weiter die Illusion, daß es nur der Mehrheit im Parlament bedürfe, um alle politischen und sozialen Probleme zu lösen. Dazu kam, daß die "Seipelsanierung" zu einem Massenelend geführt hatte. Zu den Massen von Arbeitslosen kamen jene der Ausgesteuerten, die vor dem Nichts standen und, wollten sie mit ihren Familien nicht verhungern, buchstäblich betteln gehen mußten. Täglich konnte man ausgemergelte Gestalten in singenden und in musizierenden Gruppen oder auch als Einzelgänger, oft hochqualifizierte Arbeiter und sogar Akademiker, in den Höfen der Zinskasernen sehen, wo ihnen die anderen, welche auch nicht viel besaßen, einige in Papier eingewickelte Münzen hinunterwarfen. "Solidarität" war damals kein leeres Wort. Die "Rote Fahne" verzeichnete täglich in einer Spalte, betitelt "Die Sanierungsopfer", die Namen der Selbstmörder, deren es an manchen Tagen in Wien allein zehn und mehr gab.

Leben für die Zukunft

Die Solidarität funktionierte in unserer Gruppe, ohne daß darüber ein Wort verloren wurde. Bei unseren Ausflügen und Wanderungen, im Sommer in die Lobau oder nach Mauerbach, oder im Gewaltmarsch auf den entfernten Peilstein - alles zu Fuß - gab es immer einige junge Genossen, die, weil sie arbeitslos oder gar ausgesteuert waren, kaum etwas zu essen bei sich hatten. Wenn aber eine Wanderpause zur Stärkung eingeschaltet wurde, bekam jeder etwas zu essen. Jene, die genug hatten, sahen sich immer um, ob auch der Nachbar etwas zu essen hatte, um mit ihm zu teilen. Mir klingen noch die schönen Lieder im Ohr, die wir bei diesen Wanderungen sangen. Es waren entweder Wanderlieder, gleichsam Hymnen an die Schönheit der Natur, oder Kampflieder, in denen wir den schweren und opferreichen Kampf der Arbeiterschaft mit viel Siegeszuversicht besangen. Wenn unsere Hernalser Gruppe, in der es einige musikalische Talente gab, als mehrstimmiger Chor, begleitet von Gitarren und Mandolinen, durch die Alszeile zog, dann stellte sie so manchen Profichor in den Schatten. Von diesen Liedern ging eine große Kraft aus. Sie beseelten uns, sie trugen dazu bei, uns bereit zu machen zu Kampf und Opfer. Es war uns damals ja versagt, für die Gegenwart zu leben, die war uns alles schuldig geblieben - für die bessere Zukunft waren wir bereit, zu leben und auch zu sterben. Von jungen, lebensfrohen Menschen gesungen, hatten viele dieser Lieder das Sterben für die Befreiung der Arbeiter zum Inhalt. So sangen wir:

Qual, Verfolgung, Not und Kerker
dämpfen nicht den Mut!
Aus der Asche unsrer Schmerzen
lodert Flammenglut!
Tod den Henkern, den Verrätern,
allen Armen Brot!
Vorwärts ist die große Losung,
Freiheit oder Tod!

Was damals noch revolutionäre Romantik war, sollte später zur grausamen Wirklichkeit werden. Viele der jungen Sänger von damals haben zehn Jahre später standgehalten, als sie von den Nationalsozialisten gequält und gefoltert wurden und haben ihr Leben hingegeben. Allein die Namen derer, die ich persönlich kannte, würden eine lange Liste ergeben. Aber auch sehr naive Flausen von Revolutionsromantik spukten in unseren Köpfen herum, was folgende Begebenheit zeigt: Wir hatten erfahren, daß es in Moskau ein Revolutionsmuseum gibt, in welchem Gegenstände aufbewahrt werden, die mit dem revolutionären Kampf nicht nur der russischen, sondern auch der Arbeiter anderer Länder verbunden sind. In unserer Gruppe träumten einige davon, dieses sagenhafte Revolutionsmuseum mit einer Trophäe aus dem Kampf des Hernalser KJV zu bereichern. Eine solche Trophäe mußte aber erst beschafft werden. Bei den häufigen Auseinandersetzungen mit der Polizei konnte es schon vorkommen, daß ein Polizist seine Kappe verlor, welche leicht zu ergattern gewesen wäre; das aber erschien uns als Trophäe doch etwas zu armselig. Als aber einmal einem Polizisten bei einem größeren Wirbel anläßlich einer Demonstration der Säbel aus der Hand geschlagen wurde, versuchten unsere flinken Burschen sofort, seiner habhaft zu werden. Der Säbel wurde schnell weitergegeben und ich bekam ihn ebenfalls in die Hand. Ich versuchte, damit schnell wegzulaufen, kam aber nicht weit, denn der erboste Polizist war bereits hinter mir her. Ich mußte den Säbel fallen lassen, denn sonst hätte er mich mitsamt dem Säbel geschnappt. So ist das Revolutionsmuseum in Moskau leider niemals zu einer Bereicherung seiner Bestände durch die Hernalser Gruppe der KJV gekommen.

Unsere Hauptarbeit lag in der politischen Agitation. So wurde von uns oft eine Gelegenheit genützt, um an Orten, an denen sich viele Menschen befanden, eine sogenannte "Spontane" abzuhalten: einer von uns wurde auf die Schultern gehoben, um spontan eine kurze Ansprache zu halten. Damit konnten wir meist sehr lebendige Diskussionen auslösen. Wir diskutierten auch oft mit jungen Sozialisten, verteilten Flugblätter und gingen nachts plakatieren. Wenn uns die Polizei dabei erwischte, mußten wir einige Stunden im Polizeiarrest dunsten. Aber auch wir hatten uns Tricks zurechtgelegt, ließen beim Herannahen eines Polizisten den Kleisterkübel hinter einer Planke oder in einer dunklen Nische verschwinden und gingen plaudernd, oft auch ein Liebespaar mimend, unseres Weges, um, wenn die Gefahr vorüber war, unser Werk fortzusetzen. Die Hernalser Gruppe der Partei, der es an mobilen Mitarbeitern mangelte, schob uns oft auch ihr Propagandamaterial zur Verbreitung zu. Ich habe jedoch die engere Berührung mit der Parteigruppe in schlechtester Erinnerung. Als ich mit einigen Jugendlichen zum ersten Mal an einer internen Versammlung der Partei in einem Gasthaus teilnahm, ließ ich es für lange Zeit dabei bewenden. Es war die Zeit der Fraktionskämpfe, und die Parteigenossen begannen, sich zuerst Beschimpfungen und dann die Bierkrügel an den Kopf zu werfen. Vom Inhalt dieser Fraktionskämpfe, die schon längere Zeit in der Partei andauerten, habe ich wenig verstanden. Unsere Jugendgruppe blieb von ihnen glücklicherweise verschont. Aber damals habe ich den sympathischen Genossen Franz Koritschoner kennengelernt, einen Mitbegründer der KPÖ, der sich gern mit uns Jungen beschäftigte und eine Art Vaterfigur für mich darstellte. Er ging an einem Stock. Seine Verletzung stammte von jenen Schüssen, die 1918 bei der Kundgebung zur Ausrufung der Republik vor dem Parlament gefallen sind.

Die politische Agitation aller Parteien findet ihren Höhepunkt immer vor Wahlen. Damals gab es kaum eine Planke oder eine Wand, die von den wild geklebten Plakaten verschont geblieben wäre. Die Propaganda der Linksparteien richtete sich vornehmlich gegen das Elend der Massenarbeitslosigkeit, gegen Teuerung und Wohnungselend und gegen die politische Entrechtung der Arbeiter durch die christlichsoziale Regierung, die weder christlich noch sozial war. Dabei gab das Konterfei von Seipel einen willkommenen Stoff für politische Karikaturen ab. Manchmal gab es auch Handgreiflichkeiten, wenn beim nächtlichen Plakatieren gegnerische Gruppen aufeinanderstießen. Am Wahltag verteilten wir, selbst noch nicht wahlberechtigt, die letzten Flugblätter und Stimmzettel. Einmal verhaftete mich ein Polizist und führte mich ab, ohne mir die Flugblätter abzunehmen. Dies nützte ich und "verlor" alle paar Schritte einige Flugblätter, um die sich dann die Leute hinter uns gerissen haben. Als mein Begleiter dies merkte, war das Flugblattpaket schon bedeutend kleiner geworden. Am Tag nach der Wahl hatten dann die Straßenkehrer immer Hochbetrieb, um das viele Papier wegzuräumen.

Ein Ausbruchsversuch

Mein Firmenchef, der nichts gegen meine Arbeit im Geschäft einwenden konnte, hatte offensichtlich Wind davon bekommen, daß er es bei mir mit einer "gefährlichen Kommunistin" zu tun hatte, und wollte mich loswerden. Es war ihm auch nicht entgangen, daß ein Funktionär der Gewerkschaft, deren Mitglied ich war, mich einmal aufgesucht hatte, als ich an der Kassa arbeitete, um die Möglichkeit einer Werbung für die Gewerkschaft mit mir zu besprechen. Dies allein war in den Augen des Chefs Rebellion! Doch ich selbst habe ihm dann ungewollt die Gelegenheit gegeben, mich loszuwerden, als ich mich an einem sehr schönen Sommertag des Jahres 1926 entschloß, auf den verlockenden Vorschlag von Peperl einzugehen, und einmal blauzumachen. Ich rief im Geschäft an und sagte, daß ich nicht kommen könne, weil ich mich nicht wohl fühle. Dann machte ich zusammen mit Peperl einen herrlichen Ausflug in den Wienerwald. Von der Firma aber schickte man jemanden zu mir nach Hause, "um nachzusehen, wie es mir gehe". Man traf mich natürlich nicht an und alles war klar. Einen Tag nach meinem 17. Geburtstag erhielt ich die Kündigung. So mußte ich mich also auch in das Heer der arbeitslosen Jugendlichen einreihen. Die Postensuche war schwierig und zunächst aussichtslos. Ich schrieb viele Stellengesuche und ging mich vorstellen - "ging" im vollsten Sinne des Wortes, denn nicht einmal für die Straßenbahn gab man mir zu Hause Geld. So wanderte ich oft zu Fuß durch die halbe Stadt, ohne Erfolg.

Die Situation war drückend und hoffnungslos. Die Möglichkeit zu einem Ausbruchsversuch kam mir daher gelegen. Peperl hatte sich entschlossen, das zu tun, was damals viele Arbeitslose machten, er wollte zusammen mit seinem Bruder "auf die Walz" gehen und fragte mich, ob ich mitkommen wolle. Junge Arbeitslose zogen mit ihren Rucksäcken auf dem Rücken durch Stadt und Land und versuchten, auch wenn sie dabei kaum Arbeit fanden, sich zumindest so gut wie möglich über Wasser zu halten und dabei zu Hause nicht zur Last zu fallen. Ich bereitete heimlich meinen Rucksack vor, behielt das Arbeitslosengeld und stahl mich, wie verabredet, in einem günstigen Augenblick aus der Wohnung. So hatten sie also zu Hause Ruhe von mir, und auch ich hatte endlich Ruhe! Es gefiel mir ganz gut, und ich habe auf diese Art ein schönes Stück meiner wunderbaren Heimat erwandert. Wir übernachteten in Jugendherbergen oder bei Bauern, für die Gäste wie wir nichts Neues waren und die uns bewirteten. Schließlich kamen wir nach Innsbruck. Von hier schrieb ich an meine Eltern und teilte ihnen mit, daß ich nach Deutschland gehen wolle, um Arbeit zu suchen. Dazu würde ich einen Paß benötigen, den ich nur mit ihrer Einwilligung bekommen könne.

Das war natürlich ein Unsinn, denn in Deutschland war die Aussicht, Arbeit zu bekommen, nicht größer als in Österreich. Die Antwort kam bald: Ich möge sofort nach Hause kommen, sonst würde man mich durch die Polizei holen lassen. Da ich wußte, daß die Sache mit Deutschland ohnehin keinen Sinn hatte, entschloß ich mich, nachdem mir die Eltern das Geld für die Heimfahrt geschickt hatten, wieder nach Hause zu fahren. Meinen Eltern habe ich es gezeigt, dachte ich, vielleicht würde es nun zu Hause besser gehen.

In Wien gelang es mir dann mit Hilfe einer Schulkollegin, deren Onkel einen kleinen Kartonage-Betrieb besaß, für kurze Zeit als Hilfsarbeiterin unterzukommen. Als die Saisonarbeit für Weihnachten vorbei war, bot mir dieser Mann an, künftig in seinem Büro zu arbeiten, jedoch zum Lohn und zu den Bedingungen einer Hilfsarbeiterin. Mir war bewußt, daß, wenn ich diesem Vorschlag zustimmte, dies eine Unterwanderung schwer erkämpfter Arbeitsrechte bedeuten würde, und ich lehnte ab. Ein anderes Mal bekam ich während der Weihnachtssaison in der nahegelegenen Schokoladefabrik Manner Arbeit, ebenfalls als Hilfsarbeiterin. Daß ich auch dort in die Kartonageabteilung kam, war eine Enttäuschung für mich. Lieber hätte ich in einer Abteilung gearbeitet, wo man Schokolade naschen konnte. Diese Stelle behielt ich einige Monate. Mein Vater hätte wohl die Möglichkeit gehabt, mich im Betrieb, in dem er als Meister und leitender Angestellter arbeitete, unterzubringen, doch war ihm dies wegen meiner politischen Einstellung zu riskant.

Schattendorf und die Folgen

Zu Beginn des Jahres 1927 geschahen die Morde von Schattendorf. In diesem burgenländischen Dorf war von "Frontkämpfern" aus einem Hinterhalt auf Sozialdemokraten geschossen worden. Ein achtjähriges Kind und ein Invalide lagen tot in ihrem Blute, andere waren verletzt. Als sich diese Nachricht wie ein Lauffeuer verbreitete, erreichte die Empörung der Arbeiter Siedehitze, und es gab spontane Streiks und Demonstrationen. Das Maß, von dem Otto Bauer und andere sozialdemokratische Führer immer gesprochen hatten, war nun tatsächlich voll. Als dann am 14. Juli der empörende Freispruch der drei angeklagten Schattendorfer Mörder bekannt wurde, begann das Maß überzulaufen.

Ich war am Vormittag des 15. Juli zu einer Behandlung im Allgemeinen Krankenhaus unterwegs, als ich merkte, daß etwas in der Luft lag. Da standen doch die Straßenbahnen still! Also Streik! Die Arbeiter wehren sich endlich! Da sah ich auch schon, die E-Werksarbeiter, die ganze Breite der Straße einnehmend, alle in Arbeitskleidung, von der

Mariannengasse her anmarschieren. Das war etwas anderes, als eine vorbereitete Demonstration, das war eine losgetretene Menschenlawine! Ihre Gesichter waren finster, und auf meine etwas dumme Frage, wohin sie denn marschierten, bekam ich keine Antwort. Aber ich verstand: Es sollte endlich der Tag der Abrechnung mit der Klassenjustiz werden. Es wurde aber ein Tag brutalster und blutigster Abrechnung des Klassenstaates mit einer sich aufbäumenden, erbitterten, aber wehr- und führerlosen Arbeiterschaft! Ich lief zur Parteizentrale der KPÖ in der Alserstraße, um zu erfragen, was zu tun sei. Dort tagte gerade das Zentralkomitee, welches angesichts der unvorhergesehenen Ereignisse zusammengetreten war. Man gab mir einen Pack Zeitungen "Die Rote Fahne" in die Hand, um sie zu verkaufen. Das war eigentlich lächerlich, denn in der Zeitung wurde zu einer "Protestversammlung gegen das Schandurteil" für den Abend beim Bachlechner in Ottakring aufgerufen. (Erst am Nachmittag kam eine zweite Ausgabe der "Roten Fahne" mit den vom ZK beschlossenen Losungen der KPÖ heraus.) Ich ging mit meinem Zeitungspack in Richtung Ring, wo es bereits Geplänkel zwischen erregten Arbeitern und der Polizei gegeben hatte. Plötzlich, als ich in die Ebendorferstraße kam, geriet ich in eine Säbelattacke berittener Polizei, die wild auf uns einschlug. Im Laufen fiel mir der Pack Zeitungen aus der Hand, und als die Polizeiattacke vorüber war und ich aus dem Haus der Arbeiterkammer, in deren Haustor ich mit anderen geflüchtet war - es war im Gegensatz zu anderen Haustoren offen geblieben - wieder herauskam, begann ich den Rest der Zeitungen, die ich von der Straße auflas, zu verteilen. An ein Verkaufen war nicht mehr zu denken. Die zu oberst gelegene behielt ich mir. Sie war vom Blut eines durch Polizeisäbel Verwundeten durchtränkt, und ich habe sie als eine Art Reliquie behalten. Ich kehrte in die Parteizentrale zurück, wo ich mit einem unserer Jugendgenossen zusammentraf. Inzwischen war bekannt, welche Losungen das Zentralkomitee beschlossen hatte. Wir malten beide auf Packpapier die Losungen: "Bewaffnung der Arbeiter!", "Generalstreik!" und "Weg mit Schober!" und befestigten diese improvisierten Plakate an einigen Stellen der Umgebung. In dem Wirbel hat sie aber kaum jemand beachtet.

Ich ging dann ich Richtung Rathaus und konnte sehen, wie die Menschen begannen, sich mit Latten von demolierten Parkbänken, und was sie sonst noch in die Hand bekamen, gegen die Polizei zur Wehr zu setzen und Barrikaden zu errichten. Das Pferd eines Polizisten hatte dran glauben müssen und lag verendet auf dem Platz hinterm Rathaus. An einigen Laternen hingen die Uniformen jener Polizisten, derer man habhaft geworden war und die verprügelt wurden. Der Sommertag war heiß. Das Bild, wie ein in Schweiß gebadeter junger Arbeiter bei einem Wasserhydranten Abkühlung suchte, schien mir ein Motiv für ein Gemälde zu sein. Kurze Zeit später begann auf der Ringstraße die Menschenmasse, in der ich mich befand, auf einmal zu laufen. In meiner unmittelbaren Nähe stürzte eine Frau zu Boden und konnte sich nicht mehr erheben. War sie von einer Kugel getroffen worden oder war sie gestolpert? - Genau weiß ich das nicht, aber ich spürte, daß der Tod ganz in meiner Nähe war. Tatsache ist, daß Polizeipräsident Schober, dem die Ausrüstung seiner Polizisten mit Säbel ungenügend schien, im Einvernehmen mit Bundeskanzler Seipel Karabiner an die Polizisten hatte ausgeben lassen. Ich ging zum Justizpalast, auf den sich die ganze Wut der Arbeiter konzentrierte. Die Menschenmenge nahm den ganzen Platz ein. Das gewaltige schmiedeeiserne Tor hatte dem Druck nicht standhalten können, und jene Arbeiter, die das Palais erstürmt hatten, warfen nun die Aktenbündel bei den Fenstern hinaus. Schließlich wurde der Justizpalast in Brand gesteckt. Es qualmte bereits aus den Fenstern, als ich hinkam. Im Haus waren noch Polizisten verschanzt, die nun einzeln, unter Zurücklassung ihrer Uniformjacken, zu flüchten versuchten. Ich sah, wie einer dieser Polizisten, der erkannt worden war, die endlose Gasse harter Arbeiterfäuste passieren mußte. Es war kein schöner Anblick! Die Feuerwehr, die anrücken wollte, wurde durch Barrikaden, die in den Zufahrtsstraßen errichtet worden waren, am Löschen gehindert. Die vergeblichen Versuche des sozialdemokratischen Bürgermeisters Karl Seitz, der Feuerwehr einen Weg zu bahnen, habe ich nicht mehr selbst gesehen. Ich war müde und hungrig und machte mich auf den Weg nach Hause.

Unterwegs begegnete ich vielen Verwundetentransporten, die zum Allgemeinen Krankenhaus fuhren. Darunter waren Lastwagen und andere Autos, die man zu diesem Zweck angehalten hatte. In mein Gedächtnis hat sich ein Bild tief eingegraben, das mich stark erschütterte: Auf einem der herankommenden Lastautos schien eine rote Fahne zu wehen. Es war aber keine rote Fahne, sondern das total mit Blut durchtränkte Hemd eines schwer Verwundeten oder Toten im Auto, das sein Samariterkollege anklagend in den Wind hinaushielt. Mein Herz krampfte sich bei diesem Anblick zusammen. Wie hieß es doch in einem unserer Lieder? "... rot ist das Tuch, das wir entrollen, klebt doch des Volkes Blut daran! ..." In den Gerichtsprozessen, die dem 15. Juli 1927 folgten, wurden mehrere Menschen wegen "Erpressung" zu längeren Kerkerstrafen verurteilt, die Autos zum Zweck des Verwundetentransportes angehalten hatten.

Meine Eltern waren auf Urlaub gefahren, und so hatte ich in diesen Tagen volle Bewegungsfreiheit, die ich auch weidlich nützte. Als ich gegen Abend in der Hoffnung aus dem Haus ging, Bekannte zu treffen, gab es in Hernals überall Ansammlungen von Menschen, die über die Vorfälle des Tages aufgebracht waren. Bei der Wachstube der Polizei in der Hernalser Hauptstraße gab es eine Menschenmenge, die Miene machte, die Wachstube der verhaßten Polizei zu stürmen, was später auch tatsächlich geschehen ist. Zu dieser Zeit war ich aber bereits todmüde und betäubt von den Ereignissen des Tages nach Hause gegangen. Viele Gedanken wirbelten mir vor dem Einschlafen durch den Kopf: Was war das eigentlich, das sich da in den Straßen Wiens abspielte? War das eine Revolution, wie wir sie angestrebt hatten? In Rußland war es aber anders gewesen! Dort hatten bewaffnete Arbeiter und Bauern unter der Führung der Bolschewiki gesiegt. Unsere Arbeiter hingegen stehen führerlos mit bloßen Händen einer schießwütigen Ordnungsmacht gegenüber. Aber vielleicht wendet sich das Blatt noch?

Als ich am nächsten Tag wieder in die Innere Stadt gehen wollte, war sie von der Polizei abgeriegelt, und ich mußte umkehren. Ich stieß auf eine Gruppe erregt diskutierender Arbeiter. Es tauchte die Frage auf, wo denn der Republikanische Schutzbund und seine Waffen geblieben seien. Diese Waffen, sofern sie nicht von der Seipelregierung und ihrem Heeresminister Carl Vaugoin schon früher beschlagnahmt worden waren, wurden von den Führern des Republikanischen Schutzbundes streng unter Verschluß gehalten. In dieser Situation, wo den sozialdemokratischen Führern die Bewegung über den Kopf gewachsen war, wurde dem Schutzbund lediglich die Aufgabe der Beschwichtigung zugewiesen.

Am 16. Juli verlagerten sich die erbitterten Zusammenstöße zwischen Arbeitern und der Polizei in die Außenbezirke.

Als ich in der Hernalser Hauptstraße bis zur Rosensteingasse kam, bot sich mir wieder ein schrecklicher Anblick: Mitten auf der Straße eine riesige Blutlache und darin Fetzen von Fleisch oder gestocktem Blut. Derjenige, auf den man hier geschossen hatte, war wahrscheinlich von einem jener Schüsse getroffen worden, die absichtlich gegen das Pflaster abgegeben wurden, um durch den Abprall der Geschoße deren Wirkung zu vergrößern. Und dann sah ich einen Arbeiter, der ein Gewehr in der Hand hielt, das wahrscheinlich beim Erstürmen der Wachstube in der Rosensteingasse von ihm erbeutet worden war. Was wird er damit machen? fragte ich mich. Die Waffe, mit der er ja nichts anfangen konnte, schien ihm in der Hand zu brennen. Er schlug sie mit aller Kraft auf die Pflastersteine und machte sie unbrauchbar.

Die spontan ausgebrochene Empörung der Wiener Arbeiter gegen die Klassenjustiz und ihre Repräsentanten wurde am dritten Tag endgültig niedergeworfen und endete in einer totalen Niederlage. Die traurige Bilanz des blutigen Freitags und Samstags waren 89 Tote, von denen vier Polizisten waren. Dazu über tausend Verletzte. Die Seipelregierung blieb weiter im Amt, der Wiener Polizeipräsident, der "Bluthund Schober", wie er von den Arbeitern fortan genannt wurde, ebenfalls. Dies ließ eine sozialdemokratische Führung zu, deren Partei bei den vorangegangenen Nationalratswahlen 43 % aller Stimmen erhalten hatte und deren Anhänger es zum größten Teil waren, welche die Empörung über die Klassenjustiz auf die Straße getrieben hatte. Die auf schwachen Beinen stehende Demokratie, die angeblich durch die aufgebrachten Arbeiter bedroht war, wurde letztlich nicht von den Arbeitern zerschlagen, sondern von denen, die vorgaben, die Demokratie zu schützen, die aber durch die weiter fortgesetzte Entrechtung der Arbeiterschaft den Weg für den Triumph des Faschismus ebneten.

Dem 15. Juli folgten Racheprozesse. Eine Denunziation genügte, um jemanden ins Gefängnis zu bringen. Es gab auch Versuche, die Kommunisten für die Juliereignisse verantwortlich zu machen. Der kommunistische Parteivorsitzende Johann Koplenig wurde wegen der Trauerrede, die er am Grab der Juliopfer hielt, des Hochverrates bezichtigt und angeklagt. Bei der Debatte über die Juliereignisse im Parlament kamen aus dem Munde Seipels, des "Prälaten ohne Milde", die berühmt gewordenen Worte: "Verlangen Sie nichts vom Parlament und von der Regierung, das den Opfern und den Schuldigen an den Unglückstagen gegenüber milde scheint ..."

Im Kommunistischen Jugendverband

Das Jahr 1927 brachte noch ein anderes trauriges und für die zivilisierte Menschheit beschämendes Ereignis: den Justizmord an Sacco und Vanzetti in Amerika. Zwei italienische Einwanderer mit Namen Sacco und Vanzetti, aktive Gewerkschafter und Anhänger einer revolutionären Gesinnung, waren 1921 unter falscher Anschuldigung als "Kriminelle" zum Tode verurteilt worden und sollten nach sechsjähriger Haft in der Todeszelle hingerichtet werden. Über die gewaltigen Proteste, die sich auf der ganzen Welt gegen das Schandurteil erhoben, setzten sich die amerikanischen Gerichte kaltblütig hinweg. Der Hinrichtungstermin war für den Sommer 1927 festgesetzt worden. Daraufhin kam es in vielen Ländern, auch bei uns, zu großen Protestdemonstrationen. Ich verteilte gemeinsam mit Hermann Mitteräcker, einem meiner damaligen Jugendgenossen, Flugblätter, die sich gegen die drohende Hinrichtung wandten, und wir wurden dabei wie üblich von der Polizei verhaftet, die uns die Flugblätter abnahm und uns auf die Wachstube brachte. Kurze Zeit darauf teilte man uns hämisch mit, wir bräuchten uns keine Mühe mehr geben, denn die beiden seien an diesem Tag bereits auf dem elektrischen

Stuhl hingerichtet worden. Das war am 23. August 1927. Die Tränen ohnmächtiger Wut, die mir in die Augen traten, und die zornigen Worte, die ich den Polizisten entgegenschleuderte, änderten nichts mehr an der Tatsache: dieser Justizmord war vollstreckt worden. Erst 50 Jahre später hat man in den USA in einer Proklamation eingestanden, daß die Hinrichtung der beiden Italiener Sacco und Vanzetti ein "bedauerliches Fehlurteil" gewesen sei.

Das Jahr 1927 war außerdem das Jubiläumsjahr der russischen Revolution. Die österreichische KP bereitete aus diesem Anlaß eine große Veranstaltung vor, welche im damals größten Saal von Wien, im Großen Konzerthaussaal, stattfand. Unter dem Motto: "10 Jahre, die die Welt erschütterten" wurde eine Revue erstellt, in der die Ereignisse vor und während der Oktoberrevolution dargestellt wurden. Bestritten wurde diese Aufführung von Laiendarstellern, den Mitgliedern der verschiedenen Agitpropgruppen, angeleitet und einstudiert vom Schauspieler Karl Forest. Bei seiner Suche nach geeigneten jungen Mädchen, die "Tanzgirls" darstellen sollten, wurde auch ich von ihm "engagiert". Ich war wieder einmal beim Theater, und es machte sehr viel Spaß. Wir hatten eine Szene zu bestreiten, welche die Vergnügungen russischer Bourgeois vor der Revolution in einem Nachtlokal zum Inhalt hatte. Beineschwingend hopsten wir, in einer Reihe aufgefädelt, nach der bekannten Melodie von "Adieu Mimi ...", um uns anschließend im gleichen luftigen Aufzug zigarettenrauchend an die Tische der feisten Herren zu begeben und mit ihnen zu schäkern. In den Massenszenen hatten wir uns dann in russische Arbeiter-Frauen in abgerissener Kleidung zu verwandeln. Karl Forest hatte mit mir seine Freude, und in den Probepausen, in denen er sich gewöhnlich bei einem Krügel Bier stärkte, küßte er mich gelegentlich väterlich auf die Stirn. Karl Forest war, wie ich viel später erfuhr, der Bruder von Lina Loos, der Frau des berühmten Architekten, deren liebenswertes "Buch ohne Titel" in meinem Regal steht. Auch er wurde von den Nazis ermordet.

Das bitterste persönliche Erlebnis dieser Zeit war aber zweifellos der erste Liebeskummer, und der wurde mir von Peperl zugefügt. Man hatte mir zugetragen, daß es bei ihm mit der Treue haperte, und das traf mich schwer. War denn nicht für beide Gesetz gewesen, unbedingt aufrichtig zueinander zu sein, wo wir uns doch so sehr liebten? Nun hatte er mich verraten. Das schmerzte. Bei einer Aussprache bat er mich, die Verbindung nicht zu lösen, doch in der Folge erkannte ich, daß mein Vertrauen mißbraucht wurde. Der Schnitt zwischen uns mußte gemacht werden, so sehr es auch weh tat. Doch nun wollte er mich um jeden Preis behalten und machte mir das Leben schwer. Er flehte mich an und terrorisierte mich, schickte einmal ein selbstverfaßtes Gedicht und tauchte ein anderes Mal unvermittelt mit einem Revolver bei mir auf, mit dem er sich zu erschießen drohte. Mich verfolgte damals, wenn ich auf die Straße ging, ständig die Angst vor einem Anschlag. Aber letztendlich ist auch diese seelische Wunde verheilt.

Ich hatte mich mit Guido Zamis angefreundet, der sich meiner annahm. Durch seine Aufmunterung brachte ich es fertig, endlich von zu Hause wegzugehen und in ein bescheidenes Untermietzimmer umzuziehen. Das brachte zwar eine größere materielle Belastung, doch fühlte ich mich nun frei, ich bestimmte nun selbst über mich. Guido war um fast 10 Jahre älter als ich und auch dementsprechend reifer. Er war aus Begeisterung für das Neue, das sich nach dem Zusammenbruch der Monarchie in Österreich anzubahnen schien, zur Kommunistischen Partei gestoßen und hatte deshalb sein Studium aufgegeben, für das sich seine von ihrem Mann verlassene Mutter die Kosten vom Mund abgespart hatte. Er arbeitete damals als Redakteur bei der "Roten Fahne". Auch meiner politischen Ausbildung nahm er sich an, und wir begannen gemeinsam "Das Kapital" von Karl Marx durchzunehmen, welches wohl das Grundbuch des Marxismus darstellt, aber mit einfacher Schulbildung ungeheuer schwer zu lesen ist. Der Erfolg war entsprechend gering, so daß wir es wieder aufgaben. Dafür war es umso schöner, wenn ich mit Guido in die Berge ging. Von einer seiner Reisen schrieb er mir, daß die Berge "ringsum stehen in ihrer tausendjährigen Pracht" und auf mich warteten. Diese Worte gefielen mir sehr, und ich habe die Berge auch nicht lange warten lassen, sondern immer gern Bekanntschaft mit ihnen gemacht. Guido war ein sehr guter Freund, und einen triftigen Grund, warum unsere Beziehung schließlich doch ein Ende nahm, kann ich nicht nennen. Ich habe mich als ungestümes junges Ding schwer an einen älteren Freund anpassen können. Inzwischen ist viel Wasser die Donau hinuntergeflossen, und vieles ist in der Welt passiert. Ein furchtbarer Krieg ging über sie hinweg. Nachdem jeder von uns in einem anderen Land - er in Frankreich, ich in der Sowjetunion - seinen Beitrag im Kampf gegen den Nazifaschismus geleistet hatte, sahen wir uns nach 40 Jahren wieder. Er lebte bis zu seinem Tod in Berlin/DDR, wo er nach seiner Rückkehr aus der französischen Emigration journalistisch tätig gewesen war. Bei einem seiner Aufenthalte in Wien erzählte er mir einmal von dem Nachspiel, das eine unserer gemeinsamen Bergtouren hatte. Wir hatten damals den Mittagskogel in Kärnten bestiegen, einen Berg, der an der Grenze zu Jugoslawien liegt. In den Eintragungen im Gipfelbuch widerspiegelte sich ein Streit um diesen Berg. Je nachdem, ob sich ein Österreicher oder ein Jugoslawe im Buch verewigt hatte, stand dabei, daß der Mittagskogel für immer ein österreichischer oder für immer ein jugoslawischer Berg sein werde. In der Eintragung von Guido verurteilte er diesen Streit und schrieb sinngemäß dazu: "Wir Kommunisten werden einmal alle Grenzen niederreißen!" (Eine Ironie, wenn man an die Berliner Mauer denkt!) Mir gefiel dieser Satz damals sehr gut, weshalb ich auch meine Unterschrift daruntersetzte. Als Guido ein paar Jahre später wieder einmal verhaftet worden war, hielt man ihm diese Eintragung im Gipfelbuch vor und begann ihn auszufragen, welche Frau da noch dabei gewesen sei. Als Guido sich hartnäckig weigerte, einen Namen anzugeben, warfen ihm die Polizisten selbst das Hölzl, indem sie ihn fragten, ob es sich vielleicht um eine verheiratete Frau gehandelt habe und er deshalb nicht sprechen wolle. Guido, der die Situation erfaßte, bejahte sofort und sagte, er wolle diese "verheiratete Frau" nicht in Schwierigkeiten bringen. Dafür hatten die Polizisten Verständnis und fragten nicht weiter nach dieser ominösen "verheirateten Frau".

Wir jungen Enthusiasten, die wir zwar wenige, aber umso rühriger waren, beteiligten uns auch an Aktivitäten außerhalb Wiens. Einmal war ich mit mehreren anderen verhaftet worden, als wir nach einer Kundgebung, bei der es einigen Wirbel gegeben hatte, am Bahnhof von Wien-Meidling angekommen waren und, Lieder singend, spontan einen Demonstrationszug gebildet hatten. Am Bezirkspolizeikommissariat steckte man uns in Arrest-Zellen. Bald darauf ließ mich der Kommissariatsleiter rufen und versuchte, mich gegen die anderen auszuspielen. Wahrscheinlich war es von ihm nicht schlecht gemeint. Als er nämlich gesehen hatte, daß ich von Beruf Angestellte war - was damals als etwas "Besseres" angesehen wurde -, konnte er sich offenbar nicht vorstellen, wie ich da hineingeraten war und wollte mir die Chance lassen, mich von dieser Sache, die seiner Meinung nach nur etwas für "primitive Proleten" war und zu mir nicht passe, zu distanzieren. Da kam er aber schlecht bei mir an! Ich erwiderte ihm, daß ich mich voll und ganz zu meinen Genossen bekenne, die Arbeiter und Angestellten müßten gemeinsam kämpfen, da sie in gleicher Weise ausgebeutet würden und deshalb brauche er sich auch nicht weiter um mich zu bemühen. In diesem Sinn verlief das Gespräch, und der Mann wurde sehr zornig und ließ mich sofort wieder in den Arrest stecken, um mir die gewünschte "gleiche Behandlung" angedeihen zu lassen.

1928 entsandte mich die Jugendorganisation in die II. Verbandsschule des KJVÖ, die in Grünbach stattfand. Endlich hatte ich also Gelegenheit, meine politische Bildung zu erweitern und mir für die in der Praxis angewandten Begriffe wie "Ausbeutung der Arbeiter", "Profit des Kapitals" die theoretische Untermauerung zu holen. Mir wurde nun manches verständlich, was bei Marx zu lesen war. Einer der Lehrer in dieser Schule war Alfred Klahr. Es war jener Mann, der später in seinen theoretischen Arbeiten zur nationalen Frage in Österreich, die teilweise im

KZ entstanden sind, den Anschluß an Deutschland ablehnte, und damit die Auffassung mitbegründete, daß es eine Österreichische Nation gebe und die Hitlermacht in Österreich als Fremdherrschaft zu betrachten sei. Zur Zeit des Kriegsausbruches war er im Ausland, fiel der Gestapo in die Hände, konnte mit Hilfe von Genossen aus Auschwitz fliehen und sich einer Gruppe von Partisanen anschließen. Er fiel im Kampf mit einer SS-Patrouille.

In der politischen Szene begannen sich immer mehr die Heimwehren und ihre Führer in den Vordergrund zu spielen: Pabst, einer der Mörder von Rosa Luxemburg, Steidle in Tirol, Pfrimer in der Steiermark, Fürst Starhemberg - alles unter der Patronanz der Regierung Seipel. Ihre ausländischen Protektoren und Waffenlieferanten waren Mussolini in Italien und Horthy in Ungarn. Nach dem Muster von Mussolinis "Marsch auf Rom" sollte der "Marsch auf Wien", diese verhaßte "rote Hochburg", vorbereitet werden. In der Sozialdemokratie gab es zwar den linken Flügel mit Otto Bauer, der für den Ernstfall auch eine "Diktatur des Proletariats" nicht ausschloß (so steht es zumindest im Linzer Programm 1926), doch blieb die SDAPÖ in ihrer Gesamtheit der austromarxistischen Doppelrolle treu: Bei Verwendung radikaler Worte auf die Bremse zu treten, wenn die Arbeiterschaft nach Aktivitäten verlangte.

Die Heimwehren machten bei ihren Aufmärschen nun auch vor den Arbeiterzentren nicht mehr Halt und kündigten an, am 7. Oktober 1928 in die Arbeitermetropole Wr. Neustadt marschieren zu wollen. Die Empörung der Arbeiterschaft darüber war groß. Eine Konferenz sozialdemokratischer Vertrauensmänner beschloß, in Wr. Neustadt am gleichen Tag eine große Schutzbunddemonstration durchzuführen. Eine von der Kommunistischen Partei für den gleichen Tag angemeldete Demonstration wurde von der Polizei verboten, die kommunistischen Führer verhaftet, die Zeitung beschlagnahmt. Die sozialdemokratische Führung einigte sich mit der Regierung, daß der Aufmarsch der Heimwehr am Vormittag und der des Republikanischen Schutzbundes am Nachmittag stattfinden sollte. Uns aber ging es nicht darum, in einer Arbeiterstadt *auch* demonstrieren zu dürfen, nachdem vorher die Heimwehr bereits aufmarschiert war - die KP forderte vielmehr ihre Mitglieder und alle Arbeiter auf, bereits am Vormittag nach Wr. Neustadt zu kommen und die Stadt nicht der Heimwehr zu überlassen. Wir waren eine größere Gruppe vorwiegend junger Kommunisten und wollten dem Aufruf der Partei folgen. Wir machten uns daher bereits einen Tag vor dem 7. Oktober auf den Weg. In einem Gasthof in Pottenstein übernachteten wir auf Bänken und wollten am frühen Morgen nach Wr. Neustadt weitergehen. Als wir jedoch morgens erwachten, war der Gasthof von Gendarmerie umzingelt. Wir wurden alle zur Bahnstation eskortiert und sollten zurück nach Wien abgeschoben werden. Der Zug setzte sich in Bewegung und die Gendarmen hielten die Trittbretter besetzt. Nach kurzer Zeit hielt der Zug plötzlich an - jemand hatte die Notbremse gezogen. Wir erfaßten sofort die Situation und stürmten aus den Waggons, teils durch die Fenster an den verdutzten Gendarmen vorbei, die das Nachsehen hatten. Zu Fuß gelangte ich dann mit einer kleinen Gruppe nach Wr. Neustadt. Die ganze Stadt war in ein Heerlager verwandelt. Die Aufmarschstraßen waren mit Stacheldraht, mit "spanischen Reitern" abgeriegelt. Der Heimwehraufmarsch hatte bereits unter dem Schutz der Exekutive stattgefunden, eben begannen die Schutzbündler zu marschieren. Es sollen an diesem Tag 14.000 Heimwehrler und 18.000 Schutzbündler in der Industrie- und Arbeiterstadt Wr. Neustadt aufmarschiert sein. Von der SP wurde dies als ein "Sieg" gefeiert. Wir sangen damals nach der bekannten Melodie des Kinderfreundeliedes:

"Und die Heimwehr hat Kanonen
Steidle will den Marsch auf Wien,
doch der Schutzbund unterdessen
übt die alte Disziplin.
Gibt es irgendwo Faschisten,
schnell woanders hinmarschiert!
Und dann werden die Proleten
über Siege informiert ..."

Das Jahr 1929 war das Jahr der weltweiten Wirtschaftskrise, und nach dem großen Bankenkrach in Amerika krachte es auch bei uns. Die Creditanstalt und andere Banken brachen zusammen. In dieser Situation streikten im Jänner 1929 die Kellner im noblen Café Prückl auf der Wiener Ringstraße. Um diesen Streik abzuwürgen, hatte die Besitzerin Streikbrecher eingestellt. In Zeiten so großer materieller Not war es leider verhältnismäßig leicht, Menschen zu finden, die ihren Kollegen in den Rücken fielen. Darauf antwortete die Arbeitersolidarität auf ihre Weise: Man ging ins noble Café und bestellte dort einen "Tee ohne". Damit sollte ein Zeichen der Solidarität mit den Kämpfenden gesetzt werden. Die scharfmacherische Besitzerin verstand es jedoch, mit Hilfe der Staatsgewalt diese Hürde zu nehmen, und ich habe da mein persönliches Erlebnis: Mit Guido und einigen Freunden ging ich in sonst ungewohnter Weise ins feine Café. Wir besetzten einen Tisch und bestellten jeder einen "Tee ohne". Statt der Kellner kamen einige jüngere Herren an unseren Tisch, begannen uns rüde zu beschimpfen und versuchten, uns mit Gewalt fortzuzerren. Einem von ihnen, der mich unsanft angefaßt hatte, schleuderte ich ins Gesicht: "Rühr mich nicht an, Lausbub!", worauf der Herr seinen Rockaufschlag umkehrte und mir die auf der Innenseite angebrachte Kokarde der Staatspolizei entgegenhielt. Er nahm mich fest und brachte mich wieder einmal zur Polizei, wo es bereits viele Verhaftete aus dem Café Prückl gab. Einige von ihnen hatte man bei der Polizei geschlagen. Man machte mir später einen Gerichtsprozeß wegen "Amtsehrenbeleidigung" von wegen des "Lausbuben". Die Strafe fiel noch verhältnismäßig milde aus - einen Tag Arrest. Gab es für diese Verurteilung faktisch keinen anderen Grund, als daß ein Urteil eben gefällt werden mußte, so war eine andere Verurteilung wegen "leichter Köperverletzung" eine noch viel größere Farce. Die Geschichte trug sich beim Versuch des KJV zu, eine faschistische Versammlung, ich glaube, es waren die "Frontkämpfer", zu verhindern. Wir hatten uns im Saal gleich den anderen Versammlungsteilnehmern niedergelassen und machten Zwischenrufe. Die Schlägertruppen der "Frontkämpfer" waren offensichtlich darauf gefasst und prügelten sofort mit Knüppeln, Schlagringen und anderen Gegenständen jeden Zwischenrufer hinaus. Um mich war es ruhig geworden, und ich sah, daß unsere Aktion nicht geglückt war, denn wir waren in der Minderheit geblieben. Ich wollte mich aber auf keinen Fall still davonschleichen, dann sollten sie mich schon lieber hinausprügeln! Als einer der "Frontkämpfer" mit Druckschriften an mir vorbeiging, nahm ich ein Exemplar und zerriß es vor aller Augen. Die Reaktion war überwältigend: Von allen Seiten wurde auf mich eingeschlagen. Dabei muß es jemand auf meinen Kopf besonders abgesehen haben, denn bei diesen Schlägen sah ich tatsächlich Funken fliegen. Ich muß aber sagen, daß einer der Männer ein echter Kavalier gewesen ist. Er hielt seine Arme schützend über meinen Kopf und rief immer wieder: "Das ist doch eine Frau! Hört auf zu schlagen!" Während dieser wilden Drescherei - draußen nahm mich sofort die Polizei liebevoll in ihre "Obhut" - hat eine kreischende ältere Versammlungsteilnehmerin durch die Aktivitäten ihrer Kameraden selbst eine Beule davongetragen. Gestikulierend ging sie mit zur Polizei, um anzugeben, die Beule hätte ich ihr zugefügt. Und so wurde groteskerweise ich, die Geschlagene, bei der später stattfindenden Gerichtsverhandlung wegen "leichter Körperverletzung" verurteilt.

Arbeitsplätze

In meiner durch die Arbeitslosigkeit prekär gewordenen Lage wurde mir durch die Partei in der Person von Guido angetragen, eine Arbeit in einem illegal in Wien tätigen Balkanbüro anzunehmen. Dieses Büro der Kommunistischen Jugendverbände des Balkans unterstand zwar nicht der Kommunistischen Partei oder dem Kommunistischen Jugendverband Österreichs, wurde aber von ihnen nach Möglichkeit unterstützt. In den damals durchwegs von faschistischen Machthabern regierten Balkanstaaten wurden Kommunisten und andere Linke auf das grausamste verfolgt und gejagt. Büros in den eigenen Ländern zu unterhalten war unmöglich. In den Zeitungen erschienen damals fast täglich Berichte darüber, daß entweder in Bulgarien, Rumänien oder einem anderen Balkanland Kommunisten eingesperrt oder "auf der Flucht erschossen" worden waren, eine beliebte Methode, um die Opfer ohne Gerichtsprozeß loszuwerden. Die illegalen Leitungen der KP und des Jugendverbandes dieser Länder wurden innerhalb kurzer Zeit notgedrungen immer wieder ausgewechselt, da es der Polizei gelang, Spitzel einzuschleusen. Eine Leitung nach der anderen "ging hoch". Das Balkanbüro, in dem ich arbeiten sollte, war in der Wohnung einer alten Dame untergebracht, die einen separierten Raum für Bürozwecke vermietete und selbst keine Ahnung hatte, welch ein Büro sich dort befand. Ich hatte zwei sehr nette Kollegen, einen Bulgaren und einen Franzosen, die mich darin unterwiesen, wie die Post, die ich einmal täglich holen mußte, - sie wurde mir immer an einem anderen Ort von einem Mann übergeben, dessen Namen ich nicht kannte -, zu dechiffrieren war. Dies geschah meist mittels Chemikalien, wobei Ziffern zum Vorschein kamen, mit deren Hilfe dann in einem bestimmten Buch die gesuchten Worte gefunden werden konnten, die eine Mitteilung ergaben. Einmal hatte ich die Aufgabe bekommen, in eine jener Wohnungen zu gehen, die vom Balkanbüro bei Sympathisanten gemietet worden waren, um illegal Durchreisende vorübergehend unterzubringen. Es waren zwei Männer hingebracht worden, die aus einem Balkanstaat zu einer Konferenz nach Moskau delegiert worden waren. Man hatte mir angedeutet, daß man in einem der beiden einen Polizeispitzel vermute, der in die Leitung der illegalen Jugendorganisation eingeschleust worden war. In Moskau würde sich die Sache klären. Mir stellte sich die Frage, die ich aber nicht ausgesprochen habe - Fragen ist bei illegaler Arbeit unerwünscht -, wie man wohl herausfinden wird, ob er ein Spitzel ist und ob er vor Gericht gestellt wird? Heute nehme ich mit einiger Sicherheit an, daß man mit diesem Mann in Moskau kurzen Prozeß - ohne Prozeß - gemacht hat.

Mir war eingeschärft worden, daß, sollte jemand kommen und Eintritt verlangen, ich niemanden hineinlassen dürfe. Ich hielt mich auch eisern daran, und als tatsächlich jemand kam, den ich nicht kannte und Einlaß ins Büro verlangte, war ich überzeugt, es mit einem Polizeibeamten zu tun zu haben, und erklärte dezidiert, er könne nicht hereinkommen, es sei niemand im Büro. Er blieb hartnäckig, und es entspann sich ein unerfreulicher Disput im Vorzimmer, bis einer meiner Kollegen, der die Stimme erkannt hatte, den Mann einließ. Es war nämlich derjenige, der das Büro in seinem Namen für uns gemietet hatte, den ich aber nicht kannte. Man hatte vergessen, mich über die Möglichkeit seines Kommens zu informieren. Die Angelegenheit war deshalb peinlich, weil anzunehmen war, daß die Wohnungsinhaberin hinter der Tür unsere Unterhaltung mitangehört hatte. In der Handhabung der Konspiration war man eben oft sehr ungeschickt. Allein die Tatsache, daß ich, ein "polizeibekanntes Individuum", zu dieser Arbeit herangezogen worden war, entsprach nicht den Regeln der Konspiration. Einmal trafen mein Postüberbringer und ich im Stadtpark zufällig auf Leo Gabler, den Jugendgenossen, der dort als Fotograf sein Brot verdiente, indem er Passanten auf Wunsch fotografierte. Daß wir beide uns auch fotografieren ließen, war ein sehr unvorsichtiger "Spaß"! Meine Arbeit im Balkanbüro ging nach kaum zwei Monaten wieder zu Ende, denn das Büro wurde aufgelassen.

Vorübergehend ließ man mir Aushilfsarbeiten zukommen, wie die Urlaubsvertretung von Lene Schüller im Büro der TASS, der Sowjetischen Telegrafenagentur, und als die Putzfrau dort auf Urlaub ging und man mir anbot, auch sie zu vertreten, nahm ich ebenfalls an.

Die Pulverturmgasse

Ich freute mich sehr, als mir schließlich angeboten wurde, im Büro des Kommunistischen Jugendverbandes in der Pulverturmgasse im neunten Wiener Gemeindebezirk als Bürokraft zu arbeiten. Das war endlich eine Arbeit, die ich wirklich mit Freude machte. Es gab, so viel ich mich erinnere, nur zwei fix angestellte Kräfte im Jugendverband, nämlich den Sekretär und die Büroarbeiterin, aber es gab eine große Zahl von freiwilligen Mitarbeitern. Mit all diesen Mitarbeitern gab es eine vorbildliche Zusammenarbeit, verband uns doch der starke Wille, alle Kräfte für die Erreichung eines besseren Lebens der arbeitenden Jugend einzusetzen! Alle näheren Mitarbeiter in der Pulverturmgasse habe ich noch in bester Erinnerung: Vor allen Leo Gabler, den wir "Heini" nannten - ich glaube, er war damals gerade Sekretär des Verbandes. Alle schätzten ihn seiner Schlichtheit und seiner grenzenlosen Ergebenheit wegen. Ich sehe ihn noch vor mir, bei einer Demonstration in der Nähe Wiens, als Gendarmen uns wieder einmal "zerstreuten" und einer von ihnen dabei war, unsere Fahne zu "erbeuten", wie sich "Heini" mit aller Kraft an diese Fahne hing und wie es ihm, dem Schmächtigen und schlecht Genährten gelang, dem Gendarmen die Fahne wieder zu entreißen. Mit wieviel Festigkeit und Standhaftigkeit hat er auch später bei der Gestapo ausgehalten, hat keinen seiner Genossen preisgegeben und noch die Kraft gefunden, andere zu bestärken! Nach langer Folter wurde er 1943 geköpft.

Oder Hermann Köhler, den wir "Konrad Hermes" nannten. Auch er war ein unermüdlicher Kämpfer an der Spitze des Jugendverbandes. Er war voll Humor und hat uns immer wieder zum Lachen gebracht. Ich muß in diesem Zusammenhang sagen, daß wir nicht anders waren als andere junge Menschen. Trotz ernster Arbeit haben wir auch viel Unsinn getrieben und viel gelacht. "Konrad" wurde 1945 in Mauthausen exekutiert.

Oder der liebenswerte Willi Frank. Seine freundliche Art wirkte auf junge Menschen stets überzeugend. Willi entging zwar den Repressalien der Hitlerschergen durch seinen Aufenthalt in der Sowjetunion. Doch als gegen Ende des Krieges in Jugoslawien das Österreichische Freiheitsbataillon gebildet wurde, war Willi dabei. Er hat mit der Waffe in der Hand für die Befreiung Österreichs vom Hitlerfaschismus gekämpft und ist bei einem Feuergefecht mit der SS 1945 gefallen.

Zu den Lehrlingsbesprechungen in der Pulverturmgasse kam damals auch ein sehr sympathischer blutjunger Bursche, der sich durch Aufgewecktheit und große Intelligenz auszeichnete. Es war der junge Fritz Hedrich. Auch er arbeitete illegal unter den Nazis, fiel der Gestapo in die Hände, die ihn mißhandelte, aber kein Wort aus ihm herausbrachte. Er wurde zum Tod verurteilt und hingerichtet. Das war also das spätere Schicksal meiner engsten Kampfgefährten von damals - und noch vieler anderer. Daß es die Kommunisten waren, die im Verhältnis zu ihrer zahlenmäßigen Stärke den größten Blutzoll unter Hitler entrichten mußten, wird heute gern übergangen.

1929 erledigte ich in der Pulverturmgasse die anfallenden Schreibarbeiten und stellte auf unserem noch sehr primitiven Abziehapparat Flugblätter und anderes Propagandamaterial her. Am Abend kamen dann andere Aktivitäten dazu, so daß der Tag vom frühen Morgen bis zum späten Abend - oft bis in die Nacht - dem KJV gehörte. Als ich einmal mit der Herstellung einer Betriebszeitung allein bis in die Nacht beschäftigt war, fuhren keine Straßenbahnen mehr. Ich übernachtete auf einer Bank im Sekretariat und ging in der Früh gleich selbst mit der Zeitung zum Betrieb, für den sie bestimmt war, um sie dort abzusetzen.

Man kooptierte mich in das Zentralkomitee des Jugendverbandes, und nun hatte ich neben meinen technischen Aufgaben auch eine politische Funktion zu erfüllen. Ich fuhr oft in die Provinz, um die Arbeit mit den dortigen Gruppen zu besprechen. Dabei ergaben sich Schwierigkeiten wegen der Kosten für die Bahnfahrten, denn wir hatten zu wenig Geld. Und da heckte ich mit meiner Freundin Hanni wieder einen Schwindel aus. Ich hatte in der Jugend mit ihr viel äußere Ähnlichkeit, oft wurden wir sogar verwechselt. Nachdem ihr Vater bei der Eisenbahn arbeitete, hatte sie eine Legitimation - mit Lichtbild -, die sie zu stark ermäßigten

Fahrten auf der Bahn berechtigte. Für eine Fahrt - ich glaube, es war nach Graz - lieh ich mir von ihr diese Legitimation, um dem Jugendverband die Fahrtspesen zu ersparen. Es ging auch gut, allerdings mit einem großen Schrecken, der mir noch lange in den Gliedern saß: Bei der Kontrolle nahm mir der Schaffner den Ausweis ab, ohne zu sagen warum, und verschwand damit. Man kann sich denken, wie ich auf Nadeln saß. Ich war davon überzeugt, daß der Schaffner den Schwindel erkannt hatte und malte mir aus, was dies für mich und meine Freundin bedeuten würde. Doch er kam zurück und gab mir wortlos den Ausweis wieder. Vom Benützen fremder Ausweise hatte ich seit diesem Erlebnis jedenfalls vorerst genug.

Bei einer Fahrt ins Burgenland hat mich die ungewohnt unfreundliche Aufnahme durch die Genossen der dortigen Partei - sie waren Anhänger des Fraktionisten Toman - sehr gekränkt. In einem Betrieb, der viele Jugendliche beschäftigte, herrschte nach den uns zugekommenen Berichten eine angespannte Arbeitssituation. Ich sollte mich über die Lage informieren, um eventuelle Solidaritätsmaßnahmen in die Wege zu leiten. Doch die Parteigenossen, damit beschäftigt, sich gegenseitig Prügel vor die Füße zu werfen, meinten herablassend zu mir, ich könne wieder nach Hause fahren, unsere Informationen würden nicht stimmen. Doch tags darauf wurde im Betrieb gestreikt. Der Gewerkschaftsführung, die diesen Streik nicht anerkannte und die in einem hektografierten Flugblatt sowohl Franz Honner (ehemaliger Bergarbeiter in Grünbach, 1945 Innenminister in der Provisorischen Regierung), der ebenfalls hingefahren war, als auch mich angriff, gelang es allerdings bald, den Streik abzuwürgen.

Bei einem anderen Streik in einem Betrieb am Wiener Handelskai, der vornehmlich Jugendliche beschäftigte, versuchte der Unternehmer, den Betrieb mit Streikbrechern weiterzuführen, weshalb von uns Flugblätter verteilt wurden, die zur Solidarität mit den Streikenden aufriefen. Als ich dort stand und die Flugblätter verteilte, geschah etwas, was sogar für die damaligen Verhältnisse außergewöhnlich war: Der Unternehmer selbst lief heraus, zerrte mich gewaltsam in den Betrieb, wobei er mir meinen Mantel zerriß, und drängte mich in einen Raum, den er absperrte. Dann rief er die Polizei. Er nahm das Verdienst für sich in Anspruch, eine Verbrecherin dingfest gemacht zu haben. Es kam auch tatsächlich ein Polizist, der mich auf das Wachzimmer brachte, wo man mir die Zettel ab- und einen Akt aufnahm, den man auch weiterlaufen ließ. Es kam sogar zu einer Gerichtsverhandlung, doch den Richtern war es selbst "bei bestem Willen" nicht möglich, mich zu verurteilen, da zu offensichtlich war, daß in diesem Fall die Straftaten faktisch nur vom Herrn Unternehmer selbst verübt worden waren.

Die KIM-Schule bei Moskau

Die Kommunistische Jugendinternationale unterhielt eine periodisch stattfindende Schule, die in der Nähe von Moskau untergebracht war und sechs Monate dauerte. (Daneben gab es in Moskau noch andere Schulen, wie die berühmte Leninschule der KI, die gewöhnlich zwei Jahre dauerten.) Auf diese "KIM"-Schule (KIM nach den russischen Anfangsbuchstaben für Kommunistische-Jugendinternationale) delegierte mich 1930 der österreichische Jugendverband zusammen mit einem Jugendgenossen aus der Steiermark. Ich empfand dies als große Auszeichnung und freute mich sehr darauf, nun für ein halbes Jahr in die Sowjetunion zu fahren, wo ich mir fundiertes Wissen aneignen sollte. Wir fuhren mit der Bahn die lange Strecke durch die Tschechoslowakei und durch Polen. Als wir an die russische Grenze kamen, empfing uns dort das große rote Transparent, welches den Reisenden entgegenleuchtete und auf welchem der berühmte Schlußsatz aus dem "Kommunistischen Manifest" zu lesen war: "Proletarier aller Länder vereinigt Euch!" Genau so hatten wir es uns vorgestellt. In Moskau wurden wir erwartet und von dort in das Örtchen Puschkino nahe bei Moskau gebracht, wo sich die Schule, ein ehemaliger Herrensitz, befand; sie war sehr schön an einem Teich gelegen und von Wald umgeben. Die Schüler aus den verschiedensten Ländern trafen nach und nach ein, und es ging vorerst noch recht ungezwungen zu.

Der Unterricht fand in sprachlich getrennten Sektoren statt. Zu den Schülern aus dem chinesischen Sektor, die in einem separaten Gebäude in der Nähe untergebracht waren, hatten wir faktisch keinen Kontakt, sie hatten getrennten Unterricht. Die chinesischen Kommunisten sahen sich damals noch vor die Aufgabe gestellt, die Macht in ihrem Land zu erobern. Zur Sowjetunion hatten sie freundschaftliche Beziehungen. Diese wurden erst viele Jahre später getrübt, und arteten in Feindseligkeiten aus. Als Vortragende kamen in unsere Sprachsektoren entweder ausländische Mitarbeiter der KIM oder russische Lehrer, die mit Übersetzung vortrugen. Neben der Geschichte der Arbeiterbewegung wurden wir mit den Lehren des Marxismus-Leninismus sowohl aus ökonomischer als auch aus philosophischer Sicht vertraut gemacht. Besonders die philosophische Seite des Marxismus faszinierte mich. Als Arbeiterkind, dem ein Studium versagt geblieben ist, bin ich zum ersten Mal in meinem Leben mit Fragen der Philosophie in Berührung gekommen. Es gab auch militärischen Unterricht, denn damals war man noch der Auffassung, eine Umwälzung der Gesellschaft könne nur mit einem bewaffneten Aufstand erreicht werden, wie dies in Rußland der Fall gewesen ist.

Es war unvermeidlich, und meines Wissens ist es auch in anderen Schulen so gewesen, daß sich einige zarte Beziehungen unter den Schülern anbahnten. Wir hatten aus Konspirationsgründen alle Decknamen annehmen müssen, so daß keiner vom anderen den richtigen Namen wissen durfte. Im französischen Sektor waren auch die französisch sprechenden Italiener erfaßt, und da war so ein hübscher dunkelhaariger Bursche dabei, bei dem, wenn er sich bemühte, mit mir ein Gespräch zu beginnen, mein Herz stärker zu klopfen begann. Sprachschwierigkeiten bedeuten in solchen Fällen bekanntlich kein Hindernis - im Gegenteil, wir begannen uns immer besser zu verstehen. Aus Sympathie und Zuneigung erwuchs eine richtige Liebe. Wenn dies den Leitern der Schule auch nicht paßte - bei den Mitschülern genossen wir volle Billigung, und als wir beide einmal an einem schulfreien Tag im nahen Wald spazierten und uns die französische Gruppe begegnete, bildeten diese übermütigen Jungen einen tanzenden Kreis um uns und ließen nicht locker, bevor ich nicht von Gino den erlösenden Kuß erhalten hatte. Ein Glück, daß wir alle damals noch nicht ahnen konnten, welches Schicksal sieben Jahre später meinem Dino - so hieß er in Wirklichkeit - im gleichen Land widerfahren sollte.

Die Schulleitung hatte sich bemüßigt gefühlt, einen Vortrag über "kommunistische Moral" anzusetzen, um unserer aus dem kapitalistischen Ausland eingeschleppten "Sittenlosigkeit" zu begegnen. Keiner von uns nahm diesen Vortrag ernst, denn jeder wußte ohnehin, daß auch einer der russischen Schulleiter mit einem deutschen Mädchen ein Verhältnis hatte.

Manchmal fuhren wir an schulfreien Tagen mit der Bahn nach Moskau - natürlich in Gruppen und in Begleitung -, um die Stadt anzusehen und kleine Besorgungen zu machen. Der Eindruck, den Moskau zu jener Zeit bot, war nicht gerade einladend: Es gab viel Schmutz, und in den verstaubten Auslagenfenstern sah man keine Waren, dafür Losungen und Leninbilder. Wir hatten natürlich keine Ahnung, wie die russischen Menschen tatsächlich lebten, denn wir hatten außer zu unseren russischen Lehrern keine anderen Kontakte. Aber auch unser oberflächlicher Einblick zeigte deutlich, daß die Moskauer mit Entbehrungen leben mußten. Uns irritierte das nicht allzusehr; wir akzeptierten, was man uns sagte, nämlich daß dieses Land, nachdem es viele Jahre Krieg und Bürgerkrieg mit furchtbaren Zerstörungen hinter sich hatte, eben seine Zeit zum Wiederaufbau brauche. Noch jahrzehntelang wurden diese Argumente als Begründung für die mangelnde Versorgung verwendet.

Als sich die Schulzeit ihrem Ende näherte, rückte für Dino und mich unweigerlich die Zeit des Abschieds heran. Ich war sehr traurig. Sollten wir uns nach dem Ende der Schule wirklich nicht mehr wiedersehen?

Wir beschlossen beide: Nein, das darf nicht sein! Dino war aus Paris in die Schule gekommen. Aus dem Italien des Mussoliniregimes hatte er als Aktivist der illegalen Kommunistischen Jugend, dem die Faschisten auf der Spur waren, flüchten müssen und in Paris innerhalb der italienischen Emigrantengruppe gelebt und gearbeitet. Nach der Schule mußte er erst einmal wieder nach Paris zurück, doch wo er wohnen würde und was man mit ihm vorhatte, das wußte er noch nicht. Bei mir war das anders: ich hatte meinen Platz in der Heimat. Wir verabredeten uns, die strengen Regeln der Konspiration auf der Schule zu umgehen - das war uns unsere Liebe wert! Ich gab ihm die Adresse meiner guten Freundin Hanni, und wenn er mir schreiben konnte, so sollte er auf ein Innenkuvert "für Rosa" schreiben.

Dino war einer der ersten, die abgeholt und zur Bahn gebracht wurden. Lange sah ich dem Gefährt nach, das mit der Entfernung immer kleiner wurde, bis es verschwand. Die Tränen rollten mir über die Wangen und im Kopf schwirrten die Gedanken durcheinander: Was wird jetzt weiter sein? Vielleicht erhält Dino den Auftrag, illegal nach Italien zu gehen und die Faschisten werden ihn dort umbringen! Vielleicht war es ein Abschied für immer?

Ich kam in einer Zeit anhaltender erbitterter innerer Kämpfe in meine Heimat zurück. Während einerseits die Rechte der Arbeiter immer mehr beschnitten wurden, wurden die grün-faschistischen Heimwehren offiziell aufgewertet und bei Aktionen gegen die Arbeiterschaft eingesetzt. Ein unter der Schoberregierung beschlossenes "Antiterrorgesetz" richtete sich gegen das Streikrecht der Arbeiter. Im steirischen Alpine-Montan-Betrieb wurde nur aufgenommen, wer Mitglied der Heimwehr und der von ihr gegründeten gelben Gewerkschaft war. Auf die Regierung Schober folgte der Christlichsoziale Vaugoin, der den Heimwehrführer Starhemberg zum Innenminister und einen anderen Heimwehrmann zum Justizminister machte. Kein Wunder, daß die Überfälle der Heimwehren zahlreicher wurden und es wieder Todesopfer gab, wie in St. Lorenzen in der Steiermark. Die Reaktion der sozialdemokratischen Führung war die alte: Scharfe Worte gegen die Faschisten und gleichzeitige Beschwörung der Arbeiter, keine "Unbesonnenheiten" zu begehen. Während sie einerseits, besonders in Wien, wo es seit Beginn der Republik immer eine sozialdemokratische Mehrheit gegeben hat, weltweit anerkannte und bahnbrechende Werke schuf, was den Wohnbau, die Sozial- und Bildungspolitik und die Arbeiterkultur betraf, kapitulierte sie gleichzeitig vor jenen reaktionären Kräften, die darauf abzielten, zusammen mit der Demokratie alle diese Werke wieder zu zerschlagen. Die KP, die gegen die Faschisierung ankämpfte, gab dabei überspitzte Losungen heraus, wie "Gegen die Diktatur des Faschismus die Diktatur des Proletariats!" Noch Jahre nach dem 15. Juli 1927 wurde in der KP darüber diskutiert, ob man damals die Bildung von "Arbeiterräten" hätte propagieren sollen. In diesen Bocksprüngen der Politik der KPÖ widerspiegelten sich die wechselnden Direktiven, die von der Kommunistischen Internationale kamen und für deren Durchsetzung die von dort entsandten Instruktoren zu sorgen hatten. So wurden eine Zeitlang die sozialdemokratischen Führer sogar als die Hauptfeinde und als "Sozialfaschisten" bezeichnet. Daß dies eine antifaschistische Bündnispolitik erschwerte, liegt auf der Hand. Bei den Wahlen zum Nationalrat 1930 konnte die KP zwar Stimmen gewinnen, doch waren die Gewinne der Nazipartei, die damals bereits kandidierte, bedeutend größer. Die SDAPÖ wurde mit 72 Mandaten die stärkste Partei im Parlament und feierte diese "Stimmzettelschlacht" als großen Sieg.

Das Verbot des KJV

Infolge seines verstärkten Einflusses war der KJV der Regierung zu gefährlich geworden, er wurde 1931 verboten. Dieser Schlag sollte die Einleitung für die einige Jahre später erfolgende systematische Zerschlagung sämtlicher Organisationen der Arbeiterschaft werden - einschließlich der Sozialdemokratischen Partei. Bei einer Demonstration gegen das Verbot des KJV wurde ich verhaftet und wegen "öffentlicher Gewalttätigkeit" - weil es sich um eine illegale, nicht angemeldete Demonstration gehandelt hatte - vor Gericht gestellt und zu 14 Tagen schweren Kerker verurteilt, die ich im Landesgericht absitzen mußte. Man steckte mich damals zusammen mit mehreren Prostituierten in eine Zelle. Diese Damen sprachen eine Sprache und verwendeten Ausdrücke, die mir verständlicherweise fremd waren. Meine Proteste wurden von der Gefängnisleitung ignoriert, und in meiner Empörung darüber entschloß ich mich zu einer drastischen Maßnahme: ich trat in den Hungerstreik. Immerhin bewirkte ich mit diesem Entschluß, daß nach zwei Tagen meine Haftbedingungen geändert wurden und ich in eine andere Zelle kam. Übrigens sind die Zellengenossinnen vom ältesten Gewerbe der Welt meinem Verhalten vollkommen verständnislos gegenübergestanden. Sie konnten nicht begreifen, daß ich mein Essen zurückschickte, und wollten mich überreden, wenn es mir nicht schmecke, es doch ihnen zu überlassen, sie würden es schon aufessen.

Bei dieser Gelegenheit möchte ich jener hochanständigen Rechtsanwälte gedenken, die es übernahmen, die politisch Angeklagten vor Gericht zu verteidigen. Von Dr. Egon Schönhof ist bekannt, daß er 1934 nach der Niederlage der Februarkämpfe ins Anhaltelager Wöllersdorf gebracht wurde. In der Nazizeit wurde er durch verschiedene KZs geschleift und schließlich ermordet. Daß den in der Regel mittellosen Angeklagten eine Verteidigung vor Gericht zuteil werden konnte, machte die Organisation der "Roten Hilfe" möglich, für die wir auch bei unseren Veranstaltungen warben.

Der Kommunistische Jugendverband setzte nach seinem Verbot die Tätigkeit zunächst unter dem Namen "Roter Jugendverband" fort. Zu den Jugend-ZK-Sitzungen kam gewöhnlich als der obligate Vertreter der Partei Richard Schüller, der aus Moskau zurückgekehrt war, wo er als Österreichs Jugendvertreter gearbeitet hatte. Seine etwas arrogant belehrende Art stach sehr von der unter uns herrschenden lockeren Atmosphäre ab. Die Richtlinien der Partei, die er uns übermittelte, sollten von uns akzeptiert werden, auch wenn sie nicht in unser eigenes Konzept paßten. Als wir Jungen einmal in einem Kaffeehaus beisammensaßen und die Sprache auf unseren wenig geliebten Parteivertreter kam, nahmen wir uns vor, die Partei zu ersuchen, jemand anderen als ihren Vertreter zu nominieren, und wir taten dies auch. Wir sahen darin keineswegs ein politisches Problem, wir wollten uns nur gegen die Art und Weise wehren, wie wir bevormundet wurden. Was darauf folgte, war eine herbe Enttäuschung: Zur nächsten Sitzung kam der Parteivorsitzende Koplenig selbst und las uns ordentlich die Leviten. Er sagte, daß wir die Rolle der Partei als die führende Kraft nicht verstünden, und teilte uns den Beschluß der Partei mit, zwei Leute, nämlich Willi Frank und mich, aus dem Zentralkomitee des Jugendverbandes zu entfernen und an die Partei zu überstellen. Dieser Beschluß war kränkend und schmerzhaft. Jeder von uns empfand diese autoritäre Maßnahme der Partei als ungerechtfertigt, doch war uns schon damals die Partei so heilig, daß es keiner von uns für richtig gehalten hätte, dagegen zu opponieren. Wir bissen alle in den sauren Apfel - Willi und ich als die unmittelbar Betroffenen und auch die anderen, für die diese Maßnahme eine Schwächung ihrer Arbeit bedeutete. Heute verstehe ich diese Maßnahme anders: Die Partei, die nicht nur ihre Direktiven, sondern für etwaige "Fehler" auch ihre Prügel von oben, d.h. aus Moskau bekam, gab diese Prügel nach unten für dort entdeckte "Fehler" weiter. Den Kontakt zum Jugendverband hielt ich auch als Funktionärin der Partei aufrecht, denn ich fühlte mich mit meinen 22 Jahren nach wie vor der Jugend verbunden. Rückblickend sehe ich heute, wie unser fast religiöser Glaube an die Partei uns ein falsches Diktat widerspruchslos hinnehmen ließ. Das "uns" gilt dabei nicht nur für mich und meine Jugendgenossen von damals, sondern auch für die vielen anderen treuen Parteigänger, sowohl führende Funktionäre als auch kleine Mitglieder, denen im Namen der

Partei Unrecht geschah oder die selbst im Namen der Partei - oft in gutem Glauben - Unrecht taten.

Man hatte mir im damals eröffneten "Intourist"-Büro, dem noch sehr kleinen russischen Reisebüro, eine Arbeit verschafft. Wie ich bald merkte, stand man aber dem Leiter dieses Büros, einem gewissen Dr. Tocker, in der Partei mit Mißtrauen gegenüber. Von dem Parteimann Löwinger, dessen Funktion mir nicht ganz klar war, wurde ich wiederholt über Dr. Tocker ausgefragt. Dieses Büro vermittelte individuelle Touristenfahrten in die Sowjetunion, doch waren fast alle "Touristen" einfach arbeitslose Arbeiter, die hofften, in der Sowjetunion Arbeit zu bekommen. Ich erledigte die Büroarbeiten und besorgte die Visa. Nach der Arbeit ging ich abends in gewohnter Weise meinen Aktivitäten, damals noch im Jugendverband, nach. Als der Chef merkte, daß er es bei mir mit einer rührigen Aktivistin zu tun hatte, erklärte er, daß meine Anwesenheit sein Büro kompromittiere, und entließ mich. Ich war also wieder einmal arbeitslos geworden.

Meine Mutter, die immer kränklich gewesen war, war sehr krank geworden und brauchte ständige Betreuung. Mein Vater machte mir den Vorschlag, wieder in die elterliche Wohnung zu ziehen, um die schwerkranke Mutter zu pflegen, und ich sagte zu. Ihr Zustand verschlechterte sich zusehends, und als es mit viel Mühe gelungen war, sie in ein Krankenhaus zu bringen, verstarb sie dort im Alter von erst 53 Jahren.

Einen großen Lichtblick gab es aber in dieser Zeit: Meine Freundin Hanni brachte eines Tages einen Brief für mich, der aus Paris gekommen war und Dino Maestrelli zum Absender hatte. Ich war überglücklich, denn ich hatte Dino schon in den Händen der italienischen Faschisten gesehen, umsomehr, als es im Radio Nachrichten aus Italien über die Hinrichtung politischer Gegner gab. Aber nun wußte ich, daß er lebte! Es entspann sich ein reger Briefwechsel. In keinem unserer Briefe fehlte der naive Passus, daß die Arbeiterklasse in unseren Ländern bald die Macht ergreifen werde, und dann wären alle Hindernisse für unsere Vereinigung beseitigt. Dino brachte aber das Kunststück zuwege, den etwas langen und ungewissen Weg über die Machtergreifung der Arbeiterklasse abzukürzen. Das konnte nur eine große Liebe zustande bringen, die selbst Ländergrenzen überwindet. Bei seinen Parteifreunden in der Pariser Emigration hatte Dino erreicht, daß man mit seiner Übersiedlung nach Wien einverstanden war, und es war ihm zu diesem Zweck der erforderliche falsche Paß besorgt worden, denn einen echten konnte er als politischer Flüchtling nicht bekommen. Und es klappte! Eines schönen Tages geschah das Unwahrscheinliche, und Dino stand mir gegenüber! Wir fielen uns in die Arme; nun wollten wir endlich beisammen bleiben. Durch die "Rote Hilfe", die ihn vorläufig versorgte, wurde ihm ein kleines Zimmer bei Sympathisanten am Rosenhügel zugewiesen. Als mein Vater eines Tages Dino bei mir in der Wohnung antraf, schlug er deshalb einen Riesenkrach und warf uns beide faktisch hinaus; diesmal verließ ich mein Elternhaus für immer und zog zu Dino, nachdem ich mit der "Roten Hilfe" vereinbart hatte, selbst für die Miete aufzukommen.

Die Anwesenheit von Dino in Wien, der polizeilich nicht gemeldet werden durfte, konnte nicht von Dauer sein. Die "Rote Hilfe" schlug vor, Dino die Einreise in die Sowjetunion zu ermöglichen, wo politische Emigranten gut aufgehoben seien und bis zur Möglichkeit der Rückkehr in ihre Heimat arbeiten könnten. Wir waren beide über diesen Vorschlag erfreut, denn daß ich Dino bald in die Sowjetunion folgen würde, stand für uns fest. Wenn sich dann in einigen Jahren, wie wir hofften, die Verhältnisse in unseren Heimatländern positiv änderten, würden wir zurückkehren, um beim Aufbau eines Arbeiter- und Bauernstaates mitzuhelfen. Solche Zukunftshoffnungen, die jeder Grundlage entbehrten, wurden damals in der Partei genährt. (Einmal hatte mir Fürnberg auf meine ungeduldige Frage wie lange es bis zu einem Sowjetösterreich noch dauern könne, geantwortet, das werde noch länger dauern, vielleicht noch fünf Jahre.)

Daß ich in die Sowjetunion fahren konnte, wurde von mir als Privileg betrachtet. Unser durch nichts zu erschütternder Glaube an die Sowjetunion als leuchtendes Beispiel für die Unterdrückten aller Länder war eine der Ursachen dafür, daß von den Kommunisten der anderen Länder alle Maßnahmen gutgeheißen wurden, die im "Land des siegreichen Sozialismus" getroffen wurden. (Erst viele Jahre später gab es da Ausnahmen.) Daß es dort auch Saboteure, Schädlinge und Spione gab, gegen die mit harten Strafen vorgegangen werden mußte, schien uns durchaus plausibel zu sein. Wer uns damals prophezeit hätte, daß in Rußland unter Stalin mehr Kommunisten umkommen würden als durch die Herrschaft Hitlers, dem wären wir an die Gurgel gesprungen.

Es galt nun, die Formalitäten für die Reise von Dino unter Dach und Fach zu bringen. Ich brachte den Paß, der ihm in Paris beschafft worden war - es war ein spanischer Paß - zur Roten Hilfe, die das russische Einreisevisum besorgte. Malke Schorr, die Vorsitzende dieser Organisation, die ich schon öfter in Versammlungen für die Rote Hilfe sprechen gehört hatte, war ziemlich kratzbürstig. Für diese Frau mit den immer zusammengekniffenen Augen und der Adlernase hatte wahrscheinlich das Bemühen des österreichischen Mädchens um ihren Italiener einen allzu romantischen Beigeschmack. Nachdem das russische Einreisevisum besorgt worden war, sollte ich bei der polnischen Botschaft ein Durchreisevisum holen. Polen, das Land mit dem Militärregime Pilsudskis, richtete offensichtlich ein scharfes Augenmerk auf Durchreisende, die in die Sowjetunion wollten. Man bedeutete mir auf der Botschaft, ich könne das Durchreisevisum am nächsten Tag abholen. Als ich mich tags darauf auf den Weg zur Botschaft machte, hatte ich für nachher ein Treffen mit Dino ausgemacht. Auf der Botschaft sagte man, das Visum sei noch nicht fertig, ich möge am nächsten Tag wiederkommen. Ahnungslos ging ich auf die Straße, um zum vereinbarten Treffpunkt mit Dino zu gehen, und bemerkte nicht - dafür schämte ich mich nachher -, daß mir zwei Herren den ziemlich langen Weg unauffällig gefolgt waren. Gerade als ich mich mit Dino getroffen hatte, standen sie plötzlich vor uns und verhafteten uns beide. Die beiden Geheimpolizisten hatten offenbar in der polnischen Botschaft auf mich gelauert, wo der Paß als falsch erkannt worden war. Wir wurden zur Polizei geschleppt, Verhören unterzogen, und Dino wurde festgehalten. Mich ließ man bis zur Gerichtsverhandlung frei. Bei der Verhandlung im Mai 1932 wurde ich zu einer Woche strengen Arrest wegen "versuchten Betruges" verurteilt, wobei man mir "edle Motive" zugebilligt hatte. Dino blieb bis zur Ausweisung in Haft.

Bei den Ermittlungen zu diesem Prozeß gab es als Nebenprodukt eine Überraschung für mich. Ich konnte feststellen, wie oberflächlich und sorglos wieder einmal bestimmte konspirative Kreise gearbeitet hatten. Seinerzeit hatte mich bei einer öffentlichen Versammlung ein Genosse, den ich nur flüchtig kannte, gebeten, ihm meinen Reisepaß zu überlassen, man würde ihn für eine wichtige Sache benötigen. Ich meinte zu verstehen und überließ ihm den Paß, ohne viel zu fragen. Wahrscheinlich wird er zur Rettung politischer Flüchtlinge benötigt, dachte ich. Bei der Voruntersuchung in der Angelegenheit von Dino wurde mir vom Untersuchungsrichter plötzlich mein Paßfoto gezeigt, das in einer Wiener "Fälscherwerkstätte" gefunden worden war. Ich begriff, daß man in dieser "Fälscherwerkstätte", von deren Existenz ich nur ahnte, das Foto in meinem Paß ausgetauscht und unvorsichtigerweise liegengelassen hatte. Als diese Werkstätte aufflog, wurde mein Foto dort gefunden. Dem Untersuchungsrichter sagte ich, nicht zu wissen, auf welche Art mein Paß verloren ging, und er erhob in diesem Fall auch keine Anklage. Was tatsächlich damals mit meinem Paß geschah, habe ich nach Jahrzehnten zufällig erfahren, als ich einmal mit meiner ehemaligen Jugendgenossin Fini Deutsch zusammentraf und von ihr erfuhr, daß sie damals mit meinem Reisepaß in eine "Funkschule" in der Sowjetunion geschickt worden war. Wieso man gerade meinen Paß für diesen Zweck verwendete, ist mir bis heute ein Rätsel, da diese Jugendgenossin der Polizei weniger bekannt war als ich.

Dino saß noch einige Zeit im Landesgericht und wurde dann eines Tages von den Sicherheitsorganen, wie damals üblich, illegal an die Grenze

Bundes-Polizeidirektion in Wien.

Pr.Zl.IV- 4978/277/31 Wien,am 11.April 1932.

Kommunistische Paßfälscher-
werkstätte in Wien,
Maestrelli Dino,
Puhm Rosa.

Abschrift

Zu den Anzeigen der Bundes-
polizeidirektion vom 4.II.1931,
Pr.Zl.IV-26 Exp.,vom 6.,7.,11.,14.und
21.II., vom 10.,11.,12.,21.,22.,23.,
24., und 31.Dezember 1931,vom 1.,5.,
und 29.Jänner,vom 4.,13.und 24.II.
sowie vom 2.,11.,15.,21.,22.,23.und
31. März 1932,Pr.Zl.IV-4978/31.

An

die Staatsanwaltschaft I

zu

W I E N.

Am 8.April 1932 übermittelte das spanische Konsulat in Wien,der Bundespolizeidirektion einen anscheinend vom spanischen Generalkonsulate in Paris am 22.Februar 1932 zur Zahl 327 auf den Namen Alfonso C a d e z,Beamter (am 4.Mai 1905 in Barcelona geboren,ledig) in Barcelona wohnhaft, ausgestellten Reisepass, welcher von dem genannten Amte als zur Gänze gefälscht erkannt worden war.Wie das spanische Konsulat weiters mitteilte, wurde der fragliche Reisepaß, welcher einen sowjetrussischen Einreisesich vermerk enthält, am 8.April 1932 von einem jungen Mädchen beim polnischen Konsulate behufs Erteilung eines polnischen Durch-reisesichtsvermerkes eingereicht, von diesem Konsulate jedoch als bedenklich dem spanischen Konsulate mit dem Beifügen über-mittelt, daß die Überbringerin den Reisepaß am 9.April 1932 vor-mittags beim polnischen Konsulate abholen werde.

22/Wien

Im Verlaufe der von der Bundespolizeidirektion sogleich ein-

100.119 -9r/ 1/32

./.

geleiteten Erhebungen wurde am 9.April 1932 die vorerwähnte Frauensperson, nach-dem sie das Gebäude des polnischen Konsulates, in welchem sie wegen Abholung des in Rede stehenden Reisepasses erschienen war, verlassen hatte,um 12 Uhr 45 Minuten in der Alserstraße angehalten.Gleichzeitig wurde auch der Mann, der auf dem im Passe enthaltenen Lichtbild dargestellt erscheint,festgenommen, als er sich mit dem erwähnten Mädchen in der Alserstraße traf. Beide wurden sohin der Bundespolizeidirektion überstellt, wo sie als die in Wien, XII.,Atzgersdorferstraße Nr.23 wohnhafte Kontoristin <u>Rosa P u h m</u> (am 26.Juli 1909 in Wien geboren, dahin zuständig, konfessionslos,ledig) und deren Lebensgefährte, der Maurergehilfe <u>Dino M a e s t r e l l i</u> (am 1.April 1907 in Empoli in Italien geboren und dahin zuständig, katholisch, ledig,) identifiziert wurden.

Dino Maestrelli gab im Gegenstande befragt an, daß er Antifaszist sei und im September 1931 aus politischen Gründen seine Heimat verlassen habe. Er habe sich damals nach Wien ~~begeben~~ begeben, wo er sich seither aufhalte. Da er in Wien keine Arbeit habe finden können, habe er die Absicht gefasst, nach Sowjetrussland auszuwandern. Ein ihm nicht näher bekannter Mann, dem er geklagt habe, daß er als Antifaszist von seiner Vertretungsbehörde in Wien einen ordnungsmäßigen Reisepaß nicht ausgestellt erhalten könne, habe ihm anfangs März 1931 gegen Bezahlung von 15 S den von seiner Lebensgefährtin Rosa Puhm beim polnischen Konsulate in Wien eingereichten Reisepaß, der bereits in allen Teilen ausgefüllt und mit den in ihm enthaltenen Stempelabdrücken sowie mit dem sowjetrussischen Einreisesichtvermerke versehen gewesen sei, ausgefolgt. Er selbst habe hiezu das Paßbild beigestellt und später auch die im Paße ersichtliche Unterschrift des angeblichen Eigentümers "Alfonso C a d e z" hinzugefügt.

./.

Aus einem vom Historiker Hans Schafranek aufgefundenen Polizeiakt zu Deutschland gebracht, an eine Stelle, an der es keinen kontrollierten Grenzübergang gab und wo man ihn einfach laufen ließ. Er hatte das Glück, von keinem deutschen Polizisten aufgehalten zu werden, und gelangte unbehelligt bis nach Berlin. Dort fand er Kontakt zu Genossen, die ihm weiterhalfen. Zu diesen zählte die flotte Berlinerin mit der echten Berliner Schnauze, die mit uns zur gleichen Zeit auf der KIM-Schule gewesen war und die wir dort "Ella" genannt hatten. Sie schrieb mir einen sehr netten Brief und freute sich mit uns, daß wir uns wieder gefunden hatten. (Auch diese "Ella" haben später die Nazis ermordet.) Mit Hilfe der Berliner Genossen wurde Dino schließlich die Reise in die Sowjetunion auf dem Seeweg an Bord eines russischen Schiffes ermöglicht.

Als er über Leningrad nach Moskau gekommen war und dort mit seinen italienischen Parteifreunden zusammentraf, war sein Streben, so rasch als möglich Arbeit und eine Wohnung zu bekommen, damit ich nachkommen könne. Man riet ihm, nach der Stadt Gorki zu gehen, wo eben ein großes Autowerk fertiggestellt worden war, und man Arbeitskräfte brauche; auch eine Wohnung wäre leichter zu bekommen als in Moskau. Er teilte mir mit, daß er diesen Rat befolgen möchte, und ich stimmte zu. Daß wir nicht getrachtet haben, in Moskau zu bleiben, war zweifellos von Nachteil. Das Leben wäre zwar auch in der Hauptstadt nicht leicht gewesen, doch wären im Kollektiv der eigenen Landsleute und in der Nähe der Vertreter bei der Komintern die späteren Zeiten der Ausländerfeindlichkeiten, der Repressionen und des Krieges weniger schwer zu ertragen gewesen. In Gorki, von den alten Freunden völlig abgeschnitten, bedeutete es zeitweise eine bis an die Grenzen des Menschenmöglichen gehende Belastung. Als Dino in Gorki durch das für die Ausländer geschaffene Ausländerbüro (INO-Büro) eine Arbeit und - vorerst ein ganz kleines - Zimmerchen erhalten hatte, konnte auch ich meine Reise vorbereiten. Im Jänner 1933 war es dann soweit: die Stunde des Abschieds von Wien war gekommen. Ich war mit den Reisevorbereitungen vollauf beschäftigt und erlebte die politischen Ereignisse, die immer brisanter wurden, nur am Rande mit. Die Maßnahmen von Engelbert Dollfuß, der Bundeskanzler geworden war, fielen mit der Zeit meiner Abreise zusammen. Dem Vordringen der Nationalsozialisten glaubte er mit einer weiteren Aufwertung der Heimwehren begegnen zu können. Er wollte den Teufel mit dem Beelzebub austreiben. Er machte den Heimwehrführer Fey zum Vizekanzler, schaltete das Parlament aus, regierte mit Notverordnungen und führte die Todesstrafe ein. Statt sich auf die Arbeiterschaft als die konsequentesten Gegner der Nazi zu stützen, wurde diese weiter verfolgt, ihre Organisationen in die Illegalität gedrängt. Gewollt oder ungewollt hatte er mit den grün-faschistischen

Methoden dazu beigetragen, den Boden für den braunen Faschismus vorzubereiten.

Ich hatte von meinen Jugendgenossen Abschied genommen, besonders von Leo Gabler und Willi Frank. Leo Gabler hatte Dino sehr gut leiden mögen und ihn gelegentlich den "Abruzzenhäuptling" genannt. Willi gab mir entgegen unseren Gepflogenheiten einen sentimentalen Abschiedskuß mit den Worten: "Ich wünsche Dir Glück, Mädl!" Am Bahnhof, wohin mich meine Freundinnen Hanni und Milla begleitet hatten, fühlte ich dann, wie schwer mir der Abschied fiel, viel schwerer, als ich gedacht hatte. Hatte ich mich denn nicht gefreut und immer gesagt, daß ich glücklich wäre, in das Land unserer Hoffnungen fahren zu dürfen? Als sich der Zug in Bewegung gesetzt hatte und ich den Leopoldsberg durch einen Tränenschleier immer weiter entschwinden sah, tat dies unendlich weh. Es ging mir durch den Kopf, wie ich einmal eine Reihung der Werte vorgenommen hatte, nach welcher sich mein Leben richten sollte. Damit wollte ich mir Klarheit darüber verschaffen, wer oder was zu wessen Gunsten im Ernstfall zurückstehen sollte. Im Vordergrund stand, daß ich mich mit aller Leidenschaft für die Zurückgesetzten und Unterdrückten, für die Arbeiter einsetzen wollte. Daher stand die Partei an erster Stelle. Nach der Partei kamen jene Menschen, die ich liebte und die mir nahestanden. Und an die dritte Stelle hatte ich meine Heimat mit ihren vielen Naturschönheiten gesetzt. Und jetzt - so ging es mir durch den Kopf - war eben der Fall eingetreten, daß ich meine Heimat vorübergehend verlassen mußte. Es hat 14 Jahre gedauert, bis ich sie wiedersah.

IN DER SOWJETUNION

Im Vaterland der Werktätigen

Sehr müde und abgespannt von der langen Fahrt auf den harten Holzbänken des Eisenbahnwaggons kam ich in Moskau an. Ich hatte erwartet, von einem unserer dort tätigen Jugendfunktionäre, der im bekannten Partei-Hotel LUX wohnte, wie besprochen abgeholt zu werden. Doch es war niemand da, er hatte darauf vergessen. Ich kam mir im Getriebe des großen russischen Bahnhofs, in dem es von meist ärmlich gekleideten und wegen der großen Kälte vermummten Menschen wie von Ameisen wimmelte, sehr verlassen vor. Schließlich faßte ich Mut und zeigte meinen Zettel mit der Adresse des Hotel LUX einem Pferdekutscher, der mich auch tatsächlich hinbrachte. Bei meinen Freunden konnte ich mich einen Tag lang von den Strapazen der langen Reise erholen. Doch nun stand mir noch die Reise nach dem 400 km entfernten Gorki bevor. Ich hatte Dino vom Tag meiner Ankunft unterrichtet und freute mich schon darauf, ihn wiederzusehen. Aber auch hier klappte es nicht: Die Benachrichtigung hatte nicht funktioniert, und als ich am Bahnhof von Gorki ausstieg, stand ich wieder mit meinem Koffer da, und es war niemand gekommen, der mich abgeholt hätte. Nach kurzer Überlegung entschloß ich mich, zu einem der dort herumgehenden uniformierten Männer, einem Milizmann, zu gehen und ihm meinen Zettel mit der Adresse von Dino zu zeigen. Es stellte sich heraus, daß die auf der Adresse angegebene "Amerikanische Siedlung" außerhalb der Stadt Gorki lag, ebenso wie das ganze Autowerk mit seinen neuen Siedlungen, und nur mit einer Lokalbahn zu erreichen war. Von der Bahnhofsmiliz wurde beim Ausländerbüro des Werkes angerufen und meine Ankunft avisiert. Dann schickte man einen Gepäckträger mit mir, der mich zur Haltestelle der Lokalbahn brachte. Es war bereits gegen Abend, und die Kälte des russischen Winter begann ordentlich zu beißen. Endlich kam der Zug der Lokalbahn angerollt. Mehrere Arbeiter, die offensichtlich zur Schichtarbeit in den Betrieb fuhren, hatten sich inzwischen angesammelt, und mit ihnen stieg ich in den Zug. Das Innere des Waggons setzte mich nicht wenig in Erstaunen: In der Mitte gab es einen kleinen eisernen Ofen, in dem ein Feuerchen flackerte und dessen Rohre zum Waggondach hinausragten. Die Arbeiter hatten sich auf den Holzbänken niedergelassen. Ich versuchte mich verständlich zu machen und zeigte meinen Zettel mit der Adresse, denn ich wollte wissen, wo ich aussteigen sollte. Als Antwort erhielt ich nur Achselzucken und Kopfschütteln. Da fast niemand auf der Strecke ausstieg, entschied ich mich, zusammen mit den anderen auszusteigen, denn dort würde wohl das Werk und seine Siedlungen sein! Aber an der Endstation, wo alle ausstiegen, holte mich wieder niemand ab, nun schon zum drittenmal, und es sah sehr trist und öde aus. Ich versuchte wieder bei den Leuten, die dort auf den nächsten Zug warteten, mich mit meinem Zettel durchzufragen. Diesmal hatte ich Glück, denn einer der wartenden Leute verstand Deutsch - er war ein Jude. Er bugsierte mich sofort wieder in den Waggon und erklärte mir, daß ich eine Haltestelle zu weit gefahren sei. Dieser Mann entpuppte sich nicht nur als Kavalier, sondern er wurde mir auch zum Schutzengel. Er hatte vorerst die im Waggon Anwesenden gefragt, ob jemand von ihnen in der Amerikanischen Siedlung aussteige, denn er wollte mich jemandem anvertrauen, der mir den Weg zeige. Es hatte sich auch ein Mann gemeldet, doch bei der Haltestelle stieg mein Beschützer selbst mit mir aus, trug meinen Koffer und ging mit mir bereits in der Dunkelheit einen ausgetretenen Pfad durch den Schnee. Seltsamerweise war jener Mann nicht ausgestiegen, der sich im Wagen gemeldet hatte. Mein Begleiter erklärte mir, daß es zu riskant gewesen wäre, sich diesem Mann anzuvertrauen, denn nur allzuoft gäbe es Raubüberfälle, und ich wäre in diesem Fall ein willkommenes Objekt gewesen. Daß der Mann nicht ausgestiegen war, als er sah, daß mein Beschützer mit mir ging, deutete offenkundig in diese Richtung. Wahrscheinlich hat mich dieser jüdische Arbeiter vor einem Raubüberfall bewahrt, wofür ich ihm heute noch dankbar bin. Es dauerte eine Weile, bis wir das richtige Haus gefunden hatten. Nun war ich also endlich bei Dinos Wohnung angelangt - aber er war nicht da! Er hatte, als er die Nachricht bekam, daß ich in Gorki eingetroffen sei, sich sofort auf den Weg gemacht, um mich abzuholen. Er war in der gleichen Minute, als ich mit meinem Begleiter ausstieg, in den selben Zug eingestiegen, um mich von Gorki zu holen. Da ein Freund von Dino die Wohnungsschlüssel hatte, konnte ich mich todmüde auf das Bett fallen lassen. Daß sich diese Reise so kompliziert abwickeln würde, hatte ich nicht erwartet, denn bei meiner ersten Reise zur KIM-Schule war ich von Hand zu Hand gereicht worden, und es gab keine Probleme. Für Delegierte einer Organisation war eben alles bestens vorbereitet gewesen. Nun aber war ich privat gekommen und erhielt einen kleinen Vorgeschmack davon, wie ganz anders sich das Leben eines nicht Privilegierten abspielt. Aber ich war glücklich, endlich am Ziel meiner Reise mit Hindernissen angelangt zu sein, und als schließlich Dino von Gorki zurückkam und mich in seine Arme schloß, war alles wieder gut.

Das winzige Zimmerchen bot auf Dauer keinen Platz für zwei Personen. Wir waren daher einverstanden, als man uns im Haus der sogenannten "Kommune" ein größeres Zimmer ohne Nebenräume anbot. Dieses Haus wurde von mehreren ausländischen Familien bewohnt, deren Frauen abwechselnd in der Gemeinschaftsküche arbeiteten, während die Männer ins Werk zur Arbeit gingen. Ich brauche nicht zu betonen, daß mir die Arbeit in der Küche nicht zusagte, ich wollte auch lieber im

Betrieb arbeiten. In meinem Kopf spukte eine Arbeiterromantik herum, wie sie durch die vielen Plakate genährt wurde, die zur Planerfüllung aufforderten und auf denen fröhliche Arbeiterinnen mit roten Kopftüchern abgebildet waren. Es war mein Wunsch, als einfache Arbeiterin am sozialistischen Aufbau mitzuwirken. Dieser Wunsch wurde mir vom Ausländerbüro erfüllt, und man vermittelte mich in die Halle, in der die Bohr- und Fräsmaschinen zu bedienen waren. Dort stand ich, wie ich es gewünscht hatte, mitten unter den russischen Arbeitern und Arbeiterinnen an einer Maschine und strengte mich an, um nur ja beispielgebend und rasch zu arbeiten. Wahrscheinlich haben meine russischen Kolleginnen und Kollegen diesen Eifer gar nicht so gerne gesehen. Wenn ich dann in der Arbeitspause, anfangs völlig unbekümmert, meine weißen belegten Brote hervorholte, merkte ich, daß ich damit die Aufmerksamkeit der anderen, die nicht mehr als ein Stück schwarzen Brotes bei sich hatten, auf mich zog. Für sie war Weißbrot ein Luxus, den es in ihren Verkaufsläden nicht gab. Oft teilte ich mein Brot mit meiner Nachbarin. Zu meiner Verwunderung wurde ich von Arbeitern auch öfter um die Zeitungsblätter angebettelt, in die meine Brote eingewickelt waren und die anscheinend ebenfalls Mangelware waren. Sie verwendeten sie zum Drehen ihrer "Papirossi". So nannten sie die kunstvoll gewickelten kleinen Stanizeln, die sie mit Machorka, dem groben russischen Tabak füllten, und die dann beim Rauchen einen penetranten Gestank verbreiteten. Ich konnte sehen, daß es beim "sozialistischen Aufbau" noch viele Schattenseiten gab. Bei den Läden für Ausländer, den "INSNAB"-Läden (Abkürzung für Ausländerversorgung) stand jemand an der Tür, dem der Ausländerausweis vorgezeigt werden mußte. Auf meine Frage, warum es diese Unterschiede gebe, wurde mir erläutert, daß das Autowerk auf die Mitarbeit der ausländischen Spezialisten angewiesen sei. Würde man für sie nicht bessere Bedingungen schaffen, würden sie abwandern. Mich irritierte auch, daß manchmal Bettler an die Türen klopften, und auch dafür bekam ich eine Erklärung: Es seien dies ehemalige Kulaken (reiche Großbauern), die nicht arbeiten wollten, und man solle ihnen nichts geben. In Wirklichkeit hat es sich wahrscheinlich um ehemalige Bauern gehandelt, die in den vorangegangenen Jahren der "Entkulakisierung" zu Millionen von ihren Höfen vertrieben worden sind und die der Vernichtung oder dem Hungertod entkommen waren. (Wie zur gleichen Zeit die Staats- und Parteispitzen lebten, entnahm ich viele Jahre später einem Buch, in dem die Frau von Kuusinen, einer Kominterngröße, berichtet, daß ihnen nicht nur Wohnung und Sommerhaus gratis zur Verfügung stand, auch für Auto und Chauffeur, für die Hausgehilfin und sogar für die täglich "eingekauften" Lebensmittel mußte nicht bezahlt werden.)

Die Geschichte des Autowerkes von Gorki ist sehr beeindruckend, wie es auch die Geschichte anderer Riesenbetriebe ist, die nach der Revolution gebaut worden waren. Die Stadt Gorki - früher hieß sie Nischnij-Nowgorod - an der Mündung der Oka in die Wolga gelegen, hatte erst kurz zuvor den Namen des russischen Dichters Maxim Gorki erhalten, der in dieser Stadt geboren wurde, seine triste Kindheit und Jugend dort verlebte, wie er es in seinen Werken meisterhaft beschrieben hat, und der sich Gorki, d.h. "der Bittere", nannte. Für das geplante, damals größte Autowerk Europas war von der Regierung als Geburtsstätte ein Territorium nahe der Stadt Nischnij-Nowgorod bestimmt worden. In dieser Gegend hatte es bereits zur Zarenzeit wichtige Betriebe gegeben wie jenen von Sormowo, was mir aus den Büchern von Maxim Gorki bekannt war. Zum Bau solch eines riesigen Betriebes, wie es das Autowerk werden sollte, war Hilfe vom Ausland nötig gewesen. Dank einer Vereinbarung, welche die russische Regierung mit der Leitung der amerikanischen Ford-Werke geschlossen hatte, vermittelte die Ford-Direktion beim Bau und bei der Einrichtung und Organisation der Arbeit technische Hilfeleistung. Das bedeutete, daß aus den USA, im besonderen aus Detroit, wo die Ford-Werke zu Hause waren, die dringend benötigten Fachleute nach Gorki kamen, gemeinsam mit russischen Spezialisten bei der Organisation der Arbeit halfen und die russischen Arbeiter anlernten, die aus den umliegenden Dörfern kamen und zum Teil noch die bäuerlichen Bastschuhe an den Füßen trugen. Aus primitiven Bauern, oft Analphabeten und jeder Hygiene abhold, wurden Arbeiter, die lernen mußten, sich in den Produktionsprozeß eines Großbetriebes mit damals 25.000 Arbeitern einzugliedern. Auf mich übte dieser Betrieb eine große Faszination aus. Während der Jahre, die ich dort arbeitete, ging ich oft in der Mittagspause durch eine der "Zechen" (Hallen), um zuzusehen, wie die Maschinen fast ohne menschliches Zutun ihre Arbeit verrichteten oder wie die verschiedensten Autobestandteile am Fließband vorbeizogen. Die Autoräder, die in der Luft hingen, erinnerten an Riesenkringel an einem Weihnachtsbaum.

Meinen Arbeitsplatz bei den Bohrmaschinen hatte ich allerdings bald gewechselt. Auf Anraten des INO-Büros begann ich im Konstruktionsbüro des "Hauptkontor" als Kopiererin zu arbeiten. Damals mußten die Konstruktionszeichnungen noch mit Tusche kopiert werden, bevor Blaupausen davon gemacht wurden.

Dino und ich hatten selbstverständlich erwartet, in die russische Partei als Mitglied übernommen zu werden. Als ich in der Parteiorganisation meiner Betriebs-Abteilung diesbezüglich anfragte, wurde mir mitgeteilt, daß zu diesem Zeitpunkt Aufnahmen in die Partei gesperrt seien, da soeben im ganzen Land eine "Tschistka", d.h. eine Parteireinigung, im

Gange sei. Sie werde deshalb durchgeführt, um zu verhindern, daß Karrieristen und andere Unwürdige innerhalb der Partei überhand nahmen. Ich fand, daß dies eine ausgezeichnete Einrichtung sei und ersuchte, mich dieser "Tschistka" stellen zu dürfen. Man erlaubte es. Als ich in einer zu diesem Zweck einberufenen Parteiversammlung so wie die anderen, die zur "Tschistka" angetreten waren, über meinen Lebenslauf berichten sollte, war dies sehr schwierig, da ich erst ein paar Brocken Russisch konnte und von den Anwesenden kaum jemand einige Brocken Deutsch verstand. Wahrscheinlich hat meine Naivität die Leute beeindruckt, die mein Radebrechen mit wohlwollendem Lächeln entgegennahmen. Ich glaube, sie wußten, daß man mich nicht in die Partei übernehmen würde und daß das ganze eigentlich eine Farce sei. Es gab angeblich ein generelles Aufnahmeverbot für Ausländer. Meine österreichischen Freunde, die in Moskau lebten, behielten allerdings, wie ich später erfuhr, innerhalb der österreichischen Parteigruppe ihre Mitgliedschaft, manchen Führenden wurde sogar die Ehre zuteil, Mitglied der russischen Partei zu werden. Die "Tschistka" aber war weniger eine Einrichtung zur Reinhaltung der Partei, wie man sagte, sie war vielmehr, wie uns nach dem Tod von Stalin bekannt wurde, von ihm dazu mißbraucht worden, oppositionelle Regungen im Keim zu ersticken, um seine persönliche Macht besser zu untermauern.

Begegnungen

Mit dem Gedanken, auf einmal kein Parteimitglied mehr zu sein, konnten Dino und ich uns nicht abfinden. Wir empfanden es als absurd, daß wir gerade in jenem Land, für das wir unter schwierigen Bedingungen immer eingestanden waren, nun außerhalb der Partei stehen sollten. Ich fuhr damals nach Moskau und wollte versuchen, mit unseren Freunden in der Komintern das Problem unserer Parteimitgliedschaft zu besprechen. Wir glaubten, daß unsere Kominternvertreter durch eine Intervention bei der russischen Partei erreichen würden, daß man uns in die russische Partei übernimmt. Diesbezüglich ist bei meiner Reise im Endeffekt nichts herausgekommen, doch hatte ich während des kurzen Aufenthaltes in Moskau zwei Begegnungen, die mir teuer geblieben sind: Zum einen war dies die Begegnung mit Leo Gabler, meinem Jugendgenossen, der sich zu dieser Zeit in Moskau aufhielt. Ich freute mich sehr, ihn dort zu treffen, und wir saßen lange beisammen. Dabei kamen wir auch auf die ungerechte Maßnahme der Partei gegenüber Willi Frank und mir, die "Heini" sichtlich bedrückte, zu sprechen. Er teilte mir mit Genugtuung mit, daß Willi sehr erfolgreiche Arbeit leiste. Mit dem Initiator des damaligen Beschlusses unserer Überstellung an die Partei, Richard Schüller und einigen anderen, gäbe es jedoch bei den Diskussionen zur nationalen Frage Reibereien, da er einen Anschluß an Deutschland für erstrebenswert halte. "Heini" entließ mich mit einem Geschenk und einem Gruß an Dino. Es war dies meine letzte Begegnung mit ihm. Da ich in der Folge mehr als 10 Jahre lang keinen Kontakt zur österreichischen Kominternvertretung hatte und daher nicht wissen konnte, was im "Land" alles vor sich gegangen war, erfuhr ich erst Ende 1946, kurz vor meiner Heimreise, daß Leo Gabler alias Heini in Österreich, wohin man ihn zur Arbeit im Untergrund geschickt hatte, von den Nazis verhaftet, gefoltert und hingerichtet worden war. Es gehörte zu den nicht zu verantwortenden Praktiken der Moskauer Kominternfunktionäre, fähige und ergebene junge Leute "ins Land" abzukommandieren, wo sie von der Gestapo gestellt und ermordet wurden.

Die andere interessante Moskauer Begegnung war die mit "Ercoli", wie sich Togliatti, der führende Mann der italienischen Kommunisten, nannte, dessen hervorragendes Format mir damals noch nicht bewußt war. Zu ihm ging ich auf Wunsch von Dino, um unsere Mitgliedsprobleme vorzutragen. Togliatti war sehr freundlich zu mir und versprach, sich dafür zu interessieren, doch war dies wohl alles, was er tun konnte. Dino und ich, wir sind beide in der Sowjetunion "Parteilose" mit allen daraus erwachsenden Nachteilen geblieben.

Die amerikanische Siedlung bestand vorwiegend aus einstöckigen, gut ausgestatteten Neubauten. Als wir aus dem Gemeinschaftshaus der "Kommune" in eine der Wohnungen mit eigenem Klo und Duschraum übersiedelten, bedeutete dies für mich einen Komfort, wie ich ihn vorher nie gehabt hatte. Ihren Namen "Amerikanische" hatte die Siedlung deshalb bekommen, weil in ihr die aus Amerika zugewanderten Werksarbeiter untergebracht wurden. Das waren aber nur zum geringen Teil geborene Amerikaner, sondern meist Arbeiter der verschiedensten Nationalitäten, die seinerzeit in das Land der unbegrenzten Möglichkeiten ausgewandert waren und, als in diesem Land die Arbeitsplätze immer rarer wurden, die Gelegenheit nutzten, in die Sowjetunion zu gehen, wo es sichere Arbeitsplätze gab. Ihnen hatte man ausländische Emigranten wie Deutsche, Ungarn, Italiener usw. zugesellt, die aus politischen Gründen ihre Heimat hatten verlassen müssen. Es gab einen Ausländerklub, in dem es die verschiedensten politischen und kulturellen Aktivitäten gab. Die stärker vertretenen Sprachgruppen hatten ihre eigenen Zirkel. Im deutschen Zirkel hatten wir eine funktionierende Theatergruppe, die vom gut Deutsch sprechenden und gebildeten Mitarbeiter des INO-Büro Jakowlew geleitet wurde. Er stammte, wie man sagte, aus einer ehemaligen russischen Offiziersfamilie. Diese Aktivitäten, die "gesellschaftliche

Arbeit", ersetzten mir die gewohnte Arbeit in der Partei und kamen meinem Bedürfnis nach Betätigung entgegen.

Eine interessante Bekanntschaft machten wir, als wir in die Siedlung kamen, mit dem Ehepaar Müller. Der Mann, Kurt Müller, ein Deutscher, war vorher Mitarbeiter der Jugendinternationale gewesen. Seine Frau, Wilhelmine, "Mischka" genannt, aus Riga gebürtig, war sehr rührig und lud uns manchmal in ihre Wohnung ein. Sie sprach mehrere Sprachen, unter anderem gut Italienisch. Das Ehepaar hatte auch Kontakt zu dem legendären Max Hölz, der in den Zwanzigerjahren populär geworden war, als er beim mitteldeutschen Aufstand eine wichtige Rolle gespielt und bewaffnete Arbeitertrupps angeführt hatte. Max Hölz war auch in Österreich kein Unbekannter gewesen und in der Arbeiterschaft sehr populär. Nach seiner Festnahme war er in Deutschland zu lebenslänglicher Haft verurteilt worden, doch wurde durch eine massive Protestbewegung 1928 seine Freilassung erzwungen. Wie wir von den Müllers erfuhren, befand er sich nun unweit von Gorki, angeblich auf eigenem Wunsch, zur Arbeit in einer Kolchose, einer bäuerlichen Genossenschaft. Es war etwas verwunderlich, daß sich dieser Haudegen entschlossen hatte, ein Kolchosbauer zu werden. Da platzte in die amerikanische Siedlung die Nachricht, daß Max Hölz beim Bootfahren in der Oka ertrunken sei. Es wurde ihm ein ehrenvolles und aufwendiges Gedenken in der Stadt Gorki zuteil, zu dem ich mit noch einigen Ausländern der Siedlung delegiert worden war und zu dem auch einige hohe Funktionäre aus Moskau gekommen waren. Ich habe allerdings später Vermutungen gehört, daß dieser Tod kein Unfall war. In den Aufzeichnungen von Margarete Buber-Neumann, der Gattin eines ehemals führenden deutschen Kommunisten, wird diese Version erhärtet. Sie berichtet, daß ihr und ihrem Mann gegenüber durch einen russischen Parteifunktionär, der zur kritischen Zeit in Gorki gearbeitet hatte, die Vermutung ausgesprochen wurde, Beamte des NKWD hätten Max Hölz betrunken gemacht und dann in der Oka ersäuft. Er hatte mit der Partei häufig wegen seiner unangepaßten Eigenwilligkeit und Disziplinlosigkeit Schwierigkeiten gehabt.

In der Siedlung schien alles in Ordnung zu sein. Einmal traf ich beim Ehepaar Müller den bekannten deutschen Dichter Erich Weinert an, der zu Besuch gekommen war. Er war mir aus Wien bekannt, wo ich ihn bei einer Lesung seiner Gedichte gehört hatte, die von uns begeistert aufgenommen worden waren. Doch eines Tages im Jahr 1933 war das Ehepaar Müller verschwunden, und es ging das Gerücht, Frau Müller sei wegen Spionage verhaftet worden. Ich war darüber zwar sehr verwundert, stellte aber dann fest, daß das Klischee für eine Spionin bei dieser kontaktfreudigen, mehrere Sprachen sprechenden Frau passen könnte und machte mir weiter keine Gedanken darüber. Eigenartig schien nur, daß auch ihr Mann verschwunden war. Vier Jahrzehnte später, Anfang der Siebzigerjahre traf ich überraschenderweise die "Mischka" von damals zufällig bei bekannten Genossen in Wien wieder. Von diesen erfuhr ich, daß sie nach langjährigen Lageraufenthalten in der Sowjetunion mit ihrem zweiten Mann in Moskau lebte. Sie absolvierte zahlreiche private Reisen ins Ausland, kam sehr oft auch nach Wien, wo sie sich mit einigen, meist ausgetretenen oder ausgeschlossenen ehemaligen kommunistischen Funktionären eng angefreundet hatte. Sie soll, wie man mir 1988 erzählte, damals bereits 16 private Auslandsreisen unternommen haben. Das alles war in der Breschnew-Ära ganz ungewöhnlich. Ich selbst hatte zur gleichen Zeit versucht, meinen russischen Bekannten und ehemaligen Arbeitskollegen, einen Architekten, über den ich noch berichten werde, nach Wien einzuladen. Ich schickte in den Jahren 1970 bis 1974 zu diesem Zweck mehrmals schriftliche Einladungen ab, die, wie man verlangte, mit einer ganzen Reihe von Unterschriftsbeglaubigungen - angefangen vom Bezirksgericht bis zum Außenamt - versehen sein mußten, doch wurde ihm jedesmal die Reiseerlaubnis verweigert. Nach welchen Gesichtspunkten damals dem einen Reiseerlaubnisse am laufenden Band erteilt und gleichzeitig dem anderen verweigert wurden, können wahrscheinlich nur die zuständigen sowjetischen Stellen erklären.[1]

In unserer deutschsprachigen Gruppe der amerikanischen Siedlung wurde bekannt, daß die Regierung ein Gesetz vorbereite, das die Schwangerschaftsunterbrechung verbieten solle. Dieses Gesetz wurde zur "öffentlichen Diskussion" gestellt, und in den Zeitungen waren daraufhin die gewünschten Zustimmungserklärungen zu finden. Uns ausländische Kommunisten forderte dies zum Widerspruch heraus, und der Leiter der deutschen Gruppe, der Sudetendeutsche Martinek, ein sehr friedfertiger Mann, berief eine Versammlung der Gruppe ein, um dazu Stellung zu nehmen. (Er konnte nicht ahnen, daß ihm aus dieser Tatsache nach seiner ein paar Jahre später erfolgten Verhaftung ein Strick gedreht werden würde.) Der Tenor aller in der Versammlung vorgebrachten Ausführungen war, daß es in der Sowjetunion nicht ein Gesetz geben solle, wie wir es in den kapitalistischen Ländern bekämpft hatten. Wir schrieben einen kollektiven Brief an eine der großen Zeitungen in Moskau, in dem wir als deutschsprechende Gruppe im Autowerk Gorki gegen die Einführung eines solchen Gesetzes Stellung nahmen. Wir taten dies im besten Glauben, damit von unserem demokratischen Recht auf Meinungsäußerung Gebrauch zu machen. Es sickerte aber bald durch,

1) In der ersten Ausgabe des Buches von Susanne Leonhard, in welchem diese über ihre Haft- und Lagerjahre in der Sowjetunion berichtet, ist vermerkt, daß sich die "Mischka" im Butyrka-Gefängnis in Moskau 1937 als NKWD-Spitzel betätigt haben soll.

daß wegen dieses Briefes unseren Betreuern vom INO-Büro der Kopf gewaschen worden war. Offenbar hatte ihre Betreuung nicht richtig funktioniert, sie hätten diesen Brief verhindern müssen.

Das Problem der Schwangerschaft blieb aber nicht nur ein theoretischer Diskussionsstoff für mich - die Frauenärztin im Ambulatorium der Siedlung stellte bei mir die Schwangerschaft fest. Daß ich im ersten Moment an einen Abbruch gedacht hatte, hing wohl damit zusammen, daß für mich von früher her der Begriff der Schwangerschaft bedeutete, es sei etwas Unerwünschtes passiert. Doch die Ärztin, ein kluge Frau, begann ein Gespräch mit mir, und als sie meinte, ich sei gerade im besten Alter und die materiellen Verhältnisse würden es doch erlauben, ein Kind großzuziehen, begann ich darüber nachzudenken und fand, daß sie recht hatte. Das darauffolgende Gespräch mit Dino brachte eine rasche Übereinstimmung. Auf meine Frage, was er davon halte, wenn wir ein Kind bekämen, zog er mich an sich und antwortete mit dem verlegen-glücklichen Lächeln, das ihn mir so liebenswert machte: "Ich stelle es mir wunderschön vor!" Es wurde also beschlossene Sache, daß wir unser Leben zu dritt weiterführen wollten, und wir begannen uns auf unser Kind zu freuen.

Die Schutzbündler

Es war die Anfangszeit meiner Schwangerschaft, als uns die Nachricht von dem aufwühlenden Ereignis in meiner Heimat erreichte - von den Februarkämpfen 1934 der österreichischen Arbeiterschaft.

Als ich Wien verlassen hatte, war dies eine Zeit, in der sich die politischen Ereignisse in Deutschland und in Österreich überstürzt hatten. In Deutschland war gerade Hitler an die Macht gehievt worden. Die Schwerindustrie und im besonderen die Rüstungsindustrie, die nicht zu unrecht große Erwartungen in ihn gesetzt hatten, haben das Ihre dazu beigetragen. In Österreich waren unter dem Kanzler Dollfuß die Angriffe auf die sozialen Errungenschaften der Arbeiter und gegen demokratische Institutionen verschärft vorangetragen worden. Während Heimwehrführer in der Regierung saßen, sollte die Arbeiterschaft durch das Verbot ihrer Organisationen wehr- und schutzlos den Angriffen auf ihre Rechte ausgeliefert sein. Die Erbitterung der Arbeiter war an einem Höhepunkt angelangt. Als im Februar 1934 bewaffnete Polizei in das Parteiheim der Sozialdemokraten in Linz eindringen wollte, leisteten die Schutzbündler auf Befehl ihres Kommandanten Richard Bernaschek bewaffneten Widerstand. Der Funke sprang rasch auf Wien und andere Arbeiterzentren über. Es ist bekannt, daß damals durch Polizei, Militär und Heimwehr mit Kanonen auf Arbeiterheime und Arbeiterwohnungen geschossen wurde und daß es hunderte Tote gab. Nachdem Dollfuß triumphiert und an den Unterlegenen grausame Rache geübt hatte - neun wurden gehenkt -, haben viele Schutzbündler, tief enttäuscht von ihrer Führung, die während der Kämpfe nicht in Erscheinung getreten war, die Sozialdemokratische Partei verlassen und sind zur illegalen Kommunistischen Partei gegangen.

Von diesem Aufbäumen der österreichischen Arbeiter, die mit ihrem Kampf ein leuchtendes Beispiel des Widerstandes gegen die fortschreitende Faschisierung gegeben haben, gelangte die Kunde auch zu uns. In meinen Träumen sah ich die mir vertrauten Häuser mit riesigen Löchern in der Fassade, so wie man es auf einem Foto sehen konnte, das mir meine Freundin Hanni vom zerschossenen Ottakringer Arbeiterheim geschickt hatte.

Einem großen Teil der Schutzbündler war es unter schwierigen Umständen gelungen, durch Flucht über die Grenze den austrofaschistischen Henkern zu entkommen. Ungefähr 1000 von ihnen kamen über die Tschechoslowakei später in die Sowjetunion. Sie wurden in Moskau begeistert empfangen. Eine Gruppe von Schutzbündlern kam auch zu uns in die Amerikanische Siedlung nach Gorki. Es wurde ihnen ein eigenes größeres Wohnhaus zugewiesen, wir nannten es das Schutzbundhaus. Sie wurden sehr herzlich aufgenommen und bei einer zu diesem Zweck einberufenen Veranstaltung geehrt. Die Frau des damaligen Leiters des Ausländerbüros, Schwalbe, hatte aus diesem Anlaß sogar ein Gedicht verfaßt, das von ihrem Töchterchen vorgetragen wurde. Ich freute mich sehr, viele Landsleute von mir in der Nähe zu haben, und machte mich nach Möglichkeit nützlich. Wie üblich, hatten sie einen speziellen Betreuer zugewiesen bekommen, der im gleichen Haus mit ihnen wohnte. Es war dies ein Pole, der rote Professor Mitkowsky, liebenswürdig und voll Humor, der es wunderbar verstand, sich der österreichischen Mentalität anzupassen, und der sich in kürzester Frist einige österreichische Dialektausdrücke und Redewendungen angeeignet hatte. Die Schutzbündler selbst waren Menschen wie alle anderen, behaftet mit Vorzügen und Fehlern. Seit ihrer Ankunft in Moskau wurden sie von Frauen umschwärmt. Die Gründe dafür waren zweierlei: Zum einen verehrte man die Helden des Februar, zum anderen war nicht unwichtig, daß sie als Ausländer bei der Versorgung mit Lebensmitteln und Bedarfsgütern begünstigt waren. Die Frau oder Lebensgefährtin oder auch nur zeitweilig die Freundin eines Schutzbündlers zu sein, war daher für viele russische Frauen sehr erstrebenswert. Es ist verständlich, daß es manchen Schutzbündlern schwer fiel, den massiven weiblichen Verlockungen zu widerstehen, und sie genossen es, Hahn im Korb zu sein. Doch bald pendelte sich alles ein: man ging brav zur Arbeit ins Werk, die Frauen der verheirateten Schutzbündler trafen ein, und bei den anderen bahnten sich feste Freundschaften und auch Ehen an.

Unser Sohn Remo

Mit dem Sommer rückte für mich die Zeit der Niederkunft näher. Wir hatten die Zusage für eine komplette Wohnung bekommen und sollten demnächst übersiedeln. Doch das Kind hatte es eilig und kam früher. Als wir an einem lauen Sommerabend im August einen Spaziergang zum Wäldchen über die Wiesen machten, die noch von der Hitze des vorangegangenen Tages dampften, machte sich in meinem Leib ein ungewohntes Gefühl bemerkbar, weshalb ich nach Hause drängte und rasch zu Bett ging. Als mich Schmerzen aus dem Schlaf rissen, lief Dino zu den immer hilfsbereiten italienischen Frauen im Hause, die feststellten, es sei Zeit, mich in die Klinik zu bringen. Als mich einer unserer Freunde, der aus den USA gekommene Österreicher Fink, mit dem Auto zur Klinik gebracht hatte, war es vier Uhr morgens. Vier Stunden später hörte ich den ersten Schrei meines Kindes. Es war eine verhältnismäßig kurze Zeitspanne bis zur Geburt gewesen, und ich habe weniger die Schmerzen der Wehen in Erinnerung behalten als vielmehr das übergroße Glücksgefühl. Ein Sohn ist uns geboren! Als man mich genäht hatte - die rasche Geburt hatte einen Riß verursacht - und ich ermattet in den Saal gerollt wurde, ertönte obendrein, quasi zur Begrüßung des eben geborenen Sohnes einer Wienerin, aus dem Radio-Lautsprecher ein Wiener Walzer. In dieser glückseligen Stimmung fielen mir die Augen zu und ich schlief lange und fest. Ich möchte jeder werdenden Mutter dieser Erde wünschen, so unbeschwert und glücklich, wie es mir gegönnt war, ihr Kind zur Welt bringen zu können! Aus dem Krankenhaus wollte ich aber trotzdem bald herauskommen. Erstens, weil ich mein Kind, das man nur bei der Fütterung zu sehen bekam, immer bei mir haben wollte, und zweitens, weil mir die hygienischen Zustände keinesfalls behagten. Ich durfte die ersten Tage das Bett nicht verlassen, da ich etwas Fieber hatte, wurde aber nicht gewaschen. Auch das Hemd wurde nicht gewechselt. Mit Hilfe eines kleinen Schwindels - ich schüttelte das Fieberthermometer um ein paar Grade herunter - erreichte ich schließlich meine Entlassung. Dino hatte es inzwischen zu meiner freudigen Überraschung fertiggebracht, während meiner Abwesenheit mit Hilfe von Freunden die Übersiedlung zu arrangieren, so daß ich mit unserem Neugeborenen in die neue Wohnung einziehen konnte.

Wir hatten die folgende Zeit gemeinsam viel Freude mit unserem kleinen Remo - so hatten wir ihn genannt -, der ein fröhlicher und lebhafter Junge war, geradeso, wie ich ihn mir gewünscht hatte. Im Sommer gingen wir oft zusammen an den nahen Strand der Oka, wo wir mit Freunden aus der Siedlung zusammentrafen, bei denen ebenfalls der Reihe nach Kinder zur Welt gekommen waren. Wir hatten alle viel Vertrauen in die Zukunft und waren überzeugt, das Leben würde immer besser werden, so wie es in einem russischen Lied hieß: "Das Leben ist besser, das Leben ist fröhlicher geworden!" In den Briefen, die ich nach Hause schrieb, klang dieser Optimismus durch. Doch als der Karenzurlaub zu Ende ging, tauchten die ersten Probleme auf. Ich dachte daran, wieder zur Arbeit zu gehen, denn auf die Dauer hätte Dinos Verdienst nicht für alle drei gereicht. Wir hatten uns oft einschränken müssen, denn viele für das Kind wichtige Nahrungsmittel wie z.B. Obst gab es im Laden nur selten, und wir mußten sie am "Basar", dem russischen freien Markt, auf dem privat mit allem nur Erdenklichen gehandelt wurde, um teures Geld erstehen. Auf diesem "Basar" - er befand sich in Kanawino, einem Vorort von Gorki - bin ich einmal stundenlang herumgegangen, um für Remo ein Paar "Walenjki", russische Filzstiefel, zu erstehen, die es damals in keinem Laden gab. Remo in einer der russischen Kinderkrippen unterzubringen kam für uns nicht in Frage. Davor hatte man mich wegen der Unzulänglichkeiten, die dort herrschten, gewarnt, ebenso wegen der regelmäßig auftretenden Infektionskrankheiten. Man hatte mir geraten, es mit einem Kindermädchen zu versuchen. Bauernmädchen aus der Umgebung boten sich den Ausländerfrauen für diesen Zweck an. Ich versuchte es mit einem solchen Mädchen - und hatte leider keinen guten Griff getan! Als ich in den nächsten Tagen von einem Einkauf zurückkehrte, hörte ich das Kind jämmerlich schreien, und kein Mädchen war zu sehen. Es hatte das Kind einfach in seinem Korb liegen lassen und war mit einigen meiner besseren Kleidungsstücke auf Nimmerwiedersehen verschwunden. Wie sehnte ich mich damals nach meiner guten Tante! Wäre sie bei mir, dachte ich, dann bräuchte ich mein Kind nicht einem fremden Menschen anvertrauen.

Ich hatte auf der Suche nach einem Ausweg mit meiner Arbeitsstelle vereinbaren können, daß ich, um selbst beim Kind zu bleiben, nicht ins Werk zur Arbeit gehen, sondern Arbeit von dort nach Hause nehmen würde. Doch als ich mir Reißbrett und Arbeit nach Hause genommen hatte, stellte sich bald heraus, daß auch dies keine Lösung war. Die viel Konzentration erfordernde Arbeit fürs Konstruktionsbüro war zu Hause neben dem Kind und den anderen häuslichen Tätigkeiten nicht zu bewältigen - ich mußte es wieder aufgeben. Als wir schließlich das Glück hatten, doch ein verläßliches Kindermädchen zu finden, konnte ich wieder zur Arbeit gehen.

Dino hatte sich inzwischen bemüht, sein Einkommen zu verbessern. Bei einem deutschen Freund, der ein ausgezeichneter Spezialarbeiter war, erlernte Dino auf dessen Anraten die Modellschlosserei. Dieser Beruf war im Werk sehr gefragt, und Dino machte viele Überstunden. Sein Fleiß trug viel dazu bei, unser ramponiertes Budget wieder zu sanieren, wir konnten wieder Pläne für die Zukunft schmieden. Aber bekanntlich kommt beim Vorausplanen immer alles anders, als man denkt.

Ganz unplanmäßig hatte sich meine Fruchtbarkeit wieder angekündigt, ich wurde wieder schwanger. Dieses Mal, das war uns klar, mußte die Schwangerschaft unterbrochen werden, denn für ein zweites Kind hätte es keinesfalls gereicht. Die Unterbrechung war damals noch erlaubt; sie wurde 1936 verboten, um 1955 wieder gesetzlich erlaubt zu werden. Sie wurde auf Krankenschein durchgeführt. Ich bekam im Krankenhaus einen Termin und für einen bestimmten Tag ein Bett zugewiesen. Am betreffenden Tag stand ich mit anderen Frauen Schlange vor jener Tür im Krankenhaus, hinter der von zwei Ärzten die Unterbrechungen vorgenommen wurden. Es werden etwas mehr als ein Dutzend Frauen gewesen sein, die dort hintereinander eingereiht standen und warteten, bis die Reihe an sie kam, genau so, wie sie es gewohnt waren, wenn sie sich um Lebensmittel anstellten. Aus den Türen heraus kamen jene, die es bereits hinter sich hatten und, meist gestützt von einer Krankenschwester, zu ihrem Bett gebracht wurden. Manche wurden aber auch auf Tragbahren herausgetragen. Ich stand ungefähr in der Mitte der Schlange, und es wurde mir immer mulmiger zumute. Als die Reihe an mich kam und ich beim Betreten des Operationszimmers sah, wie ein Arzt an einem der beiden Operationstische gerade seinem blutigen Handwerk nachging, wurde mir todübel. Dem anderen Arzt, der mich drängte, den Operationstisch zu besteigen, mußte ich sagen, wie übel mir sei und daß ich lieber morgen wieder käme. Er zeigte dafür Verständnis, als er mein leichenblasses Gesicht sah. Ich ging wieder hinaus, vorbei an den noch wartenden Frauen. Sie alle würden es heute noch hinter sich bringen, und ich würde morgen wahrscheinlich wieder in einer Schlange stehen und warten, bis die Reihe an mich kommt. Meine Übelkeit war vergangen, und nach einer kurzen Nachdenkpause faßte ich den Entschluß, ebenfalls heute noch diese unangenehme Sache hinter mich zu bringen. Ich biß die Zähne zusammen und stellte mich als letzte der Reihe zum zweitenmal an. Soweit dies möglich war, ging der Arzt behutsam vor. Es gab weder Narkose noch lokale Betäubung, und ich war sehr froh, als alles vorüber war.

Die Geißel der Ruhr

Unser drei Jahre alt gewordenes Söhnchen gedieh zu unserer vollen Zufriedenheit. Seine liebste Spielgefährtin war die kleine gleichaltrige Inge, die Tochter des deutschen Spezialarbeiters Fritz Combüchen und seiner aus dem Baltikum stammenden Frau Martha, die sich in Gorki gefunden hatten. Wäre alles so weitergegangen - unser Leben hätte einer perfekten Familien-Idylle geglichen. Doch da kam plötzlich ein niederschmetternder Schlag: unser kleiner Remo wurde schwer krank, an seinem Aufkommen wurde gezweifelt. Es war die Ruhr.

Immer im Hochsommer, zur Zeit, als die Fliegen, diese gefährlichen Überträger von Infektionskrankheiten, massenweise auftauchten, grassierte besonders in den ärmlichen Barackensiedlungen der Umgebung mit den im Freien stehenden und total verschmutzten Massenklosetts die Ruhr. Sie raffte die kleinen Kinder reihenweise dahin. Fast täglich konnte man beobachten, wie auf der Straße, die zum Friedhof führte, kleine Gruppen mit Kindersärgen dahinzogen. Man konnte es nicht Leichenbegängnisse nennen - es waren gewöhnlich nicht mehr als zwei bis drei Menschen, von denen einer den kleinen Sarg, der nach russischer Sitte offen war, mit Hilfe eines Schulterriemens vor seinem Bauch hertrug. Es waren traurige und bedrückende Bilder. So weit als möglich führte ich einen erbitterten Kampf gegen die Fliegen, doch die waren überall. In den Kaufläden setzten sie sich auf alle Lebensmittel, zum Beispiel auch auf Topfen, der nicht abgewaschen werden konnte. Als wir eines Sonntags mit unseren russischen Nachbarn, die einen gleichaltrigen Sohn hatten, in deren Auto einen Ausflug in die Umgebung machten, bekam Remo plötzlich heftige Bauchschmerzen. Mich überfiel die Angst, und ich wollte es nicht wahrhaben, doch der Arzt bestätigte es: es war die gefürchtete Ruhr! Vorerst erlaubte er uns, Remo zu Hause zu betreuen. Doch als das Kind nach zwei, drei Tagen zusehends verfiel, sagte er, es nicht anders verantworten zu können, das Kind müsse ins Krankenhaus. Es wurde mir erlaubt, mitzukommen und beim Kind zu bleiben. Die folgenden Tage gehören zu den schrecklichsten in meinem Leben und haben sich tief in mein Gedächtnis eingegraben.

Das Krankenhaus war hoffnungslos überfüllt, die Pflege der an Ruhr erkrankten Kinder war nicht ausreichend. Remo wurde am Ende eines großen Saals untergebracht, und ich war Tag und Nacht bei ihm. Ein sehr freundlicher Arzt war für diese kranken Kinder verantwortlich, aber er konnte mir keine Zusicherung für Remos Genesung geben. Diese schwere Erkrankung sei mit Typhus vergleichbar, sagte er, und bei einem so kleinen Kind sei der Ausgang nicht vorhersehbar. Ich ließ das Kind nicht aus den Augen. Des Nachts legte ich meinen Kopf neben den seinen und meine Füße auf den Stuhl neben dem Bett. Eine andere Möglichkeit zu schlafen gab es nicht. Auch Essen gab es im Krankenhaus für mich keines, das wurde mir von Dino gebracht. Die guten Schutzbundfrauen sandten mir Leckerbissen, und ich erinnere mich noch eines wunderbaren Heidelbeerstrudels. Ich aß, ohne Hunger zu verspüren, denn Angst und Sorge verdrängten alle anderen Empfindungen. Das Kind eines polnischen Emigrantenehepaares aus der Siedlung war ebenfalls mit Ruhr eingeliefert worden und lag in einem anderen Saal im Sterben. Das wimmernde Würmchen drehte sein Köpfchen zur Mutter hin - es hätte gerne gelebt! Auch das Kind im Nachbarbett von Remo war bereits dem Tod geweiht. Es war ein Bub, vielleicht sechs Jahre alt. Auch seiner Mutter erlaubte man, bei ihm zu bleiben, und sie verbrachte die Nacht im Krankenhaus. Als eines der Kinderbetten leer geworden war, legte sie sich für eine Weile hin. Als der Bub merkte, daß seine Mutter nicht neben ihm war, raffte er sich auf, um mit ausgestreckten Armen zu ihr zu gehen - und fiel kraftlos zu Boden. Seiner Mutter war es nicht möglich gewesen, im Krankenhaus zu bleiben und ihr Kind starb allein. Auf die Augen des immer kraftloser werdenden Kindes begannen sich die Fliegen niederzulassen. Ich konnte für das vor meinen Augen sterbende Kind nichts anderes tun, als die Fliegen immer wieder zu verjagen. Die aber spürten das bereits nahende Ende und kamen immer wieder - bis es das Kind nicht mehr störte. Es lag tot in seinem Bett, die Augen von Fliegen schwarz umrändert. Ich blickte auf mein Kind, das in Fieberphantasien lächelte. Ich hätte es am liebsten genommen und wäre mit ihm auf und davongerannt, nur weg aus dieser schrecklichen Umgebung!

Als Dino kam, sagte ich ihm, daß ich möchte, daß wir unseren Sohn wieder nach Hause nehmen, denn in der Umgebung sterbender Kinder könne ich es nicht länger aushalten. Sollte unser Remo nicht zu retten sein, dann dürfe er zumindest nicht in dieser schrecklichen Umgebung sterben. Wir nahmen also das todkranke Kind gegen Revers wieder nach Hause. Der verständnisvolle Arzt hatte es erlaubt, aber die Bedingung daran geknüpft, daß es eine ständige ärztliche Aufsicht gäbe. Das konnten wir versprechen, wohnten wir doch gleich neben dem kleinen Ambulatorium in unserer Siedlung, in dem es gute Ärzte und eine überaus hilfsbereite Krankenschwester gab. Diese nicht mehr junge, mit viel Erfahrung ausgerüstete Krankenschwester, Warwara Viktorowna, sorgte sich aufopfernd um unseren Remo. Sie war einer jener Engel in Menschengestalt, denen man im Leben manchmal - aber sehr, sehr selten - begegnet. Sie kam ungerufen täglich - ihr weißer Mantel hing bei uns im Vorzimmer -, brachte die Medikamente und gab Anweisungen und Ratschläge. So riet sie mir, das Kind nicht nur im Bett liegen zu lassen, sondern viel herumzutragen, um seine Lebensgeister wach zu halten - und das war kein schlechter Ratschlag! In diesem Zusammenhang erinnere ich mich, wie bei einem Spaziergang im Freien eine russische Frau das eingeschrumpfte Restchen von Kind besah, das ich im Arm trug, um mir dann mit Kennermiene in aller Ruhe zu eröffnen, daß es sterben werde. Ich hätte ihr dafür am liebsten die Augen ausgekratzt. Aber wahrscheinlich hat diese Frau nur die Mentalität jener ärmsten Menschen wiedergegeben, für die der Tod eines Kindes weniger eine menschliche Tragödie, als vielmehr eine Sorge weniger bedeutet.

Es war ein zermürbendes Auf und Ab im Befinden von Remo und eine aufreibende Zeit zwischen Hoffen und Verzweifeln. Es gab Momente, wo es tatsächlich danach aussah, als wäre alles Bemühen vergebens gewesen und der Kampf um sein Leben verloren. Einmal, als kein bißchen Puls zu fühlen war, verabreichte ihm Warwara Viktorowna, die ich rasch geholt hatte, eine Kampferspritze. Ohne diese Frau und ohne die rührende Nachbarschaftshilfe unserer Freunde hätten wir es wahrscheinlich nicht geschafft. Einmal taten sich einige unserer Freunde ohne unser Wissen zusammen und fuhren mit dem Auto in die Stadt, um die beste Kinderärztin der Umgebung zu uns zu holen. Später berichteten sie mir, daß die Ärztin nicht an eine Genesung des Kindes geglaubt hatte. Eine entscheidende Rolle im Kampf um das Leben des Kindes, den wir schließlich doch gewonnen haben, fiel Dino zu, der versuchte, mich täglich nach der Heimkehr von der Arbeit zu entlasten. In den schwersten Tagen hatten wir uns des Nachts am Bett des Kindes abgewechselt, um Wache zu halten. Als ich schließlich selbst an der Ruhr erkrankte, allerdings in einer leichteren Form, war es Dino, der uns nun beide pflegen mußte. Er erhielt zu diesem Zweck Urlaub auf Krankenschein. Doch die Mühen hatten sich gelohnt, und wir hatten doppelte Freude an dem uns wiedergegebenen Kind. Sein Gesichtchen, das durch die Abmagerung greisenhafte Züge angenommen hatte, begann wieder runder und kindlicher zu werden. Aber auch mein Äußeres hatte nach den ungewöhnlich schweren seelischen und körperlichen Belastungen so stark gelitten, daß damals gute Bekannte auf der Straße an mir vorbeiliefen, weil sie mich nicht wiedererkannten. Noch lange Zeit verfolgten mich des Nachts Alpträume, in denen ich die vergangene Angst um das Leben unseres Kindes nacherlebte. Nach seiner vollständigen Genesung schien wieder alles im Lot zu sein. Wir konnten beide wieder zur Arbeit gehen, und Remo wurde in den Kindergarten unserer Siedlung aufgenommen.

Die Jahre des Terrors

Als in Spanien 1936 General Franco gegen die demokratisch gewählte Volksfrontregierung geputscht und damit einen Bürgerkrieg ausgelöst hatte, wurden in aller Welt, auch in der Sowjetunion, Freiwillige für die Teilnahme an der Verteidigung der Spanischen Republik geworben. Unter den Schutzbündlern hatten sich Freiwillige gemeldet und waren nach Spanien gegangen. Auch Dino hatte sich gemeldet, doch es kam nicht dazu. Er sollte einen anderen Weg gehen.

Es hatte bereits eine Reihe von weltweit bekannt gewordenen Prozessen gegen "Spione" und "Verräter" gegeben, die wir alle für bare Münze nahmen. Wir glaubten an die Schuld der Angeklagten, umsomehr, als diese sie selbst bestätigt hatten. Wir glaubten auch an die These Stalins von der Verschärfung des Klassenkampfes innerhalb der Sowjetunion als Ausdruck des in seinem Todeskampf wild um sich schlagenden Kapitalismus. In diesem Licht waren wir - wenn auch mit Bedauern - bereit, die zuerst ideologisch und dann auch physisch eliminierten alten Führer der russischen Partei wie Trotzki, Sinowjew, Kamenew, Bucharin und die anderen zu sehen, sie als gekaufte Verräter im Solde der Kapitalisten zu betrachten. Über den Mord an Kirow im Dezember 1934 waren wir zutiefst empört. Kein Parteimitglied hätte damals gedacht, daß dieser Mord eine von oben inszenierte Provokation war und Stalin dazu diente, den Boden für die massenweise Vernichtung vermeintlicher und möglicher Oppositioneller vorzubereiten. Man begann, Ausländern mit immer größerem Mißtrauen entgegenzutreten. Waren sie früher die Begünstigten, weil man sie brauchte, so begann sich nun das Bild zu wandeln. Ihre Privilegien bei der Versorgung wurden mit der Begründung einer allgemeinen Verbesserung der Versorgungslage abgebaut, was aber nur zum geringen Teil zutraf. Die INSNAB-Läden wurden aufgelassen, und wir hatten bereits begonnen, uns anzupassen und uns gegenseitig zu verständigen, in welchem Laden man gerade was bekommen konnte.

1937 hörte ich dann davon sprechen, daß es Verhaftungen unschuldiger Menschen geben solle. Eine vorerst noch vage Verunsicherung begann sich auszubreiten. Eines Tages gab es dann in unserer Siedlung die erste Verhaftung. Es handelte sich um einen Ausländer, der allgemein wenig Sympathien genoß, so daß ich es eher als Genugtuung empfand, daß es jemand war, dem man Schlechtes zutrauen konnte. Es hat also offenbar doch einen Grund, sagte ich mir, wenn jemand verhaftet wird! Doch nach einer Weile wurden weitere Leute verhaftet. Bei denen, die wir weniger kannten, dachten wir: irgendwie werden sie vielleicht gegen das Gesetz verstoßen haben, wahrscheinlich keine große Sache, und sie kommen bald wieder frei. Doch dann wurden Menschen verhaftet, die wir gut kannten und denen wir auf keinen Fall auch nur die geringste Unfreundlichkeit gegenüber dem Sowjetstaat zugetraut hätten. Über die Verhaftung von Martinek schließlich, unserem sympathischen Leiter der deutschen Sprachgruppe, war ich sehr erschrocken. Mit ihm und seiner Familie stand ich in guter freundschaftlicher Beziehung. Ich eilte zu seiner Frau Cilly und versuchte, sie zu trösten. Ich glaubte damals tatsächlich, daß sich dieser "Irrtum" bald aufklären und ihr Mann zurückkommen werde. Es folgten weitere Verhaftungen. Die Menschen wurden meist des Nachts aus den Betten geholt, und man verhaftete mit Vorliebe gleichzeitig mehrere Angehörige einer bestimmten Nation. So wurde eines Nachts eine Gruppe von Deutschen, ein anderes Mal eine von Polen verhaftet. Die Polen kannten wir sehr gut, und ihre Verhaftung machten Dino und mich besonders betroffen. Es waren durchwegs politische Emigranten, die bereits in ihrer Heimat, in den Kerkern Pilsudskis ihre Gesundheit geopfert hatten. Ebenso wie viele andere hatten sie nun begonnen, sich in einer neuen Heimat ein neues Leben aufzubauen, hatten Kinder im gleichen Alter wie unser Kind, und nun sollten sie auf einmal Verbrecher, Feinde der Sowjetmacht sein? Da konnten nur Verleumdungen im Spiel sein! Wir rätselten weiter und wollten nicht wahr haben, was wir doch instinktiv zu fühlen begannen, aber nicht auszusprechen wagten: daß es tatsächlich Unschuldige waren, die man verhaftete, und daß es auch uns treffen konnte. Doch bald sollten wir es mit Gewißheit erfahren.

Es war Winter geworden. Wenn zu dieser Jahreszeit hoher glitzernder Schnee bis vor unserem Wohnhaus lag, war dies für uns Anlaß, mit dem Kind hinauszugehen und im Schnee herumzutollen. Wir konnten dem strengen und langen russischen Winter auch schöne Seiten abgewinnen. Als es 1937 dem Jahresende zuging, bereiteten auch wir uns auf das Neujahrsfest vor, das in der Sowjetunion, so wie bei uns das Weihnachtsfest, mit Bäumchen und Geschenken gefeiert wird. Dino hatte ein Bäumchen besorgt, und am 31. Dezember lag alles schon zur Feier unseres kleinen Familienfestes bereit - doch es kam anders! Einen Tag vor dem Fest, in der Nacht des 31. Dezember, klopfte es hart an unsere Tür und schreckte uns aus dem Schlaf. Und sie waren es! Als die zwei Milizmänner und der Nachbar, den sie als Zeugen mitgenommen hatten, eintraten, sagte Dino zu mir die Worte, die mir im Ohr hängengeblieben sind: "Sie holen also tatsächlich Leute, die unschuldig sind!" Wie schicksalhaft diese Nacht zum 31. Dezember 1937 für uns war, konnten wir damals noch gar nicht abschätzen. Der Durchschlag des Protokolls der Hausdurchsuchung befindet sich heute noch in meinen Händen. Sie durchsuchten die ganze Wohnung, und was ihnen fremd und verdächtig erschien - die beiden konnten natürlich kein einziges Wort Deutsch -, das nahmen sie mit. Auf diese Art sind mir nicht nur lieb gewordene Bücher, sondern auch unwiederbringliche Fotos und Diapositive von Dino und Remo verlorengegangen. Auch den geliebten Fotoapparat, den in Wien preiswert erstandenen "Box-Tengor", nahmen sie uns weg.

Das Kind war wach geworden, und ich mußte es beruhigen. Als wir uns zum Abschied umarmten - einer der Milizionäre trennte uns sofort wieder -, konnte ich noch zu Dino sagen, er möge sich keine Sorgen um uns machen, ich würde mich mit dem Kind schon durchbringen. Davon, wie schwierig das war, hatte ich damals freilich noch keine Ahnung. Doch ich bin froh, diese Worte gefunden zu haben, anstatt zu jammern und ihm das Herz noch schwerer zu machen. Sein Versprechen: "Ich komme wieder", hat er allerdings nicht einhalten können. Und so gingen sie mit Dino weg, und ich blieb mit dem Kind zurück. Wir wußten noch nicht, daß es diesmal ein Abschied für immer sein sollte. Am nächsten Tag putzte ich das Neujahrsbäumchen auf, und ein Strom von Tränen rann dabei über meine Wangen. Seit jenem Tag haben die scheinbar unbeschwerten Fröhlichkeiten zu jeder Jahreswende einen verborgenen Stachel für mich. Es war ein teuflisches Spiel des NKWD, die Verhaftungen an bedeutsamen Tagen vorzunehmen, um die Menschen zusätzlich zu quälen. Der Schutzbündler Franz Leinmüller zum Beispiel ist in Gorki genau einen Tag nach seinem 50. Geburtstag verhaftet worden. Er ist zum Glück mit dem Leben davongekommen und konnte in Österreich nach seiner Rückkehr als aktiver Gewerkschaftsfunktionär tätig sein.

Nach und nach wurden die Ausländer unserer Siedlung bis auf wenige Ausnahmen verhaftet. Diesmal waren es die Italiener; die Schutzbündler und andere folgten nach, der rote Professor Mitkowsky war darunter. Die Glücklicheren waren diejenigen, welche "nur" ausgewiesen wurden oder selbst rechtzeitig in ihr Heimatland zurückkehrten, was besonders für Emigranten mit dem Risiko von Repressalien im eigenen Land verbunden war.

Bei den Verhaftungen kam es manchmal zu unverständlichen Praktiken, was ich dahingehend deutete, daß das Ganze eben eine chaotische Sache war, die der Aufklärung bedurfte und die zurechtgerückt werden würde. So kamen zum Beispiel die Milizionäre zu dem Schutzbündler Wassermann, um ihn zu holen, doch er war gerade nicht zu Hause. Sie sagten den Nachbarn, wann sie wiederkommen würden und gingen fort. Zum angekündigten Zeitpunkt, als Wassermann brav wartete, kamen sie jedoch nicht. Als sie zu einem anderen Zeitpunkt wiederkamen, war Wassermann zufällig wieder nicht zu Hause, und sie gingen abermals. Wassermann, der in Anbetracht seines reinen Gewissens darauf warten wollte, bis sie zum dritten Mal kämen, mußte von Freunden überredet werden, doch lieber vorher zu verschwinden. Die Freunde besorgten ihm eine Fahrkarte nach Moskau, wo er zum österreichischen Konsulat ging, das ihn in die Heimat beförderte.

Ich hatte nun die Aufgabe, mich auf die neu geschaffene Situation einzustellen. Ich wußte, daß dies nicht leicht sein würde, gab es doch keinen Menschen, der mir hätte beistehen können. Ich krempelte die Ärmel hoch und sagte mir, nun müsse ich für mein Kind Vater und Mutter in einem sein, es solle ihm nichts abgehen. Heute weiß ich, daß dies, noch dazu unter den damaligen Verhältnissen, ein frommer Wunsch bleiben mußte. In einer so schwierigen und entbehrungsreichen Zeit, wie es die folgenden Jahre werden sollten, konnte ich es auch bei größter Opferbereitschaft unmöglich schaffen, Entbehrungen von meinem Kind fernzuhalten, und ich habe darunter sehr gelitten. Es war das Schlimmste, daß das Kind, dem wir alles bieten wollten, in den Strudel der Leiden miteinbezogen wurde.

Ich hatte Remo, der zu dieser Zeit drei Jahre alt war, gesagt, sein Vater sei auf "Komandirowka", an eine andere Stelle zur Arbeit geschickt worden. Ich hätte dem Kind nicht klarmachen können, daß sein Vater verdächtigt wurde, ein "Feind des Volkes" zu sein.

An meiner Arbeitsstelle meldete ich das Geschehene, was mit Betroffenheit entgegengenommen wurde. Ich kann sagen, daß sich meine Arbeitskollegen in den kommenden Jahren bis auf wenige Ausnahmen anständig und korrekt verhalten haben. Einer der Kollegen kam einmal zu mir und legte mir eine Tafel Schokolade "für mein Kind" auf mein Reißbrett. Schokolade war eine Kostbarkeit, und ich verstand, daß dies nicht nur ein Akt besonderer Kinderfreundlichkeit, sondern auch der Solidarität und des Protestes sein sollte.

Ich entschloß mich, nach Moskau an Friedl Fürnberg, dem damaligen Vertreter Österreichs in der Komintern, zu schreiben und ihm die Verhaftung meines Mannes mitzuteilen. Ob der Brief angekommen ist, weiß ich nicht. Antwort erhielt ich keine. Ich mußte annehmen, daß den Genossen in der Moskauer Führungsgruppe an einer Verbindung mit mir wenig gelegen war. Nur einmal, noch vor den vielen Verhaftungen, war der Genosse Alois Ketzlik, ein ehemaliger Arbeiterkammerfunktionär nach Gorki gekommen, wo er auch mich aufsuchte und mir den Rat gab, um die sowjetische Staatsbürgerschaft anzusuchen, was ich dann auch tat. Ob dieser Rat gut war oder nicht, läßt sich nicht berurteilen. Ketzlik selbst gehört zu jenen Österreichern, die während der "Säuberungen" den Tod gefunden haben.

Es begannen die bitteren Wege zum Gefängnis von Gorki und zu den Auskunftsstellen des NKWD (Abkürzung für Volkskommissariat für Inneres). Als ich das erste Mal zum Gefängnis kam, konnte ich ein kleines Wäschepaket abgeben. Doch als ich zum zweiten Mal kam, gab man mir die Auskunft, mein Mann sei nicht mehr im Gefängnis, er sei verschickt worden, ohne Angabe wohin. Nun mußte ich versuchen, beim NKWD Auskunft über seinen Verbleib zu erhalten. Auch hier warteten die Frauen ebenso wie beim Gefängnis in langen Schlangen gedrückt - es waren ja auch Russen massenweise verhaftet worden -, bis die Reihe an sie kam. Die Auskünfte waren vage und unvollständig. Mir wurde bei meinen wiederholten Vorsprachen immer nur gesagt, er sei durch "Osoboe Soweschtschanije", das heißt einen Sonderausschuß, zu zehn Jahren ohne Recht zu schreiben verurteilt und verschickt worden, wohin sagte man nicht. Ich versuchte, zu begreifen, was diese Mitteilung bedeutet. Zuerst begriff ich, daß ich meinen Mann sehr lange Zeit nicht sehen werde. Aber unbegreiflich grausam war der Passus "ohne Recht auf Korrespondenz"! Warum das? Somit war Dino von uns abgeschnitten, durfte nichts von uns wissen, wo doch gerade er als Italiener mit allen Fasern seines Herzens an seiner Familie hing! Wo doch unser Kind gerade erst diese schwere Krankheit überstanden hatte! Warum durfte er nicht wissen, wie es seinem Kind weiterhin erging? Wie sehr wird er unter dieser Ungewißheit leiden! Warum dieses rasche Urteil? Warum hat man mich nicht über ihn ausgefragt, wo ich ihn doch am besten kenne? Ich hatte mir den Kopf zerbrochen, was man Dino anlasten konnte, und mir fiel die Auseinandersetzung mit seinem Vorgesetzten wegen der Lohnerhöhung ein. Aber dafür 10 Jahre Verschickung ...? Doch auch dem Leiter der deutschen Gruppe, Martinek, hatte man die Geschichte mit dem Brief an die Moskauer Zeitung wegen des Gesetzes zum Schwangerschaftsabbruch angekreidet! Dies wußte ich von seiner Frau, die einmal Gelegenheit gehabt hatte, im Gefängnis mit ihrem Mann zu sprechen. Bald darauf erhielt sie die Nachricht, daß er gestorben sei. Ich klammerte mich an die Vorstellung, daß die Leute in der Regierung wahrscheinlich gar nicht wissen, was hier alles vor sich geht, und hoffte, daß diese Zustände bald abgestellt werden würden. Ich baute auf ein Wiedersehen mit Dino.

Es haben zwanzig Jahre vergehen müssen, bis die Welt Einblick gewann in das, was sich unter Stalins Herrschaft zugetragen hat. Nach und nach kam das ungeheure Ausmaß seines Vernichtungsfeldzuges gegen das eigene Volk ans Tageslicht. Aber damals war man von diesen Einsichten noch sehr weit entfernt. Gegenüber dem Sowjetstaat empfand ich keinen Groll, und Stalin hielt ich weiter für den weisen väterlichen Freund und Führer, so wie man es überall, im Betrieb, bei Versammlungen, beim Lesen von Zeitungen, zu Hause im Radio sowie auf Plakaten und Transparenten lesen und hören konnte. Auf Transparenten waren die Köpfe von Marx-Engels-Lenin-Stalin immer nebeneinander abgebildet. In zahlreichen Gedichten und Liedern, ja sogar in der Nationalhymne wurde Stalin besungen. Für die große Menschlichkeit Stalins schien es genügend Beweise zu geben. So gibt es in seinen Reden auf diversen Parteikonferenzen Passagen, die ihn, wie es schien, tatsächlich als einen großen Menschenfreund auswiesen. So kritisierte er einmal, daß die Mitglieder einer Expedition in die Taiga, bei der ein Mann ums Leben kam, auf die Frage, was mit diesem Mann geschehen sei, antworteten: "Er ist dort geblieben". Stalin prangerte die Gleichgültigkeit an, mit welcher der Tod eines Mitarbeiters zur Kenntnis genommen wurde, und betonte: unser höchstes Gut ist der Mensch! Der gleiche Stalin ... Als er einmal über die Kollektivierung sprach, richtete er sich sogar gegen Übertreibungen, die dabei geschahen. Er erzählte dazu eine lustige Geschichte, wie eine Bäuerin, als man sie nötigen wollte, in die Kollektivwirtschaft einzutreten, ihre Röcke hochhob und sagte: "Da habt ihr eure Kollektive!" Und man lachte ... Es verging keine Veranstaltung, die nicht mit Ovationen für den großen und weisen Stalin geendet hätte. Was zu gleicher Zeit innerhalb der Gefängnismauern geschah, wußte man nicht. Wenn aber einer vielleicht doch mehr gewußt haben sollte, so hütete er sich, darüber zu sprechen. Wenn ich mich richtig erinnere, so war Nikolai Jeschow, damals der zuständige Mann für das NKWD in der Regierung, als Kandidat für den Obersten Sowjet in unserem Wahlkreis aufgestellt worden und wurde dementsprechend in der Öffentlichkeit als Mann mit außerordentlichen Vorzügen gefeiert. Zur Gegenüberstellung: Das besonders brutale Wüten der NKWD-Organe im ganzen Land während seiner Ära - er wurde, als er in Ungnade gefallen war, von Beria abgelöst - ist als die berüchtigte "Jeschowschtschina" in die Geschichte eingegangen.

"Volksfeinde"

Nicht alle Schutzbündler waren verhaftet worden, ein paar waren noch geblieben. Mit Franz Chuchlik und seiner Frau Nettl, die ein Original an Gemütlichkeit und Herzlichkeit war, waren Dino und ich befreundet gewesen. Sie hatten ihrem ebenfalls in der Sowjetunion geborenen Töchterchen den gleichen Namen wie Stalins Tochter, "Swetlana", gegeben. Im April 1938 wurde Franz Chuchlik, der ein vorbildlicher Stachanowarbeiter war, vom Arbeitsplatz weg verhaftet.

Eine Weile hatte ich auch noch Kontakt mit dem gemütlichen Sachsen Rosa (das war sein Familienname). Er war aus Begeisterung für die Sowjetunion hierhergekommen und lief ständig in der Uniform des Deutschen Roten Frontkämpferbundes umher. Als wir kurz nach unserer Ankunft mit ihm gemeinsam als passionierte Wanderer einen Erkundungsausflug in die Umgebung machten, begegneten uns einige Kinder, die aus den nahen Häusern der Russen kamen und uns wie ein Weltwunder anstarrten. Dazu trug der Umstand bei, daß Dino und ich die gleichen Wanderhosen und -blusen anhatten. Uns amüsierte das Aufsehen, das wir bei den Kindern erregt hatten, und der humorvolle Rosa forderte sie auf, vorauszulaufen und auch die anderen zu alarmieren. Und so defilierten wir damals an Häusern vorbei, an deren Fenstern sich die Menschen die Nasen plattdrückten, um uns zu sehen. Auch Rosa, der gemütliche Sachse, verschwand eines Tages so wie die anderen, und seine russische Frau Marusja blieb mit ihrem kleinen Abbi allein zurück. Als ich sie nach Jahren einmal zufällig traf, führte sie Abbi an der Hand, ein zweites Kind hatte sie auf dem Arm. Auch für das zweite Kind, das von einem Russen stammte, gab es keinen Vater, der für das Kind gesorgt hätte.

Von den Russen, die verhaftet wurden, kannte ich nur wenige. Unter den Verhafteten waren die Leute vom Ausländerbüro, wie der bereits erwähnte Jakowlew. Eines Tages verbreitete sich die Nachricht, daß der Direktor des Autowerkes, Sergej Sergejewitsch Djakonow, der großes Ansehen genossen hatte, ebenfalls verhaftet worden sei. Es ist mir bekannt, daß 1982, in einer umfassenden Druckschrift, die anläßlich des 50jährigen Jubiläums des Autowerkes von Gorki erschienen ist, dieser 1938 als "Volksfeind" verhaftete und liquidierte Direktor posthum als Mann mit reichem Wissen und hohen menschlichen Qualitäten gewürdigt und für seine hervorragenden Leistungen für das Autowerk gelobt wird.

Ich bekam nun eine Reihe von Schikanen zu spüren. Die Wohnung hatte ich räumen müssen, und ich bekam ein Einzelzimmer in einem anderen Haus zugewiesen, wo ich Küche und Nebenräume mit den Nachbarn teilen mußte. Da sie friedfertige und verträgliche Menschen waren, brachte dies keine besonderen Schwierigkeiten mit sich. Eine andere Maßnahme aber traf mich sehr hart: Bisher war in der geringen Miete, die wir bezahlten, auch ein Betrag für die Abnützung der einfachen Möbel enthalten, die man uns seinerzeit zur Verfügung gestellt hatte. Nun gab es das nicht mehr, und man mußte dafür, wollte man die Möbel behalten, eine größere Ablösungssumme auf einmal entrichten. Dies kam gerade jetzt auf mich zu, wo es ohnehin äußerst schwierig geworden war, mit meinem bescheidenen Einkommen zwei Menschen durchzubringen! Es ging nicht anders, ich mußte mir privat Geld borgen, und nur dadurch, daß ich oft Überstunden leistete, war es mir möglich, diese Schulden abzuzahlen. Allerdings bedeutete längere Arbeitszeit im Betrieb weniger Zeit für mein Kind. Als ich einmal den Vorschlag annahm, wegen dringender Arbeiten an die normale Arbeitszeit einige Überstunden anzuknüpfen, und deshalb im Kindergarten, der auch als Internat geführt wurde, bat, Remo über Nacht dort zu behalten, teilte mir die Erzieherin am nächsten Tag mit, daß er kaum geschlafen, dafür aber viel geweint habe. Das schmerzte sehr, aber was konnte ich tun? Es war mein Dilemma, daß ich ohne Leistung von Überstunden mit dem Geld nicht auskam, erhielt ich doch für Remos Erziehung keinen Groschen. So war ich gezwungen, die Zeit, die eigentlich einer Mutter für ihr Kind vorbehalten wäre, für zusätzliche Arbeit zu verwenden, um meinem Kind etwas zu Essen geben zu können. Dies traf später in den Kriegsjahren, als wir buchstäblich hungerten, in noch viel stärkerem Ausmaß zu.

Auch unser neues Zimmer sollte ich nicht lange behalten, denn bekanntlich kommt ein Unglück selten allein. Eines Tages während der Arbeit, es war ein sehr frostiger Wintertag, schauten meine Kollegen zum Fenster hinaus, denn in einiger Entfernung war eine Rauchsäule zu sehen, die von einem Brand herrühren mußte. Ich sah auch hin und gemeinsam stellten wir fest, daß dieser Brand in der Amerikanischen Siedlung ausgebrochen sein mußte. Man riet mir, mir für alle Fälle frei zu nehmen, um zuhause nachsehen zu können. Ich befolgte den Rat, vorerst ohne verängstigt zu sein, denn als unverbesserlicher Optimist glaube ich erst an ein Unglück, wenn es eingetreten ist. So ging ich meinen üblichen Nachhauseweg, und je näher ich unserer Siedlung kam, umso beunruhigter stellte ich fest, daß die Rauchschwaden tatsächlich aus der unmittelbaren Nähe meines Hauses, wenn nicht gar aus dem Haus selbst kamen. Meine Schritte wurden immer schneller, bis ich zu laufen begann und schließlich vor meinem Haus stand und - da sah ich die Flammen aus meinem Fenster züngeln! Ein Heulen brach aus mir hervor, und die Umstehenden mußten mich stützen. Es stellte sich heraus, daß die Arbeiter auf dem Dachboden beim Auftauen der gefrorenen Heizung unvorsichtig hantiert und dadurch den Brand ausgelöst hatten. Die Bemühungen der Feuerwehrleute, den Brand zu löschen, waren ein fast aussichtsloses Unterfangen. Bei dreißig Minusgraden gefror das Wasser in den Schläuchen und die Kleidung der Feuerwehrmänner, die naß geworden war, war hartgefroren wie ein Brett. Alle verzweifelten Anstrengungen konnten bei diesen ungewöhnlichen Bedingungen nicht verhindern, daß der obere Teil des Hauses und die dort befindlichen Wohnungen ausbrannten. Mein Glück im Unglück war, daß mir mein bißchen Habe fast zur Gänze erhalten blieb. Man hatte noch rechtzeitig alles aus meinem Zimmer herausgetragen. Bei den im Freien stehenden Gegenständen hatte sogar jemand aufgepaßt, damit nichts verloren gehe. Nur mein primitiver Kasten hatte eine seiner Flügeltüren eingebüßt. Ich verpaßte ihm später an deren Stelle einen Vorhang, und in diesem Zustand verblieb er zehn Jahre lang bis zu meiner Heimreise. Die obdachlos gewordenen Familien brachte man provisorisch in einem Gebäude unter, das zur Adaptierung für eine Schule vorgesehen war. Das "Wohnen" in den großen Räumen war natürlich kein Vergnügen, und jeder trachtete, so bald als möglich wieder zu einer Wohnung zu kommen. Den russischen Familien wurden auch bald Wohnungen zugewiesen - ich blieb mit dem Kind allein in dem Gebäude zurück. Wiederholt lief ich zum Wohnungsamt, erhielt aber jedesmal die Auskunft, es gäbe keine leeren Wohnungen; wenn ich nicht eine Wohnung in einer Baracke nehmen wolle, müßte ich weiter warten. Zu allem Unglück hatte ich mich erkältet - meine Füße waren infolge der löchrigen Filzstiefel, der Walenjki, naß geworden - und ich bekam Fieber. Ich ging aber trotzdem zur Arbeit, denn sonst hätte ich in dem großen leeren Gebäude allein im Bett liegen müssen. Mein seelischer Zustand hatte ein absolutes Tief erreicht. Die Kraft, den Schikanen entgegenzutreten, begann zu schwinden, und ich hatte das Gefühl, nicht mehr weiter zu können. Damals zogen nachts vor dem Einschlafen in meinen Fieberphantasien vor den geschlossenen Augen die verschiedensten Fratzen vorbei, so deutlich, daß ich sie hätte nachzeichnen können. Ich fürchtete, verrückt zu werden. Aber was dann geschah, schlug dem Faß den Boden aus: Man drehte die Heizung ab, so daß es in den Räumen eiskalt wurde. Daß da noch Menschen waren, wurde "übersehen", man nahm uns beide einfach nicht zur Kenntnis. Wut und Empörung begannen in mir zu brodeln und meine Kräfte wieder zu wecken. Ich ging zum Wohnungsamt, und diesmal machte ich einen ordentlichen Krach. Dem Beamten sagte ich ins Gesicht, meine Benachteiligung ganz bewußt betrieben zu haben. Dabei konnte ich angeben, daß mir ein freies Zimmer in der Siedlung bekannt sei, denn davon hatte ich Kenntnis bekommen. Mein Auftritt zeitigte auch seine Wirkung: Ich bekam endlich dieses Zimmer zugewiesen.

Die Zurückgebliebenen

Damals lebten außer mir noch ein paar Österreicher in der Siedlung, die vorerst von den Verhaftungen verschont geblieben waren. Das war zum Beispiel der Hans Chladik aus Oberösterreich. (Sein Bruder Rudolf war nach Spanien gegangen.) Hans war ein großer Kinderfreund. Wo die Kinder seiner habhaft wurden, hängten sie sich wie die Kletten an ihn. Auch die Frau eines Schutzbündlers, Gusti[2] war da, sowie die beiden "Franzerln" ebenfalls aus Oberösterreich. Der eine, Franz Weißhappl wurde schließlich doch noch verhaftet und Franz Lindlbauer ist in seine

2) Name geändert.

Heimat nach Steyr zurückgekehrt, ebenso wie später auch der Hans Chladik nach Linz. Auch Martha Combüchen mit ihrem Töchterchen Inge, der Spielgefährtin von Remo, war vorerst noch da. Sie fuhr später zu ihrem Mann, der nach Deutschland zurückgekehrt war. Zu jener Zeit, als mir endlich ein Zimmer zugewiesen worden war, waren diese Freunde noch da und halfen mir tatkräftig beim Umzug. Es ging sogar ganz heiter dabei zu. Einer der Männer hatte einen Karren aufgetrieben, und auf diesen wurden meine Habseligkeiten geschichtet, so daß ein wackeliges turmähnliches Gebilde entstand. Gemeinsam zog und schob die ganze Gesellschaft dieses komische Gefährt bis zu meiner neuen Wohnung.

Als dann Hans Chladik nach Österreich zurückfuhr, bat ich ihn, meinen Vater aufzusuchen, um ihn über alles Vorgefallene zu informieren. Selbstverständlich sollte er sagen, daß alles nur eine vorübergehende Sache sei, die sich bald aufklären würde, und man solle sich keine Sorgen machen. Doch da war noch etwas, das mir sehr am Herzen rührte: Dino hatte einen regen Briefwechsel mit seiner Mutter gehabt, an der er sehr hing. Ich war angenehm berührt gewesen, daß seine Familie mich angenommen hatte - sie kannten mich ja nur aus den Briefen von Dino und von Fotos, und ich hatte eher erwartet, von seiner Familie ebenso abgelehnt zu werden, wie er von meiner Familie abgelehnt worden war. Nun kamen die Briefe seiner Mutter, die plötzlich von ihrem Sohn keine Antwort mehr erhielt. Ich bat Hans, meinem Vater aufzutragen, an Dinos Eltern zu schreiben und ihnen so schonend wie möglich den Grund für das Schweigen von Dino mitzuteilen.

Mit der Rückfahrt von Hans blieben von einer verhältnismäßig großen Gruppe von Schutzbündlern, die in Gorki gelebt und gearbeitet hatten, keine Männer mehr übrig. Später kamen zwei, Xandl Springer und Hans Eichinger, aus Spanien zurück. Andere waren in Spanien umgekommen. Von unserer Runde blieben nur mehr wir zwei Frauen, nämlich Gusti und ich, übrig. (Als im Zusammenhang mit dem 40. Jahrestag der Februarkämpfe 1974 eine von der KPÖ organisierte Reisegruppe ehemaliger Schutzbündler, die in der Sowjetunion gelebt hatten, von Wien aus als Touristengruppe dorthin geführt wurde, stand darüber in der "Volksstimme" in einem längeren Bericht u.a. zu lesen:

"Bei der Planung der Reise wurde berücksichtigt, daß die Schutzbündler in drei Städten - Leningrad, Charkow und Moskau - gelebt und gearbeitet hatten, und so wurden auch drei Reisegruppen gebildet, damit jeder in ‚seiner' Stadt längeren Aufenthalt haben und dort ‚seinem' Betrieb einen Besuch abstatten kann ..."

Daß es da noch eine Stadt gab, nämlich Gorki, in der ebenfalls einmal Schutzbündler gelebt und gearbeitet hatten, wird in diesem Bericht übergangen. Die Stadt Gorki gilt allerdings für Ausländer als Sperrgebiet, und in die Autowerke kommt mit Sicherheit kein Ausländer hinein. Vielleicht ist dies der Grund, warum die Schutzbündler von Gorki übergangen wurden.)

Es kam noch eine Gruppe von Spaniern in unsere Siedlung, die nach dem Ende des Spanischen Bürgerkriegs emigriert waren und denen man hier, so wie früher den Schutzbündlern, ein eigenes Haus zuwies. Als sie kamen, hatte sich das Gesicht der Siedlung bereits stark verändert. Gesellschaftliche Aktivitäten gab es keine mehr, und die Spanier blieben daher auch im wesentlichen unter sich.

Welches Maß an geballtem Leid ein Mensch zu ertragen vermag, habe ich am Beispiel von Sonja, der Polin, gesehen. Sonja war die Mutter jenes Kleinkindes, das zur gleichen Zeit an der Ruhr gestorben war, als Remo im Krankenhaus lag. Dann kamen die Verhaftungen. Sonjas Mann, ihre Schwester sowie deren Mann wurden verhaftet. Dann wollte man auch Sonja holen; als sich aber herausstellte, daß sie schwanger war, ließ man sie zu Hause. Sie brachte bald darauf ihr zweites Kind, ebenfalls ein Mädchen, zur Welt und war nun nicht mehr ganz allein. Doch zu allem Unglück erkrankte auch dieses Kind an der Ruhr und starb ebenfalls. So waren ihr in kurzer Zeit drei nahe Menschen durch Verhaftung und zwei Kinder durch den Tod entrissen worden! Der kleine Leichnam lag nun in ihrer Wohnung, und sie hatte alles vorbereitet, um ihn am anderen Tag nach russischer Sitte selbst zu Grabe zu tragen. Martha Combüchen hatte mir vorgeschlagen, die Nacht gemeinsam bei Sonja zu verbringen und sie zum Friedhof zu begleiten. Wir blieben also die Nacht über bei Sonja und ihrem toten Kind. Am anderen Morgen legte sie es in den primitiven kleinen Holzsarg, der nach russischer Sitte offen blieb und den sie, an einem Riemen befestigt, an ihrem Körper vor sich hertrug. Martha und ich begleiteten sie auf diesem schweren Gang. Im Gehen quoll aus dem Mund des toten Kindes eine breiige Flüssigkeit hervor - der Mageninhalt, der durch die schaukelnden Bewegungen beim Gehen hochgekommen war. Der Totengräber hatte den kleinen Sarg bald verscharrt.

Später konnte Sonja das Kind ihrer verhafteten Schwester zu sich nehmen, womit sie wieder jemanden hatte, für den sie sorgen konnte.

Die Malaria

Am Vorabend des 1. Mai 1939 begann ich mich auf einmal nicht wohl zu fühlen, hoffte aber dennoch, am nächsten Tag an der Maidemonstration teilnehmen zu können. Ich begann zu frieren, bekam starken Schüttelfrost und mußte mich zu Bett legen. Ich fühlte mich immer elender, konnte mir gerade noch ein Glas Wasser zum Bett holen, dann war ich nicht mehr fähig, aufzustehen. "Die Malaria", dachte ich. Ich kannte die Symptome, daß diese Krankheit in der Gegend weit verbreitet war und immer zugleich mit dem Sommer ankam und die Menschen plagte.

Im April, wenn es wärmer geworden war, wurde immer das meterdicke Eis des Flusses gesprengt, so daß man in der Siedlung die Detonationen hörte. Unter lautem Getöse begannen sich dann die riesigen Eisblöcke in bizarren Formen aufzutürmen und in Bewegung zu setzen. Das war ein wunderbares Naturschauspiel. Die Oka trat dann aus den Ufern und beim Zurückgehen des Wassers blieb eine von Sümpfen durchzogene Landschaft zurück, in der die Malariamücken ideale Brutstätten vorfanden.

Ich hatte die Nacht in Angst und Fieber verbracht und lag am Morgen vollkommen in Schweiß gebadet im Bett, zu schwach, um mich erheben zu können. Die Hände waren gefühllos, und ich dachte, das sei das Ende. Aber, wenn ich sterbe, was wird aus dem Kind? Man muß es nach Wien zu meinen Leuten bringen, darum werde ich bitten, ging es mir durch den Kopf. Als Remo erwacht war, mußte er sich alleine anziehen, und ich trug ihm auf, zu Martha, der Mutter seiner Freundin Inge, zu laufen und sie zu bitten, schnell herzukommen. Doch als er auf der Straße Spielkameraden antraf, hatte er seinen Auftrag vergessen. Martha kam dann zufällig vorbei, sah, wie schlampig Remo angezogen war, und kam, um bei mir nachzusehen. Als sie meinen Zustand erkannte, holte sie rasch Cilly Martinek, und die beiden maßen mir das Fieber. Dann sahen sie sich betroffen an, das Thermometer zeigte auf 41 Grad. Eine der Frauen lief schnell zu der in der Nähe befindlichen Krankenstation, die zum Teil mit dem Personal des Ambulatoriums eingerichtet worden war. Es war, wie gesagt, gerade der 1. Mai, und der Arzt war nicht da, er war bei der Maidemonstration. Wieder war es der Engel von einer Krankenschwester, nämlich Warwara Viktorowna, die uns bereits während der Krankheit unseres Kindes beigestanden hatte, die einen raschen Entschluß faßte. Das Krankenhaus konnte sie nicht verlassen, denn in Abwesenheit des Arztes hatte sie die alleinige Verantwortung, aber sie gab den Frauen eine Tragbahre mit und sagte ihnen, sie mögen mich herbringen, sie übernehme dafür die Verantwortung. Die Frauen verfrachteten mich also auf die Bahre, deckten mich mit allem, was sie finden konnten, zu und zogen noch ein Tuch über meinen Kopf. Es begann eine eigenartige Prozession in Richtung Krankenstation. Auf der Straße fanden sich Helfer, welche die Frauen beim Tragen ablösten. Mein kleiner Sohn, der nebenher lief, kam sich sehr wichtig vor und meldete jedem, der es wissen wollte, "das ist meine Mama, die hier getragen wird".

Wie bei Malaria üblich, begann im Krankenhaus das Fieber bald zu sinken, und dank der fürsorglichen Betreuung durch Warwara Viktorowna konnte ich nach einigen Tagen wieder entlassen werden. Malariaanfälle habe ich noch oft bekommen, doch nie mehr von solcher Heftigkeit wie das erste Mal. Es gehört zur Eigenart dieser Krankheit, daß die Fieberanfälle meist in bestimmten periodischen Zeitabständen wiederkehren. Es war daher voraussehbar, wann wieder ein Anfall zu erwarten war. Um das Maß voll zu machen, bekam später auch noch das Kind Malaria. Zum Glück trug es durch diese böse Krankheit keinen größeren Schaden davon, wir haben aber beide noch jahrelang an Malaria laboriert. Inzwischen sind, wie ich hörte, die Sümpfe um das Autowerk trokkengelegt worden, so daß anzunehmen ist, daß mit den Sümpfen auch die Malaria verschwunden ist.

Die "Baba Jaga"

Wir wohnten nun in dem kleinen Raum, den man uns zugewiesen hatte. Es war das kleinere Zimmer einer ebenerdigen Wohnung, ähnlich wie wir sie früher zusammen mit Dino bewohnt hatten. Das größere Zimmer und die daran anschließende Küche wurden von den Nachbarn benützt. Von unserem Zimmer ging die eine Tür in das gemeinsame Vorzimmer mit Klo und einem winzigen Duschraum, die andere Tür führte über einen kleinen Balkon ins Freie und wurde von uns als separater Eingang benützt. Ich hatte nun nicht einmal mehr die Möglichkeit der Mitbenützung einer Küche. Unser kleiner Elektrokocher war die einzige Kochgelegenheit, die wir hatten, und mit der wir jahrelang durchhalten mußten. Das Wasser mußten wir aus dem Duschraum holen. Das ganze war weder komfortabel noch bequem, doch schlimmer war die Nachbarschaft. Da war Vera, die Frau des verhafteten INO-Büro-Mitarbeiters Jakowlew, ihr Sohn und ihre Mutter. Es ging um diese Mutter, die eine reiche Bäuerin, eine Kulakin, gewesen sein soll. In der ganzen Siedlung war sie als die "Baba Jaga", die alte Hexe, bekannt. Mit den Nachbarn ihrer früheren Wohnung war sie ständig in Streit gelegen, ihretwegen gab es sogar einmal ein sogenanntes "Kameradschaftsgericht". Bei dieser öffentlichen Verhandlung kam unter anderem zutage, daß die damalige Nachbarin in ihrem Teekessel, der in der gemeinsamen Küche stand, einmal anstelle von Tee Urin vorgefunden hatte. Die zielstrebige Baba Jaga erreichte aber, was sie wollte, nämlich die Zuweisung einer Wohnung mit alleiniger Küchenbenützung - eine "Strafe", die sie sich gefallen ließ. Daß das Zimmer, welches wir nun bewohnten, längere Zeit leer geblieben war, hatte seine Ursache gewiß in dieser Nachbarschaft. Sie kam anfangs manchmal neugierig zu uns herein und begann zu erzählen, was sie alles durch die Revolution verloren und wie man ganze Ladungen Silbergeschirr fortgeführt habe. Sie lauerte darauf, wie ich auf ihre Erzählungen, die mich wenig berührten, reagiere. Daß sie mich nur aushorchen wollte, um bei Polizeistellen berichten zu können, habe ich damals nicht kapiert.

Der Nichtangriffspakt

War man als Ausländer früher beneidet worden, so wurde man jetzt gemieden, besonders als Frau eines verhafteten "Volksfeindes". Ich, die in der Heimat freiwillig alle Unbill auf mich genommen hatte, die mit der Zugehörigkeit zur Kommunistischen Partei verbunden war, mußte mir nun gefallen lassen, von Leuten, die aus Karrieregründen der herrschenden Kommunistischen Partei angehörten, scheel angesehen zu werden. In dieser Situation war bekannt geworden, daß zwischen der Sowjetunion und Hitlerdeutschland ein Nichtangriffspakt abgeschlossen worden war. Seit es in der Siedlung kein Klubleben mehr gab, waren die Informationen über politische Geschehnisse im Ausland minimal. So erfuhr ich nur am Rande, wie sich in Österreich die Ereignisse weiter entwickelt hatten: Bei einem Nazi-Putschversuch war der Kanzler Dollfuß ermordet worden. Sein Nachfolger Kurt Schuschnigg war vor den immer anmaßender werdenden Forderungen Hitlers zurückgewichen, und als dieser im März 1938 in Österreich einmarschierte, gab Schuschnigg dem österreichischen Militär den Befehl, keinen Widerstand zu leisten und "der Gewalt zu weichen". Ich faßte es kaum, daß von nun an das Land, in dem ich geboren wurde, von der Landkarte verschwunden war. Ich war damals auch der festen Meinung, daß die Mehrheit des österreichischen Volkes dieser Entwicklung mit Abscheu gegenüberstehen würde. Daß Hitler im Triumph in Österreich einziehen würde, von Menschenmassen umjubelt, hätte ich nicht für möglich gehalten; ich wußte es damals auch nicht, denn derartige Berichte kamen nicht bis zu uns. Meine österreichischen Genossen und ich, wir hatten alle die demoralisierenden Auswirkungen von Arbeitslosigkeit und Hunger sowie die an eine "starke Hand" geknüpften Hoffnungen der Menschen unterschätzt. Von den Grausamkeiten und Folterungen, denen meine Genossen und mit ihnen tausende Österreicherinnen und Österreicher auch aus anderen politischen Lagern ausgesetzt waren, habe ich erst neun Jahre später erfahren.

Die Nachricht vom Pakt weckte in mir die Hoffnung, daß es zwischen den beiden Staaten tatsächlich eine Entspannung geben werde. Ich begann, ans Nach-Hause-fahren zu denken. Was wird dort schon ärger sein als hier? dachte ich. Ich wollte aber einen so entscheidenden Entschluß nicht ohne Wissen meiner Parteifreunde in Moskau fassen und schrieb deshalb wieder einen Brief an Friedl Fürnberg - und erhielt wieder keine Antwort.[3] Dann schrieb ich einen Brief an die für mich nun zuständige Deutsche Botschaft mit der Anfrage, was ich tun müsse, um nach Wien zurückkehren zu können. Die Antwort war kurz: "Die Botschaft bedauert, Sie auf Grund einer Mitteilung der zuständigen Stelle benachrichtigen zu müssen, daß für Sie und Ihren Sohn Remo die Zuzugsgenehmigung nicht erteilt wurde. Die Botschaft ist daher nicht in der Lage, Ihnen einen Paß für die Reise nach Wien auszufolgen. Im Auftrag Schwinner." Die Illusion, die ich mir im Zusammenhang mit dem Hitler-Stalinpakt gemacht hatte, war nun verflogen. Klar wurde mir auch, daß es nun eine Weile dauern würde, bis ich in meine Heimat zurückkehren könne. Der Pakt hat nicht nur bei mir, sondern auch bei vielen anderen ins Ausland emigrierten Kommunisten für falsche Vorstellungen und Verwirrung gesorgt, was manche, die damals tatsächlich aus den Ländern zurückkehrten, in denen sie Asyl gefunden hatten, mit dem Leben bezahlten. Ich nahm es mit einer gewissen Befriedigung zur Kenntnis, daß die "zuständigen Stellen" da drüben mich deshalb ablehnten, weil sie anscheinend besser als die russischen Behörden wußten, mit wem sie es bei mir zu tun hatten.

Meine Hoffnung, daß die Dinge in der Sowjetunion eine Wende nehmen müßten, wurde bestärkt, als man mich auf einen Artikel des Obersten Staatsanwaltes A. J. Wyschinsky aufmerksam machte, in dem dieser davon sprach, daß es auch zu Verhaftungen unschuldiger Menschen gekommen sei und er mehr Sorgfalt von den staatlichen Organen verlangte. Noch mehr bestärkt wurde meine Hoffnung dadurch, daß tatsächlich vereinzelt Menschen aus dem Gefängnis zurückkamen. Es zeigte sich allerdings bald, daß dies nicht, wie ich gehofft hatte, der Anfang einer Wende war. Es kam im Gegenteil vor, daß Freigelassene neuerlich verhaftet wurden, wie das bei einem Berliner der Fall war. Diese Familie erinnerte sehr an Typen, wie Heinrich Zille sie gezeichnet hat; es waren brave, einfache Leute. Daß die Zurückgekehrten - ich kann mich nur an zwei erinnern - sehr schweigsam waren, verwunderte mich nicht. Doch dieser Berliner erzählte mir einmal, daß man ihn bei einem Verhör auch nach mir gefragt hatte, und zwar mit den Worten: "Du kennst doch auch diese Schlampe!" Darüber war ich schockiert. Daß dies der übliche Sprachschatz war, dessen sich die NKWD-Organe während der Verhöre bedienten, hatte ich nicht angenommen. Der Berliner

3) 1946 wurde mir von Hexmann mitgeteilt, daß man mir auf meinen damaligen Brief geantwortet und von einer Rückreise abgeraten hätte. Das bedeutet, daß man in der Moskauer Kominternvertretung sehr wohl von meiner verzweifelten Lage in Gorki gewußt, sich aber in der Folge kein einziges Mal auch nur nach mir erkundigt hatte.

wurde abermals verhaftet, diesmal auch seine Frau und Gerda, die etwa 14jährige Tochter, die in ein Lager verschickt wurden. Aus einem Brief, den Freunde in der Siedlung bekamen, ging hervor, daß Gerda während der Transporte im Winter im Viehwaggon die Füße abgefroren sind.

Ein anderes Familiendrama ist die Geschichte von Leonid Schwalbe, dem deutschen Emigranten, der eine Zeitlang im Ausländerbüro arbeitete und dann mit seiner Familie nach Moskau übersiedelte. Dort ereilte 1937 zuerst ihn, vier Jahre später auch seine Frau und die Tochter das Schicksal. Als sie verhaftet wurden, war die Tochter 18 Jahre alt. Von ihm hörte man nichts mehr, er blieb verschwunden. Von der Frau kamen aus dem Lager Briefe an Elsie Werner, der Frau eines ebenfalls verhafteten, aus den USA zugezogenen österreichischen Facharbeiters, mit der sie befreundet war. Frau Schwalbe, die seinerzeit das Gedicht zum Empfang der Schutzbündler verfaßt hatte, mußte nun mit Schutzbündlern das gleiche Lagerschicksal teilen. Elsie hat mir einen Brief von ihr gezeigt. Diese sensible Frau sprach davon, wie sehr es sie quäle, daß sie wegen einer Krankheit nicht imstande sei, die Arbeitsnorm zu erfüllen, was sich negativ auf die Essenszuteilung auswirke. Es schmerze sie, zusehen zu müssen, wie sich die Tochter bei der schweren Arbeit abmühen müsse, um sie mit zu ernähren. Am Ende des Briefes stand ein Reim in Russisch, der sich bei der Übersetzung ins Deutsche als ein Vers von Heinrich Heine entpuppte: "Anfangs wollt' ich fast verzagen und ich dacht', ich trüg' es nie. Und ich hab' es doch getragen, aber fragt mich nur nicht, wie!" In einem späteren Brief schrieb die Tochter, daß ihre Mutter in geistiger Umnachtung in ein Psychiatrisches Krankenhaus gebracht worden war und dort gestorben ist. Die damals 21jährige Leonore blieb allein im Lager zurück und überlebte trotz größter Entbehrungen bei schwerster Arbeit im Wald. Wie das im Leben manchmal so ist, sah ich sie nach 50 Jahren wieder, als sie bereits Großmutter von zwei Enkelkindern war. Sie konnte 1957 das Lager verlassen und lebt jetzt nach mehreren Zwischenstationen in Ostberlin. Sie ist noch immer eine hübsche Frau, die viel Ähnlichkeit mit ihrem Vater hat. Allerdings, für den flotten Charme, wie ihn der Vater besessen hatte, sind die 16 Lagerjahre nicht der geeignete Nährboden gewesen.

Es gibt Dinge, die in ihrer Bedeutung für einen Menschen so umwälzend und weittragend sind, daß sie im Moment des Geschehens nicht begriffen werden können. So ist es mir mit den Ereignissen in jener Nacht gegangen, als Dino von einem Tag zum anderen aus meinem Leben verschwand. Ich konnte nicht begreifen, daß dieser gesunde junge Mensch mit dem elastischen Körper und dem stolzen Gang, der gerne lachte und beim Duschen Arien sang, daß dieser Mensch nicht mehr da war. Auch die Jahrzehnte, die seither vergangen sind, haben es nicht begreiflicher machen können. In meinen Träumen kehrt er von Zeit zu Zeit mit einem traurig verlegenen Lächeln wieder. Damals in Gorki waren es vor allem zwei Träume, die meine innere Zwietracht widerspiegelten. In einem stand ich im Arbeitszimmer von Stalin, der so freundlich aussah, wie auf den Bildern, wo er Pfeife raucht. Ich hatte ihm soeben erzählt, wieviel Unrecht den Menschen angetan wird. Daraufhin zuckte er aber nur hilflos mit den Achseln. Erschreckender war der andere Traum: Ich sah Dino auf einem weiten Feld liegen. Zwei Männer entfernten sich. Haben sie ihn exekutiert? Ich lief zu ihm und sah, daß er lebte. Ich hob ihn hoch und trug ihn in meinen Armen fort. Er war federleicht ...

Der Große Vaterländische Krieg

Am 22. Juni des Jahres 1941 - ich war gerade zu Hause - wurde im Radio eine wichtige Mitteilung angekündigt. Es folgte die Rede des Außenministers Wjatscheslaw Molotow, der bekanntgab, daß deutsche Truppen in den frühen Morgenstunden die Sowjetunion überfallen, die Grenze überschritten und russische Städte bombardiert hatten. Deutschland hatte den Krieg gegen die Sowjetunion begonnen! Molotow beendete seine Rede mit den Worten: "Unsere Sache ist gerecht, der Feind wird geschlagen, der Sieg wird unser sein!" In einem vielgesungenen Lied hatte es geheißen: "... wenn es morgen Krieg gibt, wir sind heute schon bereit!" Doch die Nachrichten, die in den folgenden Tagen von der Front kamen, waren deprimierend. Die Deutschen eroberten Stadt für Stadt, Dorf für Dorf. In den folgenden Tagen wurde innerhalb der Wohngebiete und im Gelände um das Werk mit dem Graben von Splittergräben begonnen, wozu jung und alt mobilisiert wurden. Dabei meldete sich bei mir in der Tiefe der Seele die zaghafte Hoffnung, daß die Gräben vielleicht doch nicht gebraucht, und daß hier keine Bomben fallen würden.

An einem freien Wochentag, den ich für einen durchgearbeiteten Sonntag erhalten hatte, war ich auf dem Markt in Kanawino gewesen, um Besorgungen zu machen. Am Heimweg, wo ich eine längere Strecke zu Fuß gehen mußte, fiel mir auf, daß die Flugzeuge, die gerade den Raum überflogen - was an und für sich keine Seltenheit war - diesmal eine andere Gestalt zu haben schienen. Wahrscheinlich eine neue Type, dachte ich. Doch plötzlich erstarrte ich vor Schreck: Aus dem Flugzeug, das gerade einen auf einer Anhöhe liegenden Großbetrieb überflog, purzelten nacheinander Bomben nieder und rissen Teile des Betriebes in die Luft. Gleichzeitig schlug mir eine warme Luftwelle ins Gesicht. Nun war mir klar, was für Flugzeuge das waren, die mir so fremd vorkamen - es waren deutsche Bomber. Ich begann zu laufen und fand den nächsten Splittergraben, in dem nur wenige Menschen waren. Als das Flugzeug nicht mehr zu sehen war, begann ich meinen Weg weiterzulaufen, der durch eine Barackensiedlung mit sogenannten hölzernen Trottoiren führte. (Das waren Stege aus Brettern, die bei Regen vor dem Morast schützen sollten.) Aber auf einmal war wieder ein Flugzeug da. Es flog ganz tief und man konnte das tickende Geräusch von Maschinengewehren vernehmen, das auf flüchtende Passanten gerichtet war. Ich warf mich zu Boden und drückte mich eng an den Brettersteg. Als das Flugzeug verschwunden war, hatte ich nur mehr einen Gedanken im Kopf: so rasch wie nur möglich nach Hause und zu meinem Kind! Als ich in unsere Siedlung kam und Remo vom Kindergarten abholte, wo man die Kinder ebenfalls in einen Splittergraben gebracht hatte, stellte sich erst heraus, was alles geschehen war: Es war nicht nur *ein* deutscher Bomber gewesen, wie ich dachte, sondern es waren mehrere, die die großen kriegswichtigen Betriebe in der Umgebung von Gorki angegriffen hatten. Doch das ganze Ausmaß des Schreckens dieses ersten Luftangriffs wurde erst bekannt, als die Nachrichten aus unserem Werk kamen. Auch das Autowerk war bombardiert worden und dabei eine große Anzahl von Menschen während der Arbeit getötet worden, die Zerstörungen waren enorm. Daß dieser erste Luftangriff auf den Betrieb so viele Opfer forderte, hatte seine Ursache darin, daß niemand mehr auf die Sirene hörte, weil es in den letzten Tagen laufend Probealarme gegeben hatte und man daher an einen Ernstfall nicht glaubte. Eine Bombe war direkt auf eine Fabrikshalle gefallen, in der eine große Zahl von Arbeitern beschäftigt war. Es soll ein grausiger Anblick gewesen sein, den das Chaos von Zerstörung und zerfleischten Menschenleibern bot. Nach meiner Flucht durch die Barackensiedlung merkte ich erst zu Hause, daß mir ein Überschuh, eine Galosche fehlte. Das wäre ein sehr schmerzlicher Verlust gewesen, denn keine Galoschen zu haben, hätte bei meinem schlechten Schuhwerk bedeutet, nasse Füße zu bekommen. Ich entschloß mich am nächsten Tag, die Stelle zu suchen, wo ich mich zu Boden geworfen hatte - und fand zu meiner großen Freude meine Galosche wieder!

Bombardements gab es in der Folge bei Tag keine mehr, dafür kamen die nächtlichen Bombardierungen mit grausamer Regelmäßigkeit. Als uns das erste Mal die Sirene nachts aus dem Schlaf weckte, füllten sich die Splittergräben rasch mit Menschen. Ich lief ebenfalls mit meinem siebenjährigen Sohn dorthin. Im schmalen Unterstand saßen wir eng aneinandergedrückt auf den primitiven Bänken. Es begann zuerst der ohrenbetäubende Lärm der in der Nähe postierten Abwehrgeschütze. Dann konnte man die anfliegenden Bomber hören. Von den die Luft durchschneidenden Bomben kam dann das sausende Geräusch. Es war unheimlich anzuhören, wie ihr Pfeifen rasch näher kam, immer lauter wurde und man nicht wußte, wohin die Bombe fallen würde - vielleicht auf unsere Köpfe! Einer Frau, welche die verheerende Bombardierung im Betrieb miterlebt hatte, waren die Nerven durchgegangen. Sie schrie, hier halte sie es nicht aus, und wollte unbedingt hinauslaufen. Man mußte sie mit Gewalt daran hindern, in den Bombenhagel zu laufen. Als die Bomber abzogen und wir nach der Entwarnung hinausgingen, war auf der Straße der Boden mit unzähligen noch warmen Splittern von den Abwehrgeschoßen übersät, und im Umkreis loderten die Feuersbrünste. Die Deutschen hatten Brandbomben mit Sprengbomben kombiniert, um die Bekämpfung der Brände unmöglich zu machen. Dieses nächtliche Inferno erlebten wir noch viele Male, und jedes Mal, wenn die Sirenen zu heulen begannen, machte sich ein nervlich bedingtes starkes Hungergefühl bemerkbar, doch äußerlich bin ich immer ruhig geblieben. Die Bombardierungen konzentrierten sich auf das Autowerk als den kriegswichtigsten Betrieb der Umgebung - er war vorwiegend auf Panzerproduktion umgestellt worden. Was an Bomben nicht auf den Betrieb abgeworfen werden konnte, bekamen die umliegenden Wohngebiete ab. Einmal war ich trotz Alarm in der Wohnung geblieben, weil ich mich der Meinung angeschlossen hatte, daß der Splittergraben ohnehin kaum besseren Schutz als die Wohnung biete und man das Kind nicht immer aus dem Bett reißen müsse. Aber gerade in dieser Nacht war wieder die Hölle los, und ich bin sehr eindringlich davon überzeugt worden, daß der Splittergraben doch das Bessere ist. Während es rundum bereits furchtbar krachte, kam eine Frau von unserem Haus, die auch in der Wohnung geblieben war, mit ihrem Kind an der Hand völlig verstört zur Tür hereingelaufen. Ich versuchte, sie zu beruhigen, und wir legten ihren weinenden Buben auf mein Bett. Da schlug eine Bombe im Nebenhaus ein, und der Luftdruck riß die Scheiben aus allen meinen Fenstern. An der Wand neben dem Bett entstand ein großes Loch, und der Mörtel rieselte auf das Kind herunter.

Besonders schlimm war es einmal, als wir infolge Müdigkeit die Sirene verschlafen hatten und erst durch die Detonation der Bomben geweckt wurden. Als ich mit dem Kind zum Splittergraben hinauslaufen wollte, prallte uns an der Tür der Luftdruck einer nahen Explosion entgegen. Unser beider Lauf zum Splittergraben wurde zum Lauf auf Leben und Tod.

Die Spiele der Kinder hatten sich verändert und den neuen Verhältnissen angepaßt. Es wurde "Bombardierung" gespielt, das Krachen der Einschläge nachgeahmt, es wurde "Bombardierung" gezeichnet.

In unserem Konstruktionsbüro, das mit der Wiederherstellung der zerstörten Gebäude befaßt war, herrschte Hochbetrieb. Während wir die Nacht im Splittergraben zugebracht hatten, wurde tagsüber hektisch gearbeitet. Einmal hatten die Bomber das Herz des Betriebes, seine Energiezentrale, die "TEZ", getroffen und außer Betrieb gesetzt. Es war ein eigenartiges beklemmendes Gefühl, als mich am Tag darauf beim Betreten des Werksgeländes eine ungewohnte Stille empfing und nirgends Maschinenlärm zu hören war. Es schien tatsächlich so, als sei der Betrieb gestorben. Durch die Mobilisierung aller Arbeitskräfte gelang es aber in kurzer Zeit, die "TEZ" wieder in Gang zu bringen. Anhand einer Skizze, die später einer der Konstrukteure angefertigt hatte, um die Anzahl der auf das Werk niedergegangenen Bomben festzuhalten und auf der die Bombeneinschläge durch kleine Kreise eingezeichnet waren, konnte man sich eine Vorstellung von dem Ausmaß der Bombardierungen machen. Das mehrere Quadratkilometer umfassende Werk glich einem Gesicht, das über und über mit Pockennarben bedeckt ist.

Stalins berühmt gewordene Rede zum 24. Jahrestag der Oktoberrevolution erlebte ich im Splittergraben. Um nicht später Hals über Kopf hineinlaufen zu müssen, war ich ebenso wie andere vorzeitig mit dem Kind in den Graben gegangen, was für Remo bereits zur täglichen Gewohnheit geworden war. Verängstigt, in angespannter Erwartung des kommenden Bombardements hatte er einmal ausgerufen: "Mama, wann kommen sie denn schon, diese Bomber!" Die deutschen Truppen standen bereits vor Moskau, die ganze Stadt war auf Verteidigung eingestellt, die Menschen waren evakuiert worden. An meinem Arbeitsplatz wurde erzählt, daß die Deutschen Flugblätter abgeworfen hätten, in denen die Bevölkerung aufgefordert wurde, sich hinter den Ural zu flüchten, wohin Stalin bereits vorausgeflohen sei. Wir saßen im Splittergraben und warteten: Bald würde aus dem Lautsprecher das bekannte Heulen der Sirene kommen. Doch zu unserer Überraschung hörten wir auf einmal aus dem Lautsprecher eine ruhige und feste Stimme ertönen. "Stalin spricht!" rief jemand, und alle begannen wir gespannt seinen Worten zu lauschen, die Furcht vor den Bomben war in den Hintergrund gedrängt. Stalin war also in Moskau geblieben, trotz feindlicher Umkreisung fand die Parade zum Jahrestag des Oktobers statt! Diese Rede hatte im ganzen Land eine zündende Wirkung. Die deutschen Bomber waren in dieser Nacht nicht zu uns durchgekommen.

So präsentierte sich das eine Gesicht von Stalin. Das Gesicht jenes Stalin, der es verstanden hatte, seinen Ruf als kluger Feldherr, als weiser, väterlicher Freund und als einfacher Mensch mit Pfeife im Mund zu festigen. Aus den von den Deutschen eroberten Gebieten kamen Nachrichten, wie Menschen mit dem Namen Stalins auf den Lippen Heldentaten vollbrachten und in den Tod gingen, so wie es die Komsomolzin Soja Kosmodemjanskaja tat, die bei beißender Winterkälte barfuß zum Galgen geschleppt wurde und, als man ihr die Schlinge um den Hals legte, mit dem Ruf "es lebe Stalin" starb. Daß es auch ein anderes Gesicht gab und Stalin durch die Hinrichtung seiner besten Generäle und Offiziere selbst Mitverantwortung am raschen Vordringen der Hitlertruppen trug - dies blieb uns noch lange Zeit verborgen.

Einige Mitarbeiter unserer Abteilung waren bereits zum Kriegsdienst eingezogen worden. Es wurde für Freiwilligen-Meldungen Propaganda gemacht. Ich faßte den Entschluß, mich in dieser ernsten Situation ebenfalls zum Freiwilligendienst zu melden. Ich dachte, ich könne durch meine deutschen Sprachkenntnisse nützlich sein, vielleicht als Dolmetscherin, als Radiosprecherin, bei der Betreuung von Kriegsgefangenen oder ähnlichem. Wir drei Österreicher - die zwei noch in der Siedlung lebenden Männer Hans Eichinger und Alex Springer, die sich ebenfalls gemeldet hatten, und ich - wurden eines Tages an einen Ort bestellt, wo uns zwei Militärs von höherem Rang erwarteten. Mir wurde von ihnen mitgeteilt, daß meine Dienste nicht in Anspruch genommen würden. Meine Frage, ob dies mit der Verhaftung meines Mannes im Zusammenhang stehe, wurde bejaht. Eine Arbeit mit Kriegsgefangenen, wie ich es mir vorgestellt hatte, gab es tatsächlich und wurde auch von Österreichern verrichtet. Hans Eichinger und einige Moskauer Österreicher, wie auch meine Jugendgenossin Genia Lande-Quittner, deren Mann, der als hervorragender Physiker bekannte Franz Quittner, ebenfalls verhaftet worden war, hat man jedenfalls für diese Arbeit herangezogen. Ich nehme an, daß bei der Auswahl unsere österreichischen Parteigrößen zumindest beratend mitzureden hatten. Hans Eichinger, der mir einmal beim Anrühren meiner Wassersuppe zugesehen hatte, meinte damals, daß er nach allem, was er in Spanien erlebt hatte, den Hunger am meisten fürchte. Ihm ist diesmal bei der Arbeit mit Gefangenen gewiß der Hunger erspart geblieben. Mir und dem Kind blieb er leider nicht erspart.

Es wurden verschiedene kriegsbedingte Maßnahmen durchgeführt. So wurden ganze Betriebe umgesiedelt und aus dem Bereich der Front ins Landesinnere gebracht. In dem Werksgebäude, das sich neben unserer Halle befand, hatte man einen Flugzeugmotorenbetrieb untergebracht. Dort dröhnten nun den ganzen Tag die Flugzeugmotoren, so daß die Fenster vibrierten. Mit diesem Riesenlärm lebten wir während der ganzen Dauer des Krieges. Dazu kam außerdem, daß absolute Verdunkelung angeordnet war und die Fenster mit Brettern vernagelt wurden, so daß wir weder zu Hause noch im Betrieb Tageslicht zu sehen bekamen. Meine Augen begannen sich dagegen zu sträuben, die technischen

Zeichnungen auf meinem Tisch begannen zu verschwimmen. Der Arzt, zu dem ich gegangen war, sagte mir, ich würde zwar dringend eine Brille benötigen, doch könne ich gegenwärtig nicht damit rechnen, eine zu bekommen. Es blieb mir nichts anderes übrig, als bei den auftretenden Sehstörungen für kurze Zeit die Augen zu schließen.

An die Bevölkerung waren Gasmasken ausgegeben worden, und zwar vom Baby bis zum Großpapa. Jeden Morgen gingen wir beide, mein Sohn und ich, jeder die Gasmaske umgehängt, aus dem Haus - ich zur Arbeit, er in den Kindergarten.

Aus den verschiedensten Anlässen wurden Subbotniki (freiwillige Arbeit während der Freizeit) organisiert. So fuhr ich einmal zusammen mit Arbeiterinnen aufs Feld, um Unkraut zu jäten. Wir waren auf einen Lastwagen verfrachtet worden, und die Mädchen begannen nach russischer Gewohnheit während der Fahrt mit ihren schrillen Stimmen zu singen. Bei einem Brunnen wurde Halt gemacht, um den Durst zu löschen. Dort war auch ein junger Soldat in Uniform, dessen Gesicht wahrscheinlich durch eine Brandverletzung aus dem Krieg verunstaltet war und der ebenfalls aus dem Becher trank, der herumgereicht wurde. Ein Mädchen rief vom Lastwagen herunter ihrer Freundin zu: "Nicht aus dem Becher trinken, wo der getrunken hat, Du steckst Dich an!" Was mag sich wohl dieser junge Soldat gedacht haben, der sein Opfer fürs Vaterland in Form eines verunstalteten Gesichts dargebracht hatte und nun deshalb von den einfältigen Mädchen wie ein Aussätziger behandelt wurde!

Als ich eines Tages zusammen mit Gusti zur Arbeit ging, machten wir eine grausige Entdeckung. Wir waren den kürzeren Weg über die Schienen der Betriebsbahn gegangen. Plötzlich schreckten wir zurück. Vor uns lag der leblose Körper eines Soldaten. Sein abgetrennter Kopf lag daneben auf den Schwellen. Man sah, daß sich dieser Unglückliche hingelegt hatte, um seinen Hals von den Rädern des Zuges wie von einer Guillotine durchschneiden zu lassen. Auch wenn in dieser Zeit Tod und Verderben immer nahe waren, so war doch der Anblick dieses Geköpften, über den wir fast gestolpert wären, ein Schock für uns beide, und wir liefen rasch weiter. Einem Mann ohne Kopf war ohnehin nicht mehr zu helfen, und wir mußten rechtzeitig bei der Arbeit sein.

In unserem Werk war eine "Narodnoje Opoltschenije", eine freiwillige Volkswehr, gebildet worden. Es sollten alle Reserven mobilisiert und für den Ernstfall vorbereitet werden. Ich nahm daran teil und wurde zusammen mit anderen Arbeitskolleginnen und Kollegen im Umgang mit dem Gewehr, mit Granaten, für Erste Hilfe usw. unterrichtet. Es war mir bewußt, daß es darum ging, Hitler um jeden Preis zu schlagen, und bei mir kam dazu, daß es auch um die Befreiung meiner eigenen Heimat ging. Dafür wollte ich alle meine Kräfte einsetzen. Es ergab ein eigenartiges Bild, wenn wir, Lieder singend, zur Übung marschierten, neben den Männern die Frauen in luftigen Sommerkleidern, alle das Gewehr geschultert. Von den vielen alten und neuen Liedern, die wir dabei sangen, beeindruckte mich besonders jenes alte Revolutionslied, dessen Text sich ungefähr wie folgt übersetzen läßt:

Hörst Du Genosse,
Der Krieg hat begonnen!
Laß alles jetzt liegen
Mach auf Dich zum Feldzug!
Mutig ziehn wir in die Schlacht
Für die Macht der Sowjets!
Und sterben wie ein Mann
Im Kampf für diese Sache.

Ich konnte mir dabei vorstellen, wie in den Revolutionsjahren die roten Arbeiterbataillone mit diesem Lied entschlossenen Schrittes gegen die Interventen marschierten.

Als durch die weitere Entwicklung an den Fronten mit einiger Sicherheit feststand, daß Gorki nicht zum unmittelbaren Kriegsschauplatz werden würde, wurde die "Narodnoje Opoltschenije" wieder aufgelöst.

Der Hunger

Mit der Versorgung wurde es immer schwieriger. Das Lebensmittelkartensystem, das eingeführt worden war, sah sehr unterschiedliche Lebensmittelrationen vor. Einfache Angestellte wie ich waren am schlechtesten dran. Zwischen der täglichen Brotration eines Angestellten und der etwas größeren eines Arbeiters war ein Unterschied von 200 Gramm. Die besseren Rationen und die besseren Werksküchen waren den Ingenieuren und Technikern, den "ITR", vorbehalten. Daß darüber hinaus die Bürokratie von Partei- und Staatsapparat nicht nur ausreichend, sondern oft im Überfluß versorgt war, davon war mir nichts bekannt. Ich habe aus bitterster Erfahrung gelernt, den Wert des Brotes zu schätzen, und halte mich bis zum heutigen Tag daran. Man sollte meinen, daß ein halbes Kilo Brot für eine Person täglich ausreichen müßte. Dies trifft dann zu, wenn es sonst normal zu essen gibt. Sobald aber die andere sättigende Nahrung fehlt, sind 500 Gramm schwarzen, klumpigen, mit minderwertigen, oft faulen Kartoffeln durchsetzten, klebrigen und an Gewicht schweren Brotes gerade zuviel zum Verhungern. Bloß 200 Gramm zusätzlich hätten pro Tag zwei Schnitten Brot mehr ausgemacht, und das wäre für uns von Bedeutung gewesen. Besonders die

Normen für die Kinder wären nur dann annähernd ausreichend gewesen, wenn man zumindest jene Lebensmittel, die auf der Karte standen, auch tatsächlich bekommen hätte. Doch dies war immer seltener der Fall. Jene Familien, in denen es auch nichtarbeitende Familienmitglieder gab - meist war es die Babuschka (Großmutter) -, waren groteskerweise im Vorteil, da die Babuschkas während des Tages genügend Zeit hatten, ausfindig zu machen, in welchem Laden man etwas ergattern konnte, und dorthin anstellen gingen. Wenn ich nach der Arbeit in den Laden kam, war meist nichts mehr da. Ich war verzweifelt, als man mir einmal abends im Brotladen sagte, daß das Brot ausgegangen sei; man erwarte aber noch eine Lieferung. Mehrere Frauen warteten mit mir im Laden, und zu Hause wartete ein hungriges Kind. Es gab aber an diesem Tag kein Brot mehr, und ich mußte mit verzweifelten Gedanken den Heimweg antreten. Was werde ich dem Kind sagen? Doch Remo war inzwischen eingeschlafen. Hungrig. Sollte ich nun froh sein, daß ich der bitteren Aufgabe enthoben war, ihm zu sagen, daß es heute nichts mehr zu essen gibt? Ein anderes Mal, in einem ähnlichen Fall, als ich erst nach längerem Anstellen nach der Arbeit nach Hause kam, hatte der Bub inzwischen noch einen Rest von Semmelbrösel gefunden, den er aufgegessen hatte.

Ich grübelte nach, was ich gegen den Hunger unternehmen könnte. Endlich glaubte ich, etwas gefunden zu haben. Bei einer Reorganisation im Betrieb war eine unserer Mitarbeiterinnen aus dem Kopierbüro in die Fabrikshalle als Kontrollorin versetzt worden, wo sie die Maße bestimmter Werkstücke überprüfen mußte. Sie wäre lieber im Büro geblieben, denn für sie, die in einem Familienverband lebte, war die höhere Brotration nicht von maßgeblicher Bedeutung. Für mich wäre sie aber von Bedeutung gewesen, und ich versuchte deshalb, einen Arbeitsplatztausch in die Wege zu leiten. Um dies zu bewerkstelligen, mußte ich eine Eingabe an den für unser Büro zuständigen Natschalnik Juri Preobraschenksi schreiben. Dieser erklärte, er könne mich aus dem Büro nicht entlassen, ich würde dort gebraucht. Auf meinen Einwand, daß sich die Zahl der Mitarbeiter durch einen reinen Tausch nicht verringern würde, erklärte er und schrieb dies auf meine Eingabe: "Wegen Nichtvorhandenseins eines gleichwertigen Ersatzes abgelehnt." Somit wurde mir die Ehre zuteil, als gut qualifizierte Kraft für unabkömmlich erklärt zu werden und gleichzeitig als "Anerkennung" dafür bei meiner kleineren Brotration zu bleiben. Diesem Preobraschenski mit den dicken Brillen und seinem starren, nie ein Lächeln zeigenden Gesichtsausdruck war der kalte Bürokrat auch äußerlich anzusehen. Er gehörte zu den wenigen an meiner Arbeitsstelle, die bei gewissen übergeordneten Stellen offensichtlich dadurch im rechten Licht erscheinen wollten, daß sie der

Frau eines "Volksfeindes" eine dieser Bezeichnung entsprechende Behandlung zuteil werden ließen. Mit diesem Mann habe ich später noch andere schlechte Erfahrungen machen müssen: Als Remo wieder einmal einen Malaria-Anfall bekommen hatte, bestand der Arzt darauf, daß er ins Krankenhaus komme. Zu allem Unglück kamen in der folgenden Nacht wieder deutsche Bomber, und ich konnte beobachten, daß gerade in der Gegend des Krankenhauses die meisten Bomben niedergingen. Am Morgen lief ich voll Angst in den Betrieb und bat diesen Vorgesetzten, mich für einige Stunden zu entschuldigen, ich müßte nach meinem Kind sehen. Doch er lehnte ab! Ich wollte in meiner Verzweiflung zuerst davonlaufen, was mit Sicherheit Sanktionen nach sich gezogen hätte. Ich lief zum Architekten Ljubimow, der ebenfalls ein Vorgesetzter von mir war und dem ich mehr Menschlichkeit zutraute. Er gab mir sofort seine Einwilligung. Ich fand Remo glücklicherweise wohlauf, und man erlaubte mir sogar, ihn mit nach Hause zu nehmen. Serafim Michailowitsch Ljubimow habe ich als sehr menschlichen und hochanständigen Kollegen in dankbarer Erinnerung behalten. Er war der einzige Russe, mit dem ich nach vielen Jahren, die ich bereits in der Heimat zubrachte, wieder Kontakt bekommen habe.

Zu meinen schlechten Erfahrungen gehören auch die mit Ira Antipowa, welche die Brigadierin, d.h. die Arbeitsvorgeberin im Kopierbüro war. Ihr oblag die Berechnung der ausgegebenen Stückarbeit, die mittels eines Rasters und diverser Koeffizienten erfolgte und für Manipulationen genügend Spielraum ließ. Damals wurden die mit Bleistift ausgeführten Konstruktionen noch mit Tusche kopiert, um Blaupausen davon herstellen zu können. Es handelte sich um Baukonstruktionen unserer Abteilung "URGAS", der "Leitung der Erweiterung des Autowerkes von Gorki". Mein Name prangte zwar des öfteren an der Tafel der besten Arbeiter, doch fand dies beim Verdienst nicht den entsprechenden Niederschlag. Ira betrachtete es offensichtlich ebenfalls als ihre patriotische Pflicht, die Ausländerin weniger verdienen zu lassen als die Russinnen. Für ihr mangelndes Solidaritätsgefühl war folgende Episode charakteristisch: Als ich einmal beim Mittagessen mit Ira und zwei meiner Kolleginnen an einem Tisch saß - das Essen brachte eine Serviererin, welche die Marken dafür nahm -, sagte die schlaue Ira zu ihr: "Bringen sie bitte nicht vier, sondern fünf Portionen!" Die Serviererin brachte tatsächlich fünf Portionen. Wir erwarteten natürlich, daß Ira diese zusätzlich ergatterte Portion aufteilen würde, denn wir waren alle hungrig. Ira aber aß genüßlich diese Portion allein auf und meinte, als ihr die Mädchen deshalb Vorhalte machten, es sei ihre Initiative gewesen, und sie gebühre daher nur ihr allein. Aber das gute Verhältnis zu meinen übrigen Kolleginnen konnte auch von Ira nicht getrübt werden. Als sie einmal Galja

Remisowa vor zu engem Umgang mit mir, der Ausländerin, warnte, berichtete Galja mir empört davon.

Um die immer angespannter werdende Versorgungslage zu mildern, wurden jedem Betriebsangehörigen ein Stück Land und Saatkartoffeln zur Verfügung gestellt. Brachland gab es genug. Jeder sollte selbst zu seiner Versorgung beitragen, und tatsächlich waren es neben der Brotration die Kartoffeln vom eigenen Acker, die während der noch folgenden Kriegsjahre die Grundlage unserer Ernährung bildeten. Aber der Kartoffelanbau ergab zusätzlich schwere Arbeit. Der Boden wurde uns zwar das erste Mal maschinell umgeackert, doch mußten später alle Arbeiten selbst händisch verrichtet werden: Umstechen, Anhäufen, Jäten, Ausgraben, Transportieren - und das alles mußte ich nun mit einem geschwächten Körper zusätzlich zur Betriebsarbeit und zur Hausarbeit verrichten. Meine Ernte war mäßig und reichte gewöhnlich nicht für das ganze Jahr. Das lag zum Teil daran, daß meine physischen Kräfte nicht für eine gründliche Bearbeitung des Bodens ausreichten, zum anderen Teil lag es am ungenügenden Saatgut, weil ich von der Reserve immer wieder zum Essen wegnehmen mußte. Es war ein Teufelskreis: Saatgut ungenügend - Ernte ungenügend! Täglich ging ich bereits hungrig zur Arbeit. Um bis zum Mittagessen in der Kantine durchhalten zu können, nahm jeder ein paar Kartoffeln zur Arbeit als "Gabelfrühstück" mit. Auf dem provisorischen kleinen Ofen, den wir für unser Büro bekommen hatten, legten wir unsere Erdäpfel in die Asche. Um sie nicht zu verwechseln, hatte jeder auf seine Kartoffeln mit Tusche ein Zeichen gemacht. Meines war ein kleiner Kreis. Das Essen in der Betriebsküche bestand fast täglich aus Krautsuppe und anschließend aus zerquetschten Erdäpfeln, auf die mit einem fingerhutgroßen Schöpferchen bei der Ausgabe die genau dosierten paar Gramm Fett laut Lebensmittelmarke gegossen wurden. Das auf den Marken aufscheinende Fleisch war in der Regel nur fiktiver Natur. Im besten Fall bekamen wir dafür etwas Fett, öfter Milchpulver, Eipulver oder sogar Fischmehl - Dinge, die, wie es hieß, von den Verbündeten geschickt wurden. Dort wurde Fischmehl als Düngemittel verwendet. Es war daher eine Sensation, und es sprach sich wie ein Lauffeuer in der Siedlung herum, als bekannt wurde, daß es am nächsten Morgen im Laden Fleisch geben werde. Das ließ sich niemand entgehen. So wie die anderen ging ich noch am selben Abend zum Laden, wo sich bereits viele Menschen angesammelt hatten und wo einer von ihnen, der "Brigadier", jedem die Nummer seiner Reihung auf die Handfläche schrieb. Mit dieser Nummer versehen konnte man wieder nach Hause gehen, um ein bißchen zu schlafen. Am frühen Morgen formierte sich dann die Schlange, in der man nach Öffnung des Ladens langsam an die Fleischausgabe herangeschoben wurde. Ich mußte zur

Arbeit. Nach der Anzahl der Personen, die noch vor mir standen, war zu errechnen, daß ich nicht mehr rechtzeitig drankommen würde. Ein Zuspätkommen bei der Arbeit hätte mit Gewißheit Sanktionen nach sich gezogen (Gusti wurde einmal sogar vorübergehend entlassen, da sie sich in der Uhrzeit geirrt hatte). Knapp vor dieser Herrlichkeit auszuspringen, hätte ich aber kaum übers Herz gebracht. Doch der "Brigadier" und die cirka 8 - 10 Personen, die noch vor mir standen, hatten ein Einsehen und ließen mich vor. So gab es für Remo und mich den seltenen Fall, richtiges Fleisch essen zu können. Neben Gewichtsverlust hatte der Körper noch ein anderes Signal des Mangels gesetzt, nämlich das vollkommene Wegbleiben des monatlichen Zyklus. Ich wollte deshalb einen Arzt konsultieren, doch die Ärzte des Ambulatoriums waren alle zum Kriegsdienst eingezogen worden, es gab dort nur eine rasch ausgebildete sogenannte "Feldscher", die mit meinem Problem nichts anfangen konnte. Erst mit der Normalisierung der Verhältnisse nach Ende des Krieges begannen sich auch meine Körperfunktionen wieder zu normalisieren.

Der Versuch

Eines Tages wurde ich überraschend zu jener NKWD-Stelle gerufen, die für den Rayon des Autowerkes zuständig war. Es war nicht sehr wahrscheinlich, daß ich dort Auskunft über Dino erhalten würde, nachdem ich auf meine wiederholten Anfragen von den übergeordneten Instanzen immer die gleiche Antwort bekommen hatte: auf zehn Jahre verschickt ohne Recht auf Korrespondenz. Der Krieg und die damit verbundenen Turbulenzen hatten allgemein den Schock über die Verhaftungen überdeckt. So lange der Krieg dauerte, würde auch die Frage der Verhaftungen offenbleiben, denn da stehe die Landesverteidigung im Vordergrund, doch nachher würde sich das alles aufklären, dachte ich. Ich war für den Abend nach der Arbeitszeit bestellt worden und hatte meinen Kolleginnen davon erzählt. Es erwartete mich ein gut aussehender und sehr vertrauensvoll wirkender freundlicher Herr, der im Plauderton und, wie es schien, aus Anteilnahme Fragen nach meinen Arbeitsbedingungen, nach meiner Nachbarschaft zu Hause usw. stellte. Dabei merkte ich, daß er über meine Nachbarn in der gemeinsamen Wohnung, Vera Jakowlewa und ihre Mutter, die "Baba Jaga", ziemlich gut Bescheid wußte. Auf meine Frage, ob er mir Auskunft über meinen Mann geben könne, antwortete er ausweichend, er könne nichts Genaues sagen, würde mir aber raten, "mir mein Leben einzurichten". Er sagte, es sei ihm bekannt, daß ich im Betrieb gute Arbeit leiste und auch sonst eine positive Einstellung habe. Es gäbe aber leider auch Menschen mit negativen Einstellungen.

Solche seien mir doch gewiß auch schon untergekommen. Ich konnte wahrheitsgemäß sagen, daß ich solche Erfahrungen nicht gemacht hätte. Er brachte dann das Gespräch wieder auf die Nachbarn. Ich erinnerte mich, daß mir kurz vorher Vera von einem unfreundlichen Stalin-Witz erzählt hatte, den jemand an ihrer Arbeitsstelle angeblich zum besten gegeben hatte. Ich bestätigte meinem Gegenüber, daß auch mir etwas von einem "Stalin-Witz" erzählt worden war. Was ich damals nicht wissen konnte war, daß ich durch diese "Mitteilung" Veras offensichtlich hätte provoziert werden sollen und sie wahrscheinlich von dem NKWD-Mann selbst beauftragt worden war, mir von dem angeblichen Stalin-Witz zu erzählen, um zu sehen, wie ich darauf reagiere. Der Mann verschwand für kurze Zeit, um mich dann in ein Nebenzimmer zu bitten. Dort saßen zu meinem Erstaunen mehrere uniformierte Männer in steifen Posen, so als hätten sie einen Stock verschluckt; und ich stand vor ihnen wie eine Angeklagte. Es war wie in einem schlechten Theaterstück. (Als ich nach vielen Jahren in Wien die Ausstellung einer Malerin mit Illustrationen zu Kafkas "Prozeß" sah, fiel mir diese Szene wieder ein.) Einer nach dem anderen hielt mir vor, daß ich von "regierungsfeindlichen Bemerkungen" erfahren habe, ohne ihnen dies mitzuteilen. Dies wäre meine Pflicht als Kommunistin gewesen. (Sie taten mir die Ehre an, mich - als Nichtparteimitglied - "Kommunistin" zu nennen.) Schließlich entließen sie mich ziemlich unfreundlich mit der Bemerkung, ich sei "keine gute Kommunistin". Diese Bemerkung faßte ich als Beleidigung auf, und sie blieb mir im Ohr haften. Wer gab ihnen das Recht, mir das zu sagen? Wußten sie denn, was ich für die Partei schon alles auf mich genommen hatte? Es ließ mir keine Ruhe, und ich setzte mich eines Abends hin und schrieb an diese Herren in schlechtem Russisch einen Brief, in dem ich darlegte, daß ich nach allem, was ich bereits für die Idee des Kommunismus getan hatte, es nicht verdiene, von ihnen eine "schlechte Kommunistin" genannt zu werden. Was die Herren tatsächlich von mir wollten, nämlich mich für die Mitarbeit in Form von Zuträgerei zu gewinnen - auf diese Idee bin ich damals nicht gekommen; das wurde mir erst viele Jahre später bewußt, als ich über die diesbezüglichen Methoden des NKWD mehr erfahren habe. Oft ergeben verschiedene, im Gedächtnis verstreute Mosaikteile, wenn sie einmal zusammengesetzt werden, ein überraschendes und verständliches Bild. Zur Ergänzung eines solchen Bildes gehört zum Beispiel, daß ich, als ich einmal zufällig durch den Flur unseres Hauses ging, den ich sonst wegen der eigenen Eingangstür nicht benützte, zu meiner Verwunderung die Nachbarin Vera ausgerechnet mit jenem NKWD-Mann, der mich gerufen hatte, in sehr vertrautem Gespräch beisammenstehen sah. Sie mußten sich also gut kennen und waren sichtlich verlegen, als ich unerwartet auftauchte. Ein anderes Mosaikteilchen besteht aus der Tatsache, daß mir eines Tages die Frau eines Verhafteten, mit der ich mich sehr gut verstand, sagte, sie hätte das Bedürfnis, mir unter dem Siegel der Verschwiegenheit etwas anzuvertrauen, das sie sehr quäle und bedrücke. Sie werde in regelmäßigen Abständen zum NKWD gerufen, wo man sie eindringlich über die Menschen ihrer Umgebung ausfrage und unzufrieden sei, wenn sie nichts zu berichten habe. Sie wisse daher oft weder ein noch aus. Mir tat diese Frau leid, die ehrlich unter der seelischen Last solch erzwungener Rapporte litt. Beim Zusammensetzen dieser Mosaikteile ergibt sich ein Bild, aus dem ziemlich eindeutig hervorgeht, daß damals auch mir die Rolle einer Informantin zugedacht war, so wie es sehr wahrscheinlich bei Vera und deren Mutter, bei der erwähnten Frau und bei einer Reihe anderer Menschen der Fall war, die darüber natürlich nicht gesprochen haben. Um diese Absicht nicht gleich durchschaubar zu machen, wurde ein Theater inszeniert: Zuerst hatte Vera von den NKWD-Leuten den Auftrag bekommen, mir von erfundenen Schmähungen über Stalin zu erzählen. Dann wurde ich gerufen, und nach der scheinbar harmlosen Plauderei mit dem freundlichen Herrn wurden mir von den anderen strengen Herrn Vorhalte wegen Nichtmelden eines Witzes gemacht. Durch die steif dasitzenden Männer in Uniform sollte ich eingeschüchtert und durch ihren Hinweis auf meinen "Unterlassungsfehler" zu Dienstfertigkeit bereitgemacht werden. Zudem packte man mich an meiner empfindlichen Stelle, indem man sagte, ich wäre "keine gute Kommunistin". Doch mein Brief, in dem ich die Beleidigungen zurückgewiesen, und die Tatsache, daß ich darüber gesprochen hatte, daß ich zum NKWD gerufen worden war, muß diese Leute zu meinem Glück davon überzeugt haben, daß ich für ihre Pläne untauglich sei. Sie haben mich fortan in Ruhe gelassen. Es ist aber mit Sicherheit anzunehmen, daß man damals, ohne es zu ahnen, von einer ganzen Schar kleinerer und größerer Spitzel umgeben war. Und was noch zu diesem Bild gehört: Daß man versucht hat, ausgerechnet Frauen von Verhafteten für Zuträgerdienste zu gewinnen, ist kein Widerspruch, wie es auf den ersten Blick scheint; denn man nahm an, daß gerade sie sich bemühen würden, solcherart ihre Regimetreue unter Beweis zu stellen. Darin liegt wohl ein kaum zu überbietender Zynismus: Zuerst brachte man die Männer um und dann versuchte man noch, deren Frauen als Zuträger und Spitzel für die gleiche Institution zu gewinnen, die dies auf dem Gewissen hatte. Wahrscheinlich sollte mit dem Rat, mir das "Leben einzurichten", den der NKWD-Mann mir gab, nicht nur auf die Möglichkeit angespielt werden, eine neue Beziehung anzuknüpfen - manche Frauen von Verhafteten haben dies getan, was ich durchaus nicht verurteilen möchte -, sondern wohl auch darauf, daß ich mir unter den von ihnen erwarteten Voraussetzungen mein Leben hätte erleichtern können. Daß der freundliche Herr, der mir das empfohlen hatte, tatsächlich nichts Genaueres über Dino wußte, war wahrscheinlich eine Lüge. Inwieweit er möglicherweise selbst bei der Behandlung seines Falles eine Rolle gespielt hat, werde ich nie erfahren.

Waisen, Halbwaisen

Für Remo begann die Schule. In der Sowjetunion wurden damals die Kinder erst mit acht Jahren zur Schule geschickt. Es war das zweite Kriegsjahr und eine traurige Zeit. Nun war es mit dem Kindergarten vorbei, der immerhin eine verläßliche Bleibe für das Kind gewesen war. Es konnte jetzt nach der Schule den Hort besuchen, doch dauerte diese Herrlichkeit leider nicht lange. Der Hort war überbelegt, und eines Tages wurde mir mitgeteilt, daß Remo nicht länger in den Hort gehen könne, denn man nehme dort nur mehr Vollwaisen auf. Ob diese Begründung stimmte, konnte ich nicht feststellen, aber fest stand, daß mein Kind nun täglich nach der Schule der Straße mit allen damit verbundenen Gefahren überantwortet war, daß es nichts Ordentliches zu essen bekam und im Winter frieren mußte. Damals war der engste Freund von Remo ein Ludwig aus der gleichen Klasse. Wie der Name vermuten läßt, war er der Sohn eines Deutschen, und zwar des jungen Arbeiters Mendel aus Bayern, der mit einer russischen Krankenschwester verheiratet war. Mendel war - fast schon selbstverständlich - ebenfalls verhaftet worden, und die Mutter von Ludwig, eine hübsche und lebenslustige Frau, kümmerte sich sehr wenig um ihren Buben, der ein echter Lausejunge war. Die dicke Freundschaft zwischen Remo und diesem kleinen "Ludwig von Bayern" gereichte nicht gerade zum Vorteil für die Umgangsformen der beiden. Sie heckten gemeinsam nicht wenige Streiche aus, und die Gefahr war groß, daß sie zu "Besprisornis" würden; so nannte man Kinder, die sich hungrig und ohne Aufsicht - Vater im Krieg oder tot, Mutter in der Arbeit - auf den Straßen herumtrieben und stahlen, wo es nur Gelegenheit dazu gab. Ich hatte mit solchen Kindern Bekanntschaft gemacht, als ich einmal abends in einen Laden um Lebensmittel anstellen ging. Dort drückten sich einige besonders schmutzige Buben herum, die eine Gelegenheit zum Stehlen wahrnehmen wollten. Ich begann mit einem besonders Schmutzigen von ihnen ein Gespräch und meinte, er würde viel besser aussehen, wenn er sein Gesicht waschen würde. Ich hatte aber mit meinen hygiene-erzieherischen Absichten nur seinen Haß aufgestachelt. Schmutzig oder rein hatte für diese Kinder keinen Stellenwert - satt wollten sie sein! Als ich mit meinem Einkaufsnetz und den darin enthaltenen Schätzen aus dem Laden trat, überfiel er mich und riß mir das Netz samt Inhalt aus der Hand. Nach anfänglichem Widerstand gab ich lieber auf, denn ich wußte, daß diese Kinder in der Regel ein Messer bei sich trugen, und Widerstand gefährlich hätte werden können.

Ein Mann aus unserer Siedlung, ein Ungar, berichtete von einem Erlebnis, als er in der ständig überfüllten Straßenbahn zum Markt nach Kanawino fuhr. Er hatte sein Geld in der zugeknöpften Vordertasche seines Hemdes untergebracht und steckte inmitten eines Menschenknäuels, in dem sich fast immer auch kleine Diebe befanden. Ein Junge, der ihn beobachtet hatte, schnitt ihm vor aller Augen kurzerhand sein Hemd mit einem Rasiermesser auf, nahm das Geld an sich und sprang von der Straßenbahn ab. Niemand hatte gewagt, etwas zu sagen oder gar dem Jungen nachzulaufen. Die Gefährlichkeit einer Straßenbahnfahrt hatte ich einmal auf eine andere Art kennengelernt, als ich versuchte, bei einer ebenfalls total überfüllten Staßenbahn noch mitzukommen, und inmitten einer Menschentraube am Trittbrett hing, auf dem gerade noch meine Füße Platz gefunden hatten. Während der Fahrt bekam ich plötzlich einen starken Schlag auf den Hinterkopf. Im Weiterfahren sah ich, daß es ein Telegrafenmast war, der mir den Schlag versetzt hatte.

Auf dem Markt von Kanawino kamen die kuriosesten Dinge vor. Dort wurde nicht nur mit Lebensmitteln, sondern mit allen Dingen gehandelt, die es sonst nirgends gab. Jeder bot feil, was er zu Geld machen oder eintauschen konnte. Ich selbst mußte es auch oft genug tun, wenn ich noch etwas fand, von dem ich glaubte, es entbehren zu können. Die raren Äpfel wurden nach Stück, Beeren, Mehl und Grützesorten nach Gläsern angeboten. Oft bot jemand bloß einige Stückchen Zucker feil, die er von seiner Norm abgezwackt hatte und die ganz grau waren, weil sie die Farbe seiner schmutzigen Hände angenommen hatten. Besonders begehrt waren unter anderem Haushaltsseife und Wodka. Wenn solch ein kleiner Gauner einer biederen Hausfrau vertraulich ein großes Stück Seife anbot, das er unter seinen Kleidern versteckt hielt, so mußte sie wohl annehmen, er verkaufe die Seife deshalb so billig, weil er sie irgendwo geklaut hatte, und griff sofort nach dieser Mezzie. Zuhause stellte sich dann aber heraus, daß sie ein Stück Lehm gekauft hatte und das ganze ein raffinierter Trick des Jungen gewesen war. Einmal erklang, als ich gerade auf dem Markt war, ganz aus der Nähe ein unbändiges Heulen, so als würde jemand einen Toten beklagen. Was war geschehen? Da hatte jemand eine "originalverschlossene" Flasche Wodka gekauft und wollte sich gleich etwas davon genehmigen und mußte - oh Jammer! - feststellen, daß er pures Wasser um teures Geld gekauft hatte! Ähnliche Beispiele gab es dutzendweise. Die Miliz, die manchmal Razzien durchführte und den "Bazar" durchkämmte, blieb dagegen machtlos. Einmal mußte ich umkehren, bevor ich etwas eingekauft hatte, man hatte mir das Geld gestohlen.

Remo und Ludwig hatten, wie andere Kinder auch, eine große Leidenschaft fürs Autofahren entwickelt. Wenn sie jemand ein Stück mitnahm, waren sie glücklich. Diese Leidenschaft konnte besonders im Winter gefährliche Ausmaße annehmen. Oft waren die Kinder auf den Halden des Werkes bei den Metallabfällen anzutreffen, wo sie verschiedene, für sie brauchbare Gegenstände fanden. Besonders gefragt waren bei ihnen lange Stangen mit einem Haken am Ende. Damit hakten sie sich von hinten bei den vorbeifahrenden Lastautos ein und ließen sich auf der eisglatten Fahrbahn in oft rasendem Tempo mitschleifen. Man kann sich vorstellen, wie gefährlich das war. Selbst gesehen habe ich es nicht, doch wußte ich von anderen, daß auch mein Sohn an diesen "Kunststücken" beteiligt war. Daß meine Ruhe während der Arbeit darunter sehr gelitten hat, ist begreiflich. Einmal war Remo in der Nähe der Wohnung von einem plötzlich nach rückwärts fahrenden Lastwagen niedergestoßen worden, wobei eines der Räder ein Stück über sein Bein gefahren war. Wie er später erzählte, konnte man das Muster des Pneu am Bein sehen.

Die Information der Bevölkerung über das Kriegsgeschehen bestand im wesentlichen aus dem, was aus den Lautsprechern kam, die es anstelle von Radioapparaten in den Wohnungen gab und die man entweder ein- oder ausschalten konnte. Die Sorge der Wahl des Programmes hatte der "große Bruder" übernommen. Der Bezug zentraler Zeitungen blieb vor allem den Parteimitgliedern vorbehalten, andere Berichte als jene von der russisch-deutschen Front gab es kaum. Die Tatsache, daß es bereits vor Ausbruch des Krieges gegen die Sowjetunion in anderen Ländern und sogar in anderen Kontinenten harte Kämpfe mit der Hitlerarmee gegeben hatte, war in den Hintergrund gedrängt worden und zum Teil gar nicht bekannt. Es wurde immer nur vom "Großen Vaterländischen Krieg" gesprochen. Das ganze Leben war auf diesen Krieg eingestellt und brachte ständig wachsende Entbehrungen. Die Fähigkeit des russischen Volkes, Leiden und Entbehrungen zu ertragen, scheint unübertreffbar zu sein.

Die Front brauchte dringend Blutkonserven, und es wurde dafür geworben, Blut zu spenden. Die Blutspender erhielten neben einem guten Essen auch zusätzliche Brotmarken ausgefolgt. Ich sah - neben dem Bewußtsein, ein gutes Werk zu tun - auch eine Möglichkeit, die eigene Nahrungsversorgung zu verbessern. Wie wertvoll jedes Gramm Brot in jener Zeit für uns war, habe ich bereits erwähnt. Als sich beim Testen herausstellte, daß mein Blut einer sehr begehrten Gruppe zugehörte, war ich darüber geradezu glücklich. Das ganze hatte nur den Haken, daß Blut nur dann genommen wurde, wenn ein Malaria-Anfall lange Zeit genug zurücklag. Mir kam aber oft die Malaria dazwischen, die in Abständen aufflammte. Ich verwünschte sie nicht etwa deshalb, weil sie meinen Körper schwächte, sondern weil sie mich am Blutspenden hinderte. Immerhin habe ich in den Jahren 1942 bis 1945 15 Mal Blut gespendet, was noch in meinem damaligen Rotkreuzbüchlein vermerkt ist. Obwohl mir Leute damals abgeraten haben und meinten, ich würde selber Blut brauchen, glaube ich nicht, daß es mir geschadet hat. Für unseren Brotkonsum war es jedenfalls von Nutzen.

Wo der Mangel an Produkten besonders groß ist, blüht der Schleichhandel. Zu Notzeiten ist dies immer und überall der Fall. Daß jene Dinge, die es in den Läden nicht gab, auf den illegalen Märkten auftauchten, hatte seine Hauptursache in der Verschiedenheit der Lebensmittelzuteilungen. Die Überschüsse der Privilegierten, aber auch vom Mund abgesparte Nahrungsmittel wanderten über verschiedene Umwege auf die Märkte und wurden zu horrenden Preisen angeboten. Schwarzhändler haben in der Sowjetunion die Bezeichnung "Spekulanten". Auch die Mutter meiner Nachbarin Vera, die bereits erwähnte "Baba Jaga", war eine sehr geschickte Spekulantin. Mit den Erträgen aus ihren Geschäften war sie ganz gewiß die Haupt-Familienerhalterin und brachte mehr Geld nach Hause als ihre Tochter von der Arbeit. Täglich ging sie mit ihrem verhüllten Korb auf den Markt nach Kanawino, wo sie verkaufte, einkaufte, tauschte und weiß Gott was noch alles unternahm. Daß sie die Milizionäre, die sie bereits kennen mußten und ansonsten hinter den Spekulanten her waren, ungeschoren ließen, muß seinen Grund gehabt haben. Ich habe bereits angedeutet, daß sie wahrscheinlich, so wie ihre Tochter, den Polizeiorganen mit Informationen nützlich war. Daß diese geizige "Baba Jaga" bei den Kindern der Umgebung nicht gut angeschrieben war, kann man sich denken. Oft reagierten diese Kinder auf die Bosheiten der Alten mit originellen Streichen. Die schlaue Alte hatte sich eine Ziege angeschafft, um die Eigenversorgung der drei Personen ihrer Familie mit Milch sicherzustellen. Im Sommer ließ sie die Ziege mit Vorliebe in den Gärten und Gemüsebeeten grasen, die sich die Leute vor dem Haus angelegt hatten, ja, sie führte die Ziege direkt hinein. Auch auf mein mit Mühe angelegtes Beet hatte sie es dabei abgesehen. Wenn man es bemerkte, hatte sich das Vieh gewöhnlich bereits den Bauch vollgeschlagen, und das Gemüse war weg. Die Revanche der Kinder für diese Bosheiten bestand darin, daß sie, wenn die Alte ihren Geschäften auf dem Markt nachging, manchmal die Gelegenheit nützten, um der Ziege inzwischen die Milch abzuzapfen, die sich die ausgehungerten Kinder gleich selbst zu Gemüte führten. Zur Unterbringung des Tieres hatte die Alte unseren gemeinsamen winzigen Duschraum erkoren, aus dem ich unser Wasser holen mußte. Wie es in diesem zum

Ziegenstall umfunktionierten Duschraum aussah und roch, brauche ich nicht zu schildern.

Von Remo kenne ich auch die Geschichte mit den Eiern: Die Alte besaß nämlich noch einen kleinen Holzschuppen, in dem sie unter anderem auch das Heu für die Ziege aufbewahrte. Eine andere Mietpartei hatte sich zwecks Eigenversorgung mit Eiern einige Hühner zugelegt. Nun hatten die Kinder beobachtet, wie eine Henne durch eine Lücke in den Holzschuppen der Alten schlüpfte, um dort im Heu ihre Eier zu legen. Sie machten den Besitzer der Henne auf diese Tatsache aufmerksam, der nun wußte, warum im eigenen Schuppen so wenig Eier lagen - sie waren im Schuppen der "Baba Jaga"! Als er daraufhin von der Alten die Herausgabe der Eier forderte, kam er schlecht bei ihr an: Sie weigerte sich beharrlich, die Eier herauszurücken. Da wurde mit Hilfe der Kinder die Idee geboren, am Schuppen der Alten an jener Stelle, wo die Henne ihre Eier legte, ein Brett so anzusägen, daß es der Mann aufheben und mit der Hand nach seinen Eiern langen konnte.

Der Höhepunkt der gestörten Beziehung zwischen der "Baba Jaga" und mir war aber der folgende Vorfall: Die Kinder hatten die Alte wieder einmal geärgert - den genauen Grund weiß ich nicht mehr -, und sie machte Miene, sie zu schlagen. Ich war zu Hause, und als Remo bei unserer Tür hereingelaufen kam und sagte, daß ihm die "Baba Jaga" auf den Fersen sei und ihn schlagen wolle, riß meine Geduld endgültig, und ich ging in Kampfstellung, um sie hinauszuschmeißen, wenn sie es wagen sollte, sich hier blicken zu lassen. Da tauchte sie auch schon auf. Remo, der sah, wie aufgebracht ich war, erfaßte die Situation und drückte mir schnell einen Schürhaken als Waffe in die Hand. Mit dem erhobenen Schürhaken émpfing ich die Alte in der Tür, die, als sie mich so sah, ohne auch nur ein Wort hervorzubringen, rasch kehrtmachte und, so schnell die Beine sie trugen, um das Haus herum zu ihrer eigenen Eingangstüre lief. Es muß ein Bild für Götter gewesen sein: Voran die "Baba Jaga" mit fliegenden Röcken und ich mit dem Schürhaken hinterdrein!

Später trug sich eine andere Geschichte zu, bei der die böse Alte Gelegenheit fand, sich zu revanchieren. Als ich einmal abends nach Hause kam, erlebte ich eine böse Überraschung: Remo war nicht zu Hause, er war von zwei Milizionären abgeholt worden, die Alte hatte ihn des Diebstahls bezichtigt. Daß in diesen Tagen der in Moskau lebende Schutzbündler Sepp Springer, damals mit der Tochter des deutschen KP-Führers Wilhelm Pieck verheiratet, zu Besuch bei seinem Bruder Alexander war, kam mir dabei sehr zu Hilfe. Remo war von diesem Onkel Sepp schon immer sehr angetan gewesen, hatte er ihn doch manchmal im Lastauto, das er chauffierte, mitfahren lassen und ihn noch dazu für damalige Begriffe königlich bewirtet. Der Beistand von Sepp und vor allem dessen Ausweis, mit dem er bei den Milizionären offensichtlich Eindruck erweckte, trugen wesentlich dazu bei, daß wir Remo, der einen ganzen Tag bei der Miliz verbracht hatte, nach einer Moralpauke wieder nach Hause nehmen durften. Was war geschehen? Der Enkel der "Baba Jaga", ein etwas älterer Bub, hatte vor den Kindern damit geprahlt, wieviele Vorräte und wieviel Geld seine Großmutter gehortet hat, und machte sich erbötig, Remo und Ludwig die Verstecke zu zeigen. Die Kinder waren natürlich neugierig und gingen mit ihm in die Wohnung der alten Hexe. Es muß den Kindern tatsächlich wie im Knusperhäuschen zumute gewesen sein, als sie die gehorteten Schätze und das viele Geld sahen, das schön in Paketen gebündelt versteckt war. Dieser Versuchung vermochten sie nicht zu widerstehen, noch dazu, wo sie der größere Bub zum Nehmen ermunterte. Er selbst hatte ein Bündel Banknoten genommen, und auch die Kinder nahmen eines. Und was taten sie mit dem Geld? Remo und Ludwig fuhren sofort zum Markt und kauften sich dort nach Herzenslust zu essen. Wie ich von Remo später erfuhr, ließen sie auch die Bettler nicht zu kurz kommen, und verteilten an sie zu deren großer Freude die restlichen Rubelscheine. Als die Alte hinter diese Geschichte kam, veranlaßte sie, daß Remo in meiner Abwesenheit von der Miliz abgeholt wurde. Und die Miliz, die genau wußte, daß das Geld der Alten nicht gerade auf redliche Weise verdient war, und die die Alte mitsamt ihren diversen Spekulationsgeschäften im Gegensatz zu anderen unbehelligt ließ, zögerte nicht, das Kind zu verhaften!

Noch einer anderen Art des "Diebstahls", bei der ebenfalls der Hunger die Antriebskraft war, haben sich die Kinder manchmal schuldig gemacht, nämlich des Diebstahls von gut gewachsenen Karotten oder von einem Krauthäuptel, frisch vom Feld weg und auf der Stelle verzehrt. Bei solchen Selbstversorgungsunternehmen mit Vitaminen kam es vor, daß die Kinder erwischt und geschlagen wurden.

Eine andere eigenartige Sache trug sich ungefähr um die gleiche Zeit zu: Ziemlich aufgeregt erzählte mir die Frau eines Verhafteten, mit der ich aber sonst keinen Kontakt hatte, daß ein Mann in die Siedlung gekommen sei, der erzählte, aus einem Lager zu kommen, wo er mit Männern aus der Siedlung zusammengetroffen sei. Er habe auch von einem Italiener gesprochen, dessen Frau mit dem kleinen Sohn in der Siedlung wohne, und das könne nur ich sein. Natürlich war ich dieser Geschichte gegenüber skeptisch, wollte aber doch diesen Mann sehen, der sich für ein paar Tage bei einer der Frauen von Verhafteten einquartiert hatte. Er war ein Wolgadeutscher und behauptete, nach seinem "Urlaub" in dieses Lager zurückzukehren. Er machte sich erbötig, Geschenke für die Männer mitzunehmen. Obwohl wir alle an der Wahrheit seiner Erzählungen zweifelten, hat es keine der Frauen, auch ich nicht, fertiggebracht, die angeblich erbetenen Geschenke abzulehnen. Auch wenn nur ein glanz blasser Hauch von Wahrscheinlichkeit vorhanden war, unseren Männern helfen zu können, wollten wir dies tun, auch auf die Gefahr hin, damit einen Gauner zu unterstützen. Ich konnte mit Hilfe einer russischen Frau ein Paar gebrauchter, aber gut erhaltener Schuhe erstehen. Auch diese Frau glaubte nicht an die Erzählung des Wolgadeutschen, "aber was tut man nicht alles, wenn man jemanden liebt", sagte sie mitleidig. Der Mann soll vor seiner Abreise sehr nervös gewesen sein. Wir haben von ihm nichts mehr gehört.

Der Kampf gegen den Hunger

Hatte es früher auf den nahen Wiesen eine ganze Menge von Wiesenchampignons gegeben, diese schmackhaften Pilze, die von den Russen früher nicht sehr geschätzt wurden, so waren nunmehr keine mehr zu finden, auch wenn ich in der Früh vor Arbeitsbeginn auf die Suche ging. Auch von den kleinen Muscheln, die es früher zahlreich am Rande des Flusses gegeben hatte, waren keine mehr zu sehen. In den Abfallkübeln beim Haus der Spanier tauchten Katzenköpfe auf. Das Fleisch der Tiere war in hungrigen Mägen gelandet. Ich bekam den guten Rat, Kartoffelpuffer in Lebertran zu backen, der in der Apotheke zu haben war. Es schmeckte scheußlich! Jedes Gespräch, das damals begonnen wurde, egal mit wem und über welches Thema, landete unweigerlich beim Thema "Essen". Im Schlaf kamen die Wunschträume: Entweder fand ich auf der Wiese unzählige Champignons, ging die Schienen entlang, wo die Münzen nur so herumlagen, oder ich hatte eben Zucker gekauft und bestrich die Zuckerstücke mit Butter. Es gab aber Menschen, die noch viel mehr hungerten als wir. In unserem Speisesaal waren zu Mittag immer ein paar völlig abgemagerte Gestalten mit eingefallenen Augen anzutreffen, die herumstanden und darauf warteten, ob jemand auf seinem Teller etwas übrigließ, das sie dann mit Heißhunger verschlangen. Da aber fast nie etwas übrigblieb, leckten sie die Teller ab, saugten, wenn es etwa Fisch gegeben hatte, die Gräten nochmals ab oder aßen die wie Erbsen aussehenden Fischaugen auf, die wir aus der Fischsuppe entfernt hatten. Es war bedrückend zu sehen, wie der Hunger die Menschen zwingt, ihre Menschenwürde über Bord zu werfen. Es muß sich bei all diesen Menschen um Fabriksarbeiter gehandelt haben, denn nur im Betrieb Beschäftigte konnten mit ihrem "Propusk", dem Passierschein, auf Betriebsterritorium gelangen. Man konnte manchmal auch Gruppen von Kriegsgefangenen sehen, die wahrscheinlich auch nicht genug zu essen bekamen, doch glaube ich kaum, daß sie damals noch schlechter verpflegt wurden als die Durchschnittsmenschen in unserer Gegend. Die Gebiete an der Wolga waren in Hungerzeiten schon immer besonders betroffen gewesen.

Ich hatte bereits einige Gegenstände, die ich glaubte, entbehren zu können, auf den Basar getragen, um sie in Lebensmittel umzusetzen. Oft konnte ich nachts trotz Müdigkeit nicht einschlafen, weil ich mir das Hirn zermarterte, wie Essen aufzutreiben wäre. Man könne im Dorf direkt bei den Bauern besser eintauschen, hieß es. An einem freien Tag im Winter, als die Oka bereits ganz dick zugefroren war und als Verkehrsweg für Lastfahrzeuge diente, tat ich mich mit Sonja, der Polin, zusammen, um mit ihr gemeinsam über die Oka in ein Dorf zu gehen und unser Glück zu versuchen. Sonja hatte ja für das Kind ihrer verhafteten Schwester Jaworskaja zu sorgen. Ich nahm meinen geliebten selbstgestrickten blauen Pulli mit, der den Russinnen so gut gefiel und von dem ich mich bis dahin nicht hatte trennen wollen. Ich fand noch ein paar Dinge, die mir entbehrlich schienen, und wir machten uns mit einem kleinen Schlitten zeitig in der früh auf den Weg. Ich war ohne Frühstück gegangen in der Hoffnung, unterwegs Essen aufzutreiben. Ein Bauer, bei dem wir etwas eingetauscht hatten, war tatsächlich bereit, uns heiße gekochte Erdäpfel zu geben, so daß wir etwas Warmes in den Magen bekamen. Als wir alle unsere mitgebrachten Habseligkeiten eingetauscht hatten, gingen wir gegen Abend mit einem beladenen Schlitten - zu Tode erschöpft, aber glücklich - wieder über den zugefrorenen Fluß nach Hause. Ich erinnere mich, daß es mir gelungen war, außer Milch, Erdäpfel und noch ein paar Dingen auch ein Stück Fleisch im Tausch zu erstehen. Glücklich konnte ich Remo diese Schätze zeigen.

Es war eingeführt worden, daß man sein Brot auf Marken auch in der Betriebskantine beziehen konnte, was insofern eine Erleichterung bedeutete, als man sich das Anstellen im Laden ersparte. Bei dieser Brotausgabe war ein sehr freundliches und stilles Mädchen angestellt, das die Marken entgegennahm und das Brot danach abwog. Beim Grübeln, wie ich zu mehr Brot gelangen könnte, fiel mir ein, wie unsere Brigadierin Ira Antipowa es angestellt hatte, um beim Mittagessen eine Zusatzportion zu bekommen, und ich überlegte, ob ich nicht bei dem sympathischen Mädchen bei der Brotausgabe etwas Ähnliches versuchen sollte. Und ich probierte es, gab ihr Marken für 200 Gramm und sagte: "300 Gramm bitte!" Tatsächlich wog sie 300 Gramm ab - sie hatte mich verstanden! Mir war freilich bewußt, daß ich das Mitgefühl des Mädchens nicht zu sehr strapazieren durfte, doch wenn es bei uns zu Hause sehr arg war, dann konnte ich bei ihr die kostbaren 100 oder sogar 200

Gramm Brot über meine Norm bekommen. Wir hatten uns ohne Worte verstanden.

Manchmal mußte ich mich auch dazu entschließen, auf einen der fliegenden Schwarzmärkte, die sich an vielen Stellen - vor den Läden, vor den Eingangstoren zum Betrieb - gebildet hatten, Brotmarken zu kaufen. Die waren zwar sehr teuer, doch Brot zu kaufen wäre unerschwinglich gewesen. Zu Schwarzmarktpreisen hätte ich allein für den Brotbedarf weniger Tage meinen ganzen Monatsverdienst hergeben müssen.

Die latente Unterernährung zeitigte Folgen. Ich merkte auf einmal, daß sich beim Gehen Schenkel und Beine aneinander rieben, da sie angeschwollen waren. Es tat nicht weh, aber ich wußte nicht, welchem Umstand dies zuzuschreiben war. Schon vorher war mir das Stiegensteigen und manchmal sogar das Übersteigen einer Pfütze schwergefallen, weil ich keine Kraft hatte. Die Betriebsärztin, zu der ich ging, stellte ein Hungerödem fest. Sie tröstete mich, indem sie mir sagte, daß diese Symptome verschwinden würden, wenn wieder ein normales Leben und normale Ernährung einkehrten. Ich erhielt die Zuweisung in eine Sonderkantine, in der man ähnliche Fälle wie den meinen wieder aufpäppelte. Dort bekam ich Fleisch und Eier wieder zu Gesicht und in den Magen. Die Schwellungen gingen daraufhin zurück, und ich begann mich wieder kräftiger zu fühlen. Meine Arbeit hatte ich nicht unterbrochen gehabt.

Die Sommerlager der Kinder

Wenn Remo mit den Kindern in ein Sommerlager fuhr, konnte ich immer ein bißchen verschnaufen. Als er noch in den Kindergarten ging, hatte man die Kinder im Sommer in das Dorf Tschkalowsk an der Wolga gebracht, wo ich ihn einmal zusammen mit Gusti besuchte. Wir waren damals die ganze Nacht auf einem Wolgaschiff ohne Schlafgelegenheit durchgefahren, und ich hatte mich auf das Wiedersehen mit meinem kleinen Sohn gefreut. Doch als ich kam, blieb er in großem Abstand vor mir stehen und sah mich mit gesenktem Kopf vorwurfsvoll an. Es drückte mir das Herz ab. Ich verstand: Das Kind war zum ersten Mal für längere Zeit von mir getrennt und es hatte sich von mir verlassen gefühlt. Erst nach längerem Zureden und als ich ihm sagte, wieder gehen zu müssen, wenn er nicht zu mir kommen wolle, flog er auf mich zu und hielt mich mit seinen kleinen Armen fest umschlungen.

Ein anderes Mal, als Remo wieder in einem Lager war, kam eine Hiobsbotschaft von dort, die mich vor Angst fast lähmte. Eine der Frauen vom Aufsichtspersonal teilte mir mit, daß Remo erkrankt sei, man vermute Diphterie und werde ihn wahrscheinlich in ein Krankenhaus bringen müssen. Man werde am nächsten Tag mit einem PKW in das Lager fahren, und ich könne mitkommen. Nach einer schlaflosen Nacht fuhr ich zusammen mit zwei Personen ins entlegene Dorf, wo sich das Kinderlager befand. Als wir endlich ankamen und ich die Kinder herumlaufen sah, traute ich meinen Augen nicht - da kam doch auch Remo ganz munter unserem Auto entgegengelaufen! Es hatte sich herausgestellt, daß es sich bei der Erkrankung nicht um die gefürchtete Infektionskrankheit, sondern um eine Halsentzündung handelte. Mit einem Schlag war die Spannung von mir gewichen, ich konnte ein gesundes Kind in meine Arme schließen! Für sein Betteln, mit nach Hause fahren zu dürfen, zeigten die Verantwortlichen Verständnis, und so fuhren wir noch am gleichen Tag zurück. Bei der Heimfahrt hatten wir eine außergewöhnliche nächtliche Begegnung: Es war bereits stockfinster geworden, und wir fuhren auf holprigen Wegen durch den tiefen russischen Wald. Remo hatte sich an mich geschmiegt, und wir waren beide eingedunkt. Da schreckte uns ein Ruf des Chauffeurs in die Höhe: "Da, seht ihr diese Lichter? Das sind Wölfe!" Erstaunt blickten wir hinaus und sahen in einiger Entfernung unzählige kleine Irrlichter aufflammen. Es war ein Wolfsrudel, und die vielen kleinen Lichter waren die Augen der Wölfe, die im Vorüberfahren vom Scheinwerfer des Autos angestrahlt wurden. Obwohl für uns keine Gefahr bestand, ist uns doch bei diesem Anblick ein wenig unheimlich zumute geworden.

In der Zeit des Krieges wurden die Kinder im Sommer in Dörfer gebracht, die weit abseits vom Kriegsgeschehen lagen. In der Siedlung hörte man Gerüchte, daß es den Kindern im Lager nicht gut gehe, daß das Essen ungenügend sei, weil das Personal zu viel für den Eigenbedarf abzweige. Das beunruhigte mich. Von Remo, der gerade erst das Schreiben erlernt hatte, kamen zwei holprig geschriebene Briefe, die mich alarmierten. Ich habe sie mir aufgehoben. Es sind erschütternde Dokumente kindlichen Jammers. Auf Deutsch lautet ihr Inhalt ungefähr so:

Liebe Mama! Da geht es mir gut. Ich gehe Beeren pflücken. Ich habe schon 20 Gläser voll gepflückt. Wir bekommen 3 Gläser Milch am Tag. Das Essen ist gut. Trotzdem nimm mich von hier fort! Ich habe keine Kuverts mehr und kein Geld. Schicke mir Geld und Kuverts! Um das Geld habe ich Milch und Beeren gekauft. Waren dort Bombardierungen? Ist unser Haus nicht verbrannt? Wir bekommen schwarzes Brot. Ich habe schon alle Tabletten getrunken.

Ich küsse Dich *Remo*

Schreibe Antwort und nimm mich schnell von hier nach Hause. Auch wenn bombardiert wird, nimm mich trotzdem nach Hause. Im Dorf kostet ein halber Liter Milch 15 Rubel und ein Liter 30 Rubel. Beeren kosten 7 Rubel ein Glas und 14 Rubel 2 Gläser. Ein Ei kostet 10 Rubel.

здравстуй дарагая мама

как ты живеш нам
дают по триста грамм
хлеба мама я забалел
малерие у меннуя кончелись
таблетки мама я соскуш
лся о тебе и я хочу [illegible]
я нехожу заягадами мне
приносит ягод Любвиг
мама когда нам дают
манную кашу я её не ем мне
за место каши дают
тарелку сметаны и стакан
малака мама приежсьяй
камне я скора паравлюс мы
купались в бане два раза
мы неходим на речку у нас
нет речки у болота глубо-
кое нарочки большим ребятам

Ausschnitt eines Briefes von Remo an seine Mutter

Der zweite Brief:

Guten Tag liebe Mama!
Wie geht es Dir? Wir bekommen 300 Gramm Brot. Mama, ich bin an Malaria erkrankt, meine Tabletten sind zu Ende. Mama, ich sehne mich nach Dir und ich möchte nach Hause. Ich gehe nicht um Beeren, mir bringt Ludwig die Beeren. Mama, wenn es Grießkoch gibt, ich esse keines. Statt Grießkoch bekomme ich einen Teller mit Rahm und ein Glas Milch. Mama, komme zu mir, ich werde mich schnell erholen. Wir waren zweimal im russischen Bad. Wir gehen nicht zum Fluß, hier ist kein Fluß. Beim Sumpf gibt es tiefe Flüßchen, den großen Kindern bis zum Kopf, den kleinen bis zu den Händen. Mein Geld ist aus. Ich habe dafür Milch gekauft. Dein Brief ist angekommen und 50 Rubel sind auch angekommen und das Paket auch. Mama, schicke Geld und ein Paket! Ich schicke Dir mit irgendjemand Beeren.
Remo
Hier wurden zwei Deserteure gefangen.
24.VII.43

Diese ersten Briefe meines Sohnes - sie waren ohne Satzzeichen, die habe ich eingefügt - ließen tief blicken: rührende Versuche eines neunjährigen Kindes, seinen Jammer zu verdrängen, zwischen denen verzweifelte Hilferufe hervorbrechen. Die im Brief angegebenen Preise, welche die Bauern den Kindern für Milch und Beeren abverlangten, waren unverschämt hoch und orientierten sich an den Schwarzmarktpreisen. Mein Monatsverdienst betrug damals zwischen 300 und 500 Rubel, je nachdem ob es mehr oder weniger Überstunden oder Prämien gab. Wenn man einen Durchschnitt von 400 Rubel annimmt, so hätte man zu den Preisen der Dorfbauern für ein ganzes Monatseinkommen gerade 40 Eier oder 13 Liter Milch kaufen können.

Ich besprach mich mit Sonja, deren kleine Nichte ebenfalls in diesem Lager war, und wir beschlossen, alles zu versuchen, um diesem Lager, zu dem es keine wie immer geartete Verbindung mit öffentlichen Verkehrsmitteln gab, einen Besuch abzustatten. Die einzige Verbindung waren die Lebensmitteltransporte mittels Lastwagen. Ich fuhr zuerst nach Gorki, um mir bei der zuständigen Stelle die Erlaubnis zu holen, mit einem solchen Lebensmitteltransport mitzufahren. Man erlaubte es. Zur angegebenen Zeit waren Sonja und ich zur Stelle, um hinten im Lastwagen Platz zu nehmen. Außer dem Chauffeur waren noch zwei Frauen aus dem Lager anwesend. Sie begannen, Krach zu machen und sagten, sie würden es keinesfalls zulassen, daß wir mitkämen. Nach einem lautstarken Wortwechsel wollte Sonja bereits aufgeben. Doch mich hatte die Weigerung der Frauen noch mißtrauischer gemacht, und ich wollte um jeden Preis mitkommen. Als der Chauffeur losfuhr, war ich schnell hinten auf den Wagen geklettert und reichte Sonja die Hand, der es ebenfalls noch im letzten Moment gelang hinaufzuklettern. Nach einer sehr langen und unbequemen Fahrt kamen wir im Lager an und konnten unsere Kinder sehen, die sich über unser Kommen riesig freuten. Auch Ludwig, Remos Kumpan, kam uns begrüßen. Wir konnten bald feststellen, daß die Kinder nicht allein hungrig, sondern auch völlig verlaust waren. Nicht nur ihre Köpfe waren voller Kopfläuse, zu unserem Schrecken waren auch ihre Kleider voll von Kleiderläusen, diesen gefährlichen Überträgern von Flecktyphus. Wir besahen uns die Schlafstätten der Kinder. Es waren unmittelbar nebeneinanderliegende Matratzen am Fußboden, die ebenfalls von Kleiderläusen wimmelten. Wir zogen den Kindern die Kleider aus und versuchten, sie zumindest vorübergehend von den Läusen zu befreien. Das Personal bekamen wir erst gar nicht zu Gesicht, sie wichen uns aus. Die Kinder waren hungrig. Remo hatte bereits ein Hemd und ein Handtuch gegen Milch bei den Bauern eingetauscht. Wir erfuhren von ihren Selbsthilfeaktionen. Von den Feldern rissen sie Getreideähren ab, um die Körner zu essen. Darüber hatten sich die Bauern beschwert, und man hatte die Kinder zusammengerufen und ihnen deshalb eine Moralpredigt gehalten. Kinder sind auch erfinderisch. Sie sammelten Pilze, um sie in einem Glas einzusalzen und dann roh zu essen. Diese Köstlichkeiten wurden von Remo und seinen Freunden auf dem Dach des Hauses versteckt, das leicht zu erklettern war. Einmal brachen die hungrigen Kinder in die Vorratskammer ein, nahmen Brot und teilten es auf. Beim Abendtisch gab es darauf ein hochnotpeinliches Verhör und eine Aufforderung an die Missetäter, sich freiwillig zu melden. Sie sollten als Zeichen ihr Glas wegschieben. Doch als einer damit begann, schoben auch alle anderen Kinder ihr Glas von sich weg - sie hielten fest zusammen. Einige Kinder sollen davongelaufen sein. Sie hatten sich heimlich auf den Weg gemacht, um sich zu ihren Eltern durchzuschlagen. Es wurde erzählt, daß man einen Buben im Wald gefunden hätte, der von Wölfen zerfleischt worden war. Ob dies den Tatsachen entsprach oder ob es sich um eine Angstvision der Kinder handelte, kann ich nicht sagen. Tatsache ist, daß es in dieser Gegend Wölfe gab, denn die Kinder bekamen sie auch zu sehen. Nicht alle diese Begebenheiten erfuhren Sonja und ich am Tag unseres Besuches, manches erzählten die Kinder erst, als sie bereits zu Hause waren.

Sonja und ich hatten uns wohl oder übel von den Kindern verabschieden müssen. Wir wußten noch nicht, wie wir nach Hause kommen würden, und hatten keine Ahnung, was uns noch bevorstand. Der Lastwagen, mit dem wir gekommen waren, war sofort wieder zurückgefahren, und wir mußten nun sehen, wie wir allein zurecht kamen. Wir wollten vor der Nacht zu Hause sein, denn am nächsten Tag mußten wir zur Arbeit gehen. Wir hatten gehofft, mit Autostopp weiterzukommen, doch daß in dieser gottverlassenen Gegend fast kein Auto zu sehen war, damit hatten wir nicht gerechnet. Wir begannen also, fest auszuschreiten. Dabei kamen mir die wasserfesten österreichischen Bergschuhe im sumpfigen Gelände sehr vonstatten. Wir hatten gehofft, noch vor Einbruch der Dunkelheit nach Hause zu kommen, doch die Nacht kam schneller. Es wurde finster und wir waren bereits todmüde. Wir schleppten uns bis zu einem Dorf und hofften, zumindest unter einem Dach bei einem Bauern etwas schlafen zu können, wenn auch nur auf dem Fußboden. Doch nirgends antwortete jemand auf unser Klopfen, niemand machte eine Tür auf. Bei einem der Bauernhäuser, die einen kleinen Bretterboden vor der Tür hatten, legten wir uns schließlich im Freien, so wie wir waren, hin, und schliefen todmüde ein. Noch vor der Morgendämmerung machten wir uns wieder auf den Weg. Ich hoffte, daß wir es schaffen würden, uns vor dem Weg zur Arbeit zumindest noch umzukleiden. Es wurde ein Wettlauf mit der Zeit, und es ging sich schließlich gerade noch aus, daß wir zum Werk kamen, als die Menschen bereits zur Arbeit strömten. Müde zum Umfallen reihte ich mich, so wie ich war, in den Menschenstrom ein. Ich ging sofort zu meinem vorgesetzten Natschalnik, dem bereits erwähnten Preobraschenski, berichtete ihm, daß ich die Nacht kaum geschlafen hatte, und bat zu veranlassen, daß ich zumindest keine sehr komplizierte, sondern eine einfache Zeichnung bekomme. Er antwortete mir sehr kühl, ich würde jene Zeichnung bekommen, die wichtig wäre - und ich bekam eine sehr komplizierte Zeichnung. Ich kämpfte bei der heiklen Arbeit, die ich mit Mühe fertigbrachte, ständig mit dem Schlaf und mußte immer wieder die Punkte entfernen, die meine Reißfeder machte, wenn die Hand erschlafft auf die Zeichnung fiel, weil meine Augen zugefallen waren.

Nie vergessen werde ich das Nachspiel dieser Geschichte. Es war im URGAS eingeführt worden, den Abteilungen, darunter auch unserem Kopierbüro, regelmäßig für gute Planerfüllung als Gratifikation ein zusätzliches Kontingent an Brotmarken zuzuweisen, das an die Mitarbeiter gleichmäßig aufgeteilt wurde. Als einige Tage nach dem erwähnten Vorfall wieder Brotmarken ausgegeben wurden, verlas man vorher eine Anordnung des Juri Preobraschenski, die besagte, daß ich wegen "Verweigerung der Arbeit" von der Markenzuteilung ausgeschlossen sei. Dann wurden jeder Mitarbeiterin die Marken auf den Tisch gelegt - ich wurde übergangen. Die Mädchen waren alle sehr betroffen, denn eine solche Praktik hatte es vorher nie gegeben. Ich selbst saß wie versteinert da. Doch eines der Mädchen, Marusja Saweljewa, fand als erste die Sprache wieder und sagte laut, daß nun, nachdem man mir die Brotmarken ungerechterweise vorenthalte, sie diese Marken ebenfalls nicht annehmen wolle, sondern zu meinen Gunsten darauf verzichte. Sie stand auf und legte demonstrativ ihre Brotmarken auf meinen Tisch. Da begann bei mir die Versteinerung zu schmelzen, und die Tränen konnten sich lösen und die Erniedrigung fortschwemmen. Diese Marusja Saweljewa - sie heiratete und trug später den Namen Turajewa - zählt zu jenen Menschen, die ich aus den Zeiten harter Not in bester Erinnerung behalten habe. Sie hat nicht nur Herz, sie hat auch die leider so seltene Eigenschaft der Zivilcourage bewiesen. Dafür bin ich ihr bis heute dankbar.

Die Usbeken

Die Nachrichten von der Front waren inzwischen ermutigender geworden und gaben Anlaß zu Optimismus. Die russische Armee war bereits in der Gegenoffensive. Im Radio waren jetzt nicht mehr die beklemmenden Worte zu hören "... nach schweren Kämpfen räumten unsere Truppen...", sondern man hörte "... eroberten unsere Truppen ..." Das hatte einen ganz anderen Klang! Alle Entbehrungen, die Arbeit ohne Pause und ohne Urlaub bekamen ihren Sinn, für mich würde der Weg in die Heimat wieder frei werden.

Im Betrieb fehlten immer mehr Arbeiter, da sehr viele an der Front gefallen waren. Durch eine Maßnahme wollte man dem Arbeitermangel beikommen: Man versuchte, die einfacheren Arbeiten von Usbeken, die man aus dem fernen Usbekistan herbeordert hatte, durchführen zu lassen. Doch das stellte sich bald als ein Fehlschlag heraus. Diese bäuerlichen, einfachen Menschen, die weder Hygiene noch eine andere Arbeit als die auf ihren Feldern kannten, mußten kläglich versagen, und einige von ihnen gingen ganz jämmerlich zugrunde. Ein Klosett war ihnen unbekannt, sie wußten damit nichts anzufangen. Ihre Notdurft verrichteten sie anfangs weiterhin im Freien. Fast alle waren von Kleiderläusen übersät, man mußte darauf bedacht sein, mit ihnen nicht in körperliche Berührung zu kommen. Dies war aber bei einem Leben, wo Menschen sich immer wieder in Knäuel ballten, sei es beim Anstellen im Laden, sei es beim Straßenbahnfahren, nicht möglich. Ich selbst habe die Läuseplage zur Genüge verspüren müssen. Diese Biester trotzen sowohl größtem Frost als auch starker Hitze, ihnen ist nur mit speziellen hocherhitzten Öfen beizukommen. Solche Öfen gab es zwar in einer nahen Badeanstalt, die von den Russen benutzt wurde und wo man, während man badete, seine Kleider abgab, damit die Läuse dann im Ofen, der "Scharilka", abgetötet wurden. Ich konnte mich aber nicht durchringen, diese

Badeanstalt aufzusuchen, die, wie ich annahm, vorwiegend von den total Verlausten in Anspruch genommen wurde. Da wollte ich lieber selbst alles versuchen, um mit diesen Biestern fertig zu werden. Meine tägliche Beschäftigung vor dem Schlafengehen war, die Kleider von Remo und mir zu durchsuchen und, so gut es ging, von Läusen, die immer wieder auftauchten, zu befreien. Dabei thronte ich auf einem Stuhl, den ich auf den Tisch gestellt hatte, um der Funzel von einer elektrischen Birne - die Stromspannung war äußerst schwach - näher zu sein. Ich mußte mit so ziemlich allen Arten von Parasiten Bekanntschaft machen. Was die Wanzen betrifft, so hatte ich mich früher oft gewundert, weshalb im Sommer die Russen des Nachts ihr Bettzeug ins Freie brachten und auf den kleinen Rasenflächen vor den Häusern schliefen. Ich dachte, es wäre wegen der guten kühlen Luft, bis ich daraufkam, daß sie nur die Möglichkeit nützten, ihren Wanzen zu Hause die Nahrung zu entziehen.

Mit den Usbeken hat es einige schreckliche Vorkommnisse gegeben. Eines Tages verbreitete sich die Nachricht, daß im Betrieb einige wärmehungrige Usbeken über Nacht in einen noch warmen Härteofen gekrochen waren, um dort zu schlafen. Die Arbeiter, die am anderen Morgen kamen, wußten nichts davon und schalteten den Ofen ein. Die Usbeken verkohlten. Ein anderes Mal wurde erzählt, daß einem Usbeken bei einem Straßenbahnunfall die Beine abgetrennt worden waren. Bevor die Rettung zur Stelle war, schnitt ein anderer Usbeke dem Unglücklichen die Kehle durch. Er soll gesagt haben, es sei ihr Gesetz, daß ein Usbeke niemals als Krüppel weiterleben dürfe.

Ich kenne aber von Remo auch heitere Geschichten mit Usbeken. Für die Kinder waren sie schon wegen ihres Aussehens interessant: Sie hatten alle ein besticktes Käppi auf dem Kopf und steckten in einem bunten gesteppten Kaftan. Einige Usbeken waren zum Transport von Torf zur Heizzentrale unserer Siedlung kommandiert worden. Dieser Transport wurde mit kleinen Förderwagen auf Schienen bewerkstelligt, die händisch geschoben werden mußten. Die Kinder freundeten sich rasch mit diesem buntgekleideten Völkchen an, und die Usbeken ihrerseits tanzten den Kindern ihre temperamentvollen Tänze vor, wobei die Kaftane nur so flogen. Davon waren die Kinder so begeistert, daß sie mit den Usbeken einen Pakt schlossen: Sie schoben für sie einige Wägelchen mit Torf zur Heizzentrale, und die Usbeken tanzten dafür für die Kinder. Einfache reine Seelen finden immer bald zueinander.

Die Zentralheizung, die unsere Wohnungen versorgte, wurde eingestellt. Zum Kampf mit dem Hunger und den Läusen kam noch der Kampf mit der Kälte. In einer der Betriebszechen wurde die Produktion kleiner Blechöfen organisiert, die gegen einen Zuweisungsschein der zuständigen Arbeitsstelle billig abgegeben wurden. Anders wäre es unmöglich gewesen, zu einem Ofen zu kommen. Es waren Allesbrenner, die so konstruiert waren, daß man auf ihnen auch kochen konnte. Durch die Anschaffung eines solchen Öfchens konnte ich endlich den kleinen Elektrokocher entlasten, auf dem ich bis dahin hatte kochen müssen und den ich x-mal selbst notdürftig repariert hatte, wenn die Spirale wieder durchgebrannt war. Ein Kamin zur Ableitung des Rauches war in unserem kleinen Zimmer nicht vorhanden, den gab es nur in der Küche, die von der Familie der Alten benützt wurde. Ich mußte mir also auch Rohre über den Betrieb verschaffen, die durch das Fenster ins Freie geleitet wurden. Solche Rohre an den Fenstern, welche die Fassaden verunzierten, konnte man an mehreren Häusern sehen. Das größte Problem war aber die Beschaffung von Heizmaterial; zu kaufen gab es keines, man war aufs Stehlen angewiesen. Sehr bald waren alle Zäune und Einfriedungen in der Umgebung verschwunden, jedes Stück Holz war eine Rarität geworden. Ich war daher erstaunt, als ich einmal von der Arbeit nach Hause kam und auf unserem geschlossenen Balkon einen großen Holzklotz liegen sah. Was war geschehen? Woher kam dieses kostbare Geschenk? Remo klärte mich auf: Ein morscher Telegrafenmast neben unserem Haus mußte ausgewechselt werden. Die Arbeiter waren gekommen, hatten ihn umgelegt und für den Transport in mehrere Teile zersägt. Dann machten sie Mittagspause und gingen fort. Die Kinder aber, darunter mein Remo, waren auf Draht, taten sich zusammen und schleppten gemeinsam je einen der schweren Klötze in die Wohnungen ihrer Familien. Als die Arbeiter zurückkamen, um die Klötze abzuholen, gab es für sie keine Arbeit mehr, und ein paar Familien hatten dafür eine Zeitlang zu heizen.

Für die Bedürfnisse des Betriebes wurde Torf in Waggons herangebracht. Als einmal eine lange Kette solcher mit Torf beladener Waggons noch außerhalb des Betriebes in langsamer Fahrt auf den Gleisen verschoben werden mußte, wurde ich Zeuge einer Selbsthilfeaktion der Einwohner aus der nahen Barackensiedlung. Sie schienen bereits Erfahrung zu haben: Die Kinder sprangen behende wie Gazellen auf die langsam fahrenden Waggons und warfen so rasch wie möglich Torfstücke herunter, die von den Erwachsenen aufgelesen und schnell in Säcken verstaut wurden. Als der Zug endlich ins Werk einfuhr, war die ganze

Torfladung um ein beträchtliches geschrumpft. Durch dieses Beispiel angeregt, ging auch ich einmal mit Remo zusammen im Finstern Torf stehlen, nachdem mir aufgefallen war, daß auf den Gleisen eine Ladung Torf stand. Sie wurde natürlich bewacht, doch bis uns der Wächter bemerkte und anrief, hatten wir immerhin einige Ziegel Torf wegtragen können.

Diese Art der Versorgung mit Brennmaterial blieb aber nicht nur auf unsere privaten Bedürfnisse beschränkt, auch im Betrieb gingen wir für die Beheizung unseres Büros stehlen. Dort hatten wir ebenfalls einen kleinen Ofen bekommen, und um ihn heizen zu können, gingen wir abwechselnd Koks stehlen, der in einem Riesenhaufen vor einer der Nachbarhallen im Freien aufgeschichtet lag. Ich kann mich erinnern, wie einer unserer Ingenieure, der sehr nette Bunatjan, ein Armenier, als er an der Reihe war, verwirrt zurückkam und sagte, er hätte sich geschämt, als ihn ein Arbeiter aus der Halle, der ihn beim Stehlen erwischte, davongejagt und ausgeschimpft hatte.

Einmal, als ich zu Hause war, rüttelte es überaus heftig von außen am Ofenrohr. Das konnte nicht der Wind sein! Ich riß die Tür auf und sah zwei Soldaten - sie waren in der Nähe stationiert - mit meinem Ofenrohr davonlaufen, meinem Schatz von einem Ofenrohr, das nirgends zu haben war! Ich begann zu schreien und lief den beiden nach. Tatsächlich ließen sie die Rohre im Laufen fallen, und ich atmete auf. Wie sich später herausstellte, zu Unrecht. Es war wohl für die ebenso wie wir frierenden Soldaten verlockend, aus einem Parterrefenster Ofenrohre abzumontieren, um sie für sich zu verwenden. Kurz darauf, als ich eines Abends heim kam, waren die Rohre endgültig weg. Die Soldaten hatten ausgekundschaftet, wann ich nicht zu Hause war, und nun hatten wir die Bescherung! Die folgenden Tage konnten wir nicht heizen, bis es mir gelang, über den Betrieb neue Rohre zu beschaffen. Wir mußten frieren. Ganz neu war das für uns nicht, denn es hatte schon früher Tage gegeben, wo unser Ofen streikte. Wenn an Wintertagen auf der Brücke über die Wolga 40 Minusgrade gemessen wurden und der Schneesturm gegen unsere Hauswand tobte, gelang es oft nicht, den Ofen zu heizen, weil der Rauch wegen des Sturmes nicht entweichen konnte. Alle Mühe war dann vergebens. Da bekam sogar das Wasser in unserer Kanne eine Eiskruste. Zum Schlafengehen zogen wir dann die Kleider nicht aus, legten uns beide in ein Bett und deckten uns mit allen Decken und Mänteln zu, die wir hatten. Die berüchtigten "Meteli", die russischen Schneestürme, erreichten gewöhnlich im Februar ihren Höhepunkt. Dann mußte man sich auf dem Weg zur Arbeit durch hohe Schneewächten durchkämpfen, die Spuren wurden gleich wieder verweht.

Trotzdem will ich nicht behaupten, daß ein russischer Winter nur Schattenseiten hat. Unter anderen Umständen hätte auch der strenge russische Winter seine Reize gehabt. Es sah sehr romantisch aus, wenn an einem eiskalten Wintertag die Sonne an einem blauen Himmel stand, wenn die kleinen Häuser scharfe blaue Schatten warfen und der Rauch aus den Schornsteinen dicht und weiß wie Watte kerzengerade zum Himmel stieg. Der Schnee knirschte unter den Füßen, und die feuchte Atemluft setzte sich in feinen Eiskristallen an Augenbrauen und an Haaren ab, so daß man wie ein Christkindl aussah. Auch die Köpfe der Zugpferde waren dann vom Dampf aus ihren Nüstern mit weißen Kristallen überzogen. Selbst der strengste Winter hätte seine Schrecken verlieren, das Leben hätte trotz alledem schön sein können. Voraussetzung dafür wäre nicht mehr gewesen, als ein satter Magen, ein warmes Zimmer und neben dem Kind auch den Gefährten an der Seite zu haben.

Das schöne Leben wurde uns damals in einem Film vorgeführt, der aus Amerika kam. Er hatte den Titel "Der große Walzer" und behandelte sehr frei das Leben von Johann Strauß-Sohn. Dieser Film brachte die Menschen völlig durcheinander, jeder mußte ihn gesehen haben. In diesen Zeiten voll Elend und Not wirkte dieser Streifen mit den schönen Melodien, den schönen Frauen und dem darin gezeigten unbeschwerten und fröhlichen Leben wie Balsam. Auf einmal wurde einem bewußt, daß es auch etwas anderes geben konnte als diesen schrecklichen Krieg. Ich war doppelt gefangengenommen von diesem Film, zeigte er mir doch, wenn auch in verzerrter Hollywood-Manier, ein Bild meiner Heimat und meiner Landsleute. Ich sah ihn zusammen mit Cilly Martinek, und am Nachhauseweg tanzten wir beide Walzer. Die Mädchen im Büro begannen mich dafür zu beneiden, daß ich aus diesem schönen Land mit diesen schönen Melodien komme, und baten mich, ihnen Walzer vorzutanzen. Daß dieser Film, der Österreichs Prestige in der Sowjetunion so gefördert hat, in Wirklichkeit eher ein Produkt von mittelmäßiger Qualität war, begriff ich erst, als ich wieder in Österreich war.

Gegen die Verwahrlosung

Remo war sehr selbständig geworden, er hatte es unter den gegebenen Umständen werden müssen. Er packte überall an, wo es seine Kinderhände erlaubten, spaltete Holz, heizte ein und stellte unsere tägliche Erdäpfelsuppe auf. Einmal, als ich nach Hause kam, schwamm die Suppe auf dem Boden, und der kleine Garik aus der Wohnung von nebenan heulte bitterlich, weil Remo ihn verprügelt hatte. Er hatte mit einer ungeschickten Bewegung den Topf mit der Suppe vom Ofen geworfen, was

Remo, der das Produkt seiner Arbeit auf dem Boden schwimmen sah, aus dem Häuschen gebracht hatte. Es gelang mir, die beiden zu trösten, und wir stellten eine neue Suppe auf. Die Eltern von Garik waren sympathische fleißige Leute, der Mann war Koreaner, die Frau aus dem Kaukasus. Die Frau war manchmal tagelang fort, wenn sie aufs Land ging, um für die vierköpfige Familie Lebensmittel einzutauschen. Garik war ein sehr drolliger kleiner Lausbub mit Schlitzaugen, dem immer die Rotzglocke von der Nase hing. Ich habe ihn nie anders gesehen. Seine Mutter bot mir an, ihre Nähmaschine zu benützen, als sie sah, wieviele Näharbeiten ich mit der Hand verrichten mußte. Unsere Kleidungsstücke machten nämlich eine mehrmalige Metamorphose durch: aus einem abgeschabten Mantel von mir entstand ein Mantel für Remo, aus einem Rock von mir eine Hose, aus einer Decke ein warmer Anzug usw. Die Nähkünsteleien, die mir so sehr zugute kamen, hatte ich seinerzeit der Tante abgespickt. Sie ermöglichten es, daß wir zwar ärmlich, aber immerhin ordentlich gekleidet waren.

Als ich einmal die Wohnung einer ausländischen Familie betrat - die Frau war Amerikanerin, die bessere Zeiten gesehen hatte -, prallte ich fast zurück, denn es sah aus wie in einer Köhlerhütte. Die Ofenheizung hatte alles verrußt, und die Frau, früher an eine bequeme Haushaltsführung gewöhnt, konnte mit dem Schmutz nicht fertig werden. Als ich nach Hause kam, nahm ich sofort das eigene Zimmer unter die Lupe und fand, daß auch meine Wände ziemlich verrußt waren, wenn auch nicht in dem gleichen Ausmaß. Aber was konnte ich dagegen tun? Material zum Weißen konnte man nicht auftreiben. Aber waschen konnte man doch die Wände! Ich nahm einen Kübel mit Wasser und begann, die Wände abzuwaschen. Sie sahen nach getaner Arbeit freilich nicht gerade schön aus, aber es war doch etwas freundlicher im Zimmer geworden und ich hatte das Gefühl, eine Schlacht gegen die Verwahrlosung gewonnen zu haben. Ich versuchte auch einmal die Wäsche nur mit Soda zu waschen, als lange Zeit keine Seife aufzutreiben war. Richtig rein ist sie natürlich nicht geworden, aber ich hatte gewaschene Wäsche! Ein Beispiel aus der Friedenszeit, an das ich mich erinnerte, hatte mich angespornt. Als ich einmal im Sommer am Strand der Oka gelegen hatte, konnte ich einen Russen beobachten, der in schmutzigen Kleidern zum Fluß kam, sich splitternackt auszog und begann, seine Kleider im Fluß ohne Seife zu waschen. Er legte sich dann nackt, wie er war, in den Sand und wartete ab, bis seine Kleider trocken waren. Dieser Russe hatte mir damals Hochachtung abverlangt.

Trotz der vielen Professionen, die ich gezwungen war auszuüben - Betriebsarbeit, Feldarbeit, Hausarbeit plus allem, was dazugehörte, glaubte ich einmal Strickarbeiten, für welche die Leute gut zahlten, noch übernehmen zu können. Doch als es zweimal vorgekommen war, daß ich mich in der Morgendämmerung angezogen auf dem Bett liegend fand, die Strickarbeit neben mir, gab ich es wieder auf. Ich war während des Strickens eingeschlafen und schlief fest die ganze Nacht hindurch, so wie ich umgefallen war. Ich brauchte mich zur Arbeit nicht erst anzuziehen. Es gab Momente, wo der Körper, ohne daß es mir bewußt war, alle seine Funktionen abschaltete. Wenn ich dann zu mir kam, merkte ich, daß ich wie eine Statue dagesessen und an nichts gedacht hatte, auch das Gehirn hatte sich ausgeruht.

Wenn ich heute an diese Zeit zurückdenke, so wundere ich mich selbst darüber, was ich damals alles zu leisten imstande war. Nur ein junger und konstitutionell gesunder Organismus konnte solchen massiven Belastungen standhalten. Dazu hatten seinerzeit die gesunden Sommerferien im Waldviertel bei der Tante gewiß eine gute Grundlage gelegt. Doch ganz entscheidend war die Tatsache, daß ich für ein Kind zu sorgen hatte. Wenn auch der harte Daseinskampf mit einem Kind doppelt so schwer war, so bezog ich gerade aus dieser Tatsache die Kraft, ihn mit aller Konsequenz zu führen.

Dem Kriegsende entgegen

Nun, da das Ende des Krieges und sein Ausgang abzusehen waren, kristallisierten sich bei mir zwei große Wünsche für die Zukunft heraus: Wenn der Krieg zu Ende sein wird, dann werden wir in die Heimat zurückkehren können. Und: Wenn der Krieg zu Ende sein wird, dann werden sich auch die Verhältnisse im Inneren entspannen, und Dino wird zu uns zurückkehren. Alle Sehnsüchte rankten sich um diese beiden Wünsche - aber auch die Angst, daß sie nicht in Erfüllung gehen könnten.

Mit dem Vorrücken der Sowjettruppen in jene Gebiete, die von den Deutschen besetzt gewesen waren, kamen auch die von deutschen SS-Truppen verübten Greuel ans Tageslicht. Fast unglaublich schien uns die Grausamkeit, von der berichtet wurde, daß die Deutschen etwa Autos als Vernichtungsmaschinen für Menschen eingesetzt hatten. Man hatte sie lebend hineingestopft, und als Leichen wurden sie ausgeladen. Daß die Nazis eine noch viel rationellere Art von massenweiser Menschenvernichtung in speziellen Vernichtungslagern mit Gas ersonnen hatten, davon wußten wir damals noch nicht.

1943 kam die Nachricht von den Luftangriffen der Amerikaner auf Österreich und auf meine Heimatstadt Wien. Meine Gedanken waren natürlich bei meinen Freunden und Verwandten, die ich dort zurückgelassen hatte und um die ich bangte, hatte ich doch selbst die Schrecken von Bombardierungen kennengelernt! Unter meinen engeren Mitarbeiterinnen gab es eine einzige, die glaubte, ihrem Patriotismus dadurch Ausdruck geben zu müssen, daß sie diese Bombardierungen lautstark begrüßte, mit einem Seitenblick zu mir herüber. Sie blieb damit aber allein.

Es wurde schon lange Zeit davon geredet, daß die alliierten Westmächte durch die Eröffnung einer zweiten Front die Armeen der Sowjetunion entlasten sollten. Alle warteten wir ungeduldig auf die Eröffnung dieser zweiten Front, und man rätselte über den Ort und den Zeitpunkt. Als im Juni 1944 im Radio verlautbart wurde, daß die alliierten Truppen in der Normandie gelandet waren, atmeten wir alle auf. Nun stand fest, daß der endgültige gemeinsame Sieg über die deutschen Truppen nur mehr eine Frage der Zeit war. Ich berichtete bereits, daß ich aus den Informationen, die bis zu uns drangen, nicht entnehmen konnte, wieviele europäische Länder von Hitler besetzt worden waren. Hier war alles auf den "Großen Vaterländischen Krieg" ausgerichtet gewesen, der nun seinem Ende entgegenging. Die verkrampfte Atmosphäre des Krieges begann sich mit den Erfolgen an den Fronten langsam zu lockern.

Im Betrieb gab es verschiedentlich Umstellungen und Reorganisierungen. Bei einer dieser Umstellungen erinnere ich mich einer Maßnahme, die eine "österreichische Lösung" hätte sein können. Im URGAS tauchte ein neuer "Natschalnik" auf, der die Aufgabe hatte, eine Sonderabteilung für heikle und kriegswichtige Konstruktionen zu bilden, für die er sich gute und verläßliche Mitarbeiter auswählen konnte. Als die Wahl auch auf mich fiel, gab es deshalb Probleme bei den leitenden Instanzen. Ich galt zwar als durchaus verläßlich, doch kam man nicht darüber hinweg, daß ich die Frau eines Inhaftierten und Ausländerin war. Die Lösung war salomonisch: Ich durfte die Arbeiten zwar machen, sollte aber offiziell auf diesen besonderen Zeichnungen nicht aufscheinen. Deshalb durfte ich nicht, wie es sonst üblich war, meinen Namen unter die kopierte Zeichnung setzen, die Rubrik für die Unterschrift des Kopierers blieb leer.

Als im letzten Kriegsjahr eine spezielle Materialversorgungs-Abteilung gebildet wurde, berief man mich in diese Abteilung als Dispatcher. Der Leiter dieser Abteilung, Schattensteinas, kam aus dem Baltikum. Er bildete ein Kollektiv aus Mitarbeitern, die aus verschiedenen Abteilungen des Werkes kamen. Dort herrschte ein angenehmes Betriebsklima, und mit den neuen Mitarbeitern verstand ich mich sehr gut. Mit noch zwei anderen Dispatchern - wir lösten uns rund um die Uhr ab - sorgte ich für die Zustellung des ankommenden Baumaterials an die entsprechenden Stellen. Die Arbeit war leicht, und die Schichtarbeit gab mir die Möglichkeit, öfter auch tagsüber zu Hause zu sein. Das Wichtigste aber war: Als Dispatcher gehörte man zur Kategorie "Ingenieure und technische Arbeiter" und somit bekam ich auch die höhere Brotration, nämlich 200 Gramm mehr pro Tag.

Innerhalb eines kleineren Mitarbeiterstabes war die Atmosphäre intimer als im URGAS. So hatte z.B. eine kleine Feier vor einem der großen Festtage fast familiären Charakter. Natürlich wurde dabei Wodka getrunken, und man sang russische Lieder, diese schönen, schwermütigen alten Lieder, in denen sich die legendäre Tiefe der russischen Seele widerspiegelt, wie beim schönen Lied vom heiligen Baikalsee und der Flucht des Gefangenen aus zaristischer Verbannung, dem die Mädchen Brot und die Burschen Machorka (Tabak) zustecken und den die wilden Tiere des Waldes nicht antasten. Schmerz und Leid haben sich in diesen alten russischen Liedern niedergeschlagen, Schmerz und Leid, die es immer schon gab, ob unter der Herrschaft der Bojaren und der Zaren, ob nach der Revolution, ganz aufgehört hatten sie nie!

Aus dieser Zeit rührt meine Bekanntschaft mit Andrej Iwanowitsch. (Ich habe mir undankbarerweise nur die beiden Vornamen gemerkt.) Andrej Iwanowitsch blieb manchmal, wenn ich Dienst hatte, nach der Arbeitszeit noch eine Weile da, um mit mir zu plaudern. Dabei stellte sich heraus, daß auch er bereits Bekanntschaft mit dem NKWD gemacht hatte. Er war eingesperrt gewesen und hatte offiziell ein Verbot bekommen, im Umkreis von Gorki zu wohnen.

Doch da er im Autowerk arbeitete, wurde es offenbar stillschweigend zur Kenntnis genommen, daß er hier bei seiner Familie auch wohnte, er wurde nicht behelligt. Er strahlte Ruhe aus und kam mir vor, wie ein gutmütiger russischer Bär. Früher war er Matrose auf einem Wolgaschiff gewesen, und er erzählte mir manchmal seine Matrosengeschichten. Dabei schlug die Sehnsucht nach einem besseren sorgenfreien Leben durch. "Ich möchte auch lieber einen schönen Anzug tragen!" rief er einmal aus und deutete auf die übliche billige wattierte Steppjacke, die er trug. Und ich begann ihm zu "erklären", daß dies alles noch kommen würde, wenn einmal alle Schwierigkeiten in diesem Land überwunden seien. Für diese "Belehrungen", die Andrej Iwanowitsch mit Geduld und mit einem sarkastischen Lächeln hinnahm, kann ich mich heute nur schämen. So wie Andrej Iwanowitsch sehnten sich noch Millionen von Menschen danach, aus der Ärmlichkeit ausbrechen und ein schöneres Leben führen zu können.

Ich hatte wieder einmal hohes Fieber bekommen, mit hoher Wahrscheinlichkeit ein Malariaanfall. Doch dieses Mal durfte ich nicht zu Hause bleiben, denn es grassierte eine epidemieartige Infektionskrankheit, und der Arzt wies mich vorsichtshalber in ein Krankenhaus ein. Für

Remo sorgte inzwischen Gusti. Ich machte mir Gedanken über unseren Erdäpfelvorrat, den ich unter dem Bett verstaut hatte. Es war Winter, und wenn das Zimmer mehrere Tage nicht geheizt würde, dann konnten die Erdäpfel, unser Hauptnahrungsmittel, erfrieren. Es blieb mir nichts anderes übrig, als zu hoffen, daß die Kälte nicht sehr arg sein würde. Doch als ich nach ein paar Tagen wieder entlassen worden war und sofort nach den Erdäpfeln sah, waren sie tatsächlich erfroren und ungenießbar geworden. Das war wieder eine kleine Katastrophe, und ich erzählte davon auch Andrej Iwanowitsch. Bald darauf teilte er mir mit, daß er und seine Familie zur Genüge mit Erdäpfeln eingedeckt seien, er könne mir gerne einen Sack davon abtreten. Ich nahm dieses rettende Geschenk natürlich mit großer Freude und Dankbarkeit an. Auch den tapsigen, gutmütigen Andrej Iwanowitsch zähle ich zu meinen Schutzengeln. Trotz meines guten und freundschaftlichen Verhältnisses zu meinen Mitarbeitern lernte ich das häusliche Leben russischer Familien leider kaum kennen. Es hatte niemand Lust, sich wegen "Umgangs mit Ausländern" Schwierigkeiten aufzuhalsen. Ich hatte dafür Verständnis.

Die russischen Armeen näherten sich bereits Wien, es war nur mehr eine Frage von Tagen, bis sie dort einmarschieren würden. Mit fieberhafter Spannung wartete ich auf die diesbezügliche Meldung im Radio. Ich war gerade zu Hause, als am 13. April 1945 aus dem Lautsprecher über unserer Tür die Worte kamen, daß unsere Truppen nach schweren Kämpfen die Stadt Wien befreit haben. Es folgte der übliche Salut, der diesmal einen besonderen Klang hatte, der Salut für Wien. Das war der Moment, auf welchen ich die langen Kriegsjahre hindurch mit Hoffen und Bangen gewartet hatte. Damit mir ja kein Wort entgehe und um besser verstehen zu können, bestieg ich einen Stuhl und hielt mein Ohr ganz nahe an den Lautsprecher über der Tür. Remo hörte von unten gespannt mit. "Aber Mama!" rief er, als er Tränen über meine Wangen laufen sah, "warum weinst Du?" Und nach einer Pause: "Ach, ich weiß, auch aus Freude kann man weinen!" Für diese Stunde hatten Gusti und ich ein paar Keks und etwas Wein gespart. Schnell packte ich Remo bei der Hand, und wir liefen zusammen zu Gusti. Das war ein Fest! Wir aßen Keks und tranken Wein und ließen unsere befreite Heimat, die nun wieder ganz nahe gerückt war, hoch leben. Es hat seither kein anderes Fest gegeben, das ich mit ebensolcher Bewegung und Freude gefeiert hätte.

Eine Woche nach der Befreiung von Wien wurde bereits um Berlin gekämpft. Nun bewahrheiteten sich die Worte eines der meist gesungenen russischen Kampflieder: "... und auf Feindes Erde schlagen wir den Feind". Die verdunkelten Fenster wurden überall frei gemacht, das Licht konnte wieder Einzug halten. Die Augen dankten es. Auch der nerventötende Lärm der Flugzeugmotoren im Betrieb hörte auf, man brachte alles wieder auf seine alten Plätze. Von den spanischen Piloten aus unserer Siedlung, die sich durchwegs zur Front gemeldet hatten, war keiner zurückgekommen. Sie hatten eine alte Rechnung mit den deutschen Faschisten zu begleichen gehabt. Welch weltweites Trümmerfeld dieser Krieg zurückließ, daß er allein in der Sowjetunion 20 Millionen Menschenleben forderte, wozu noch die zahllosen Zerstörungen materieller Güter, wie von mehr als 30.000 Industriebetrieben kamen, das war damals noch nicht errechnet worden.

Ich begann Briefe zu schreiben: einen Brief an die österreichische Kominternvertretung in Moskau, um wegen der Heimreise anzufragen. Andere Briefe schrieb ich nach Hause an meine Verwandten und Freunde. Die Post funktionierte. Es kam ein Brief von der Anna-Tante, aber es war ein trauriger Brief. Sie teilte mir mit, daß mein Vater im Juni 1945 gestorben war. Nun konnte er seinen Enkel nicht mehr sehen, über den er sich gewiß sehr gefreut hätte. Aus Moskau kam ein Brief von Friedrich Hexmann, die anderen führenden Genossen waren zu dieser Zeit bereits in Österreich. Nun klappte also auch diese Verbindung. Er schrieb, daß Fürnberg mir auf meinen Brief von 1939 geantwortet hätte, um mir die Rückreiseabsicht auszureden. (Solch ein Brief hat mich aber nie erreicht.) Die Heimreise würde sich noch etwas verzögern, denn "vorerst muß die Anerkennung der österreichischen Regierung und die Aufnahme der diplomatischen Beziehungen erfolgen". Ich würde natürlich als Mitglied der österreichischen Partei zählen, und ich möge inzwischen die noch verbleibenden Monate nützen, um nochmals die Geschichte der russischen Partei, die Nationale Frage von Stalin und andere Parteiliteratur gründlich durchzunehmen, denn man werde mich in Österreich als Lektor an einer Parteischule brauchen. Letzteres konnte ich mir allerdings nach mehr als zwölfjähriger Abwesenheit aus dem Parteileben schwer vorstellen. Man hatte in Moskau offensichtlich keine Ahnung, wie das Leben in Gorki ausgesehen hat. Was die Bildung einer Provisorischen Österreichischen Regierung betraf, von der im Brief die Rede war, so hatte ich davon durch einen kurzen Zeitungsbericht erfahren. Die TASS berichtete über diese erste österreichische Regierung unter Karl Renner und gab deren namentliche Zusammensetzung bekannt. Renner betrachtete ich zwar als einen bekannten sozialdemokratischen Opportunisten, doch die Tatsache, daß in dieser aus Sozialdemokraten, Christlichsozialen und parteilosen Antifaschisten zusammengesetzten Regierung auch drei Kommunisten - Johann Koplenig, Franz Honner und Ernst Fischer - an einflußreichen Stellen saßen, weckte in mir falsche Vorstellungen. Ich nahm an, daß diese Regierung die realen politischen Verhältnisse widerspiegeln würde. Nach den bitteren Erfahrungen der Hitlerzeit, so dachte ich, würden jetzt alle am gleichen Strang ziehen und gemeinsam ein neues Österreich aufbauen wollen. Auch die Kommunisten würden dabei eine entscheidende Rolle spielen, und ich befürchtete geradezu, daß für mich nichts mehr zu tun übrig bleibe, wenn ich nicht bald die Rückreise antreten könne. Die letzten Monate arbeitete ich wieder in meiner alten Abteilung, im URGAS, und nun war es auf einmal auch dort möglich, mich in die Kategorie der "Ingenieure und technischen Arbeiter" einzureihen, womit meine größere Lebensmittelration gesichert blieb. 1946 wurde eine größere Anzahl von Betriebsangehörigen mit einer Medaille ausgezeichnet. Es war dies die Medaille "Für heldenmütige Arbeit im Großen Vaterländischen Krieg 1941 - 1945". Mir wurde sie zusammen mit einer Gruppe von Betriebsangehörigen bei einer feierlichen Veranstaltung überreicht. Sie zeigt auf der Vorderseite das Bild Stalins mit den Worten: "Unsere Sache ist gerecht, wir haben gesiegt!", womit auf die Worte Molotows bei Beginn des Krieges Bezug genommen wird. 1982, zu den 50-Jahr-Feiern des Autowerkes, wurden die Inhaber dieser Medaille besonders geehrt. Bei mir ruht sie bis heute in der Ecke einer Schublade.

Die Heimkehr

Im Winter 1946 kam endlich der langersehnte Ruf nach Moskau, die Heimreise war aktuell geworden. An den folgenden Tagen und Nächten ergriff mich eine euphorische Hochstimmung. Was ich in finsteren Kriegszeiten oft kaum noch zu hoffen gewagt hatte, das wurde nun wahr, einer meiner zwei großen Wünsche sollte in Erfüllung gehen! Der andere Wunsch, die Rückkehr von Dino, wird sich vielleicht auch erfüllen, begann ich zu hoffen. Vor Aufregung konnte ich nur wenig schlafen, tausend Gedanken jagten nachts durch meinen Kopf. Ich schwankte zwischen Hochstimmung und Skepsis hin und her: Ich werde als eine Andere nach Österreich zurückkehren. Ich hatte das Gefühl, sehr alt geworden zu sein. Ich dachte an meine geliebten Berge und den Wienerwald. Werde ich noch genug Kraft haben, um einen Berg zu besteigen, oder ist das endgültig vorbei? Aber kleine Wanderungen mit meinem Sohn werde ich doch machen können! Darauf freute ich mich.

Ich nahm Abschied vom Betrieb. Die Mädchen vom Kopierbüro wollten ein Foto zum Andenken, und Galja Remisowa arrangierte es, daß wir uns gemeinsam fotografieren ließen. Ich besitze noch die Fotos, auf denen sich sechs Mädchen unterschrieben haben und Galja die Worte hinzufügte: "Besser, Du erinnerst Dich und schaust nach, als Du schaust nach und erinnerst Dich!" Auch vom guten Andrej Iwanowitsch ging ich mich verabschieden. Ich würde gerne wissen, was aus allen meinen Freunden von damals geworden ist, ob und wie sie heute leben. Leider hat es mit der Korrespondenz nie richtig funktioniert, sehr oft sind Briefe nicht angekommen. Den letzten erhielt ich 1950 von Galja, sie hatte ihn im Auftrag des URGAS-Kollektivs geschrieben. Mehrere Mitarbeiter haben ein paar nette Worte dazugeschrieben. Auch der Architekt Serafim Michailowitsch Ljubimow ließ grüßen. Galja schrieb, daß nun das Leben besser geworden sei, und das freute mich am allermeisten, denn das wünschte ich allen von ganzem Herzen.

Vor der Abreise gab es noch einen Abschied, der mich sehr berührt hat. Remos Kumpan Ludwig, der wußte, daß ich ihn der vielen gemeinsamen Streiche wegen nicht gerne zusammen mit Remo sah, hatte seine Mutter dazu überredet, mit ihm zu kommen, da er sich von Remo verabschieden wollte. Das Abschiednehmen der beiden etwas verlegenen zwölfjährigen Buben ging mir nahe, und ich erkannte in diesem Moment, daß es ein Fehler gewesen war, Remo vom Umgang mit Ludwig, diesem Lausbuben mit dem guten Herzen, abhalten zu wollen. Ludwig war es doch auch, der Remo, als dieser im Sommerlager mit Malaria im Bett lag, Beeren aus dem Wald mitgebracht hatte. Auch vom "Ludwig von Bayern" weiß ich nicht, wie sich sein weiteres Leben gestaltet hat - er ist gewiß ein waschechter Russe geworden.

Und dann war es endlich so weit, und ich bestieg mit Remo den Zug nach Moskau. Die 400 km weite Distanz zwischen Gorki und Moskau bedeutet für russische Entfernungsbegriffe nicht mehr als einen Katzensprung. Aber die mehrstündige Fahrt im mit lärmenden Menschen überfüllten Eisenbahnwaggon stellte an das Kind große Anforderungen. Wir verließen den Zug in Moskau mit Erleichterung, um zum Hotel LUX zu fahren, wo Hexmann, unser österreichischer Parteivertreter, wohnte. In den langen Korridoren des Hotels fanden wir seine Türe - sie war verschlossen. Es gab keine andere Möglichkeit, als daß wir uns mit dem Gepäck im Korridor niederließen und auf sein Kommen warteten. Doch das dauerte lange, und plötzlich fing das Kind, das mit den Nerven fertig war, heftig zu weinen an. Da öffnete sich eine der Nebentüren und eine Frau, ich kann nicht sagen, welcher Nationalität, bedeutete uns, zu ihr hineinzukommen. Ohne Worte legte sie den Buben auf ihr Sofa, wo er ausruhen und sich beruhigen konnte. Als der Genosse Hexmann endlich kam, war es ein Wiedersehen nach mehr als 14 Jahren. Er informierte mich, daß die russische Organisation der "Roten Hilfe", die "MOPR", die Rückführung der Emigranten übernommen habe und daß es voraussichtlich noch mehrere Tage dauern werde, bis ich mit einer Gruppe von Österreichern in die Heimat fliegen könne. Wir bekamen ein Zimmer in einer Dependance des Hotels zugewiesen, in dem bereits einige andere Österreicherinnen und auch ein kleines Kind untergebracht waren und in dem es begreiflicherweise sehr eng war. Es war knapp vor Neujahr und die klein gewordene Gruppe der österreichischen Kommunisten im LUX feierte aus diesem Anlaß, und man lud auch mich dazu ein. Da sich unter meinen Habseligkeiten kein Kleidungsstück befand, das halbwegs festlich ausgesehen hätte, wurde mir von der freundlichen, im Hotel LUX wohnenden Betty Zucker ein hübsches Kleid geborgt. Unsere Wartezeit bis zum Abflug nützten wir zu Spaziergängen im winterlichen Moskau und zum Besuch der Tretjakow-Galerie. Remo und ich konnten uns dort nicht sattsehen, wir gingen zweimal hin. Im LUX hatte Remo sich inzwischen mit anderen Kindern der verschiedensten Nationalitäten angefreundet, die in Ermangelung anderer Spielgefährten in den Gängen des Hotels ihren Unfug trieben und den Hausverwalter, der die Aufsicht über das Hotel hatte, ärgerten. Einer von ihnen war daraufgekommen, daß der vollbesetzte Aufzug stehen blieb, wenn man von außen ein Taschenmesser in das Schlüsselloch steckte. Das mußte mehrmals ausprobiert werden, und es war für sie ein Heidenspaß, die Leute im Aufzug stecken zu sehen.

Im Büro der MOPR hatte ich eine Begegnung, über die ich mich besonders freute: ich traf dort meine Jugendgenossin aus früheren Jahren, Genia Lande. Ihr Abflugtermin war bereits fixiert. In ihrer Moskauer Wohnung hatten wir uns dann viel zu erzählen, und ich konnte manches für mich Neue von ihr erfahren. Ihren Mann, den Physiker Franz Quittner, den ich ebenfalls aus dem Jugendverband kannte und der in Moskau wissenschaftlich tätig gewesen war, hatte das gleiche Schicksal ereilt wie Dino. Die Verhaftungen hatten sich über das ganze Land erstreckt und auch vor Funktionären der Komintern nicht Halt gemacht. Doch das ganze unwahrscheinliche Ausmaß des Wütens des NKWD, durch das Millionen von Menschen in die Lager und in den Tod geschickt worden waren, war uns damals noch nicht bekannt. Auf der anderen Seite, in Österreich, waren unsere besten Jugendgenossen und Freunde durch die Nazis grausam umgekommen. Erst in Moskau habe ich vom schrecklichen Tod Leo Gablers, unsres "Heini" erfahren und von Willi Frank, der im Partisanenkampf gefallen war und an dessen Herzlichkeit bei meinem Abschied von Wien ich mich zurückerinnerte. Er hatte mir damals Glück gewünscht. Wir haben es beide nicht gehabt. Deren beider Tod hat mich besonders geschmerzt. Ich erfuhr auch, daß die russische Armee beim Einmarsch in Österreich nicht wie ich annahm, triumphal empfangen wurde und daß es sogar Übergriffe und Vergewaltigungen von Frauen gegeben hatte. Dies zu erfahren, ernüchterte mich nicht nur etwas, sondern es rückte auch meine falschen Vorstellungen zurecht, mit denen ich sonst zu Hause angekommen wäre. Es blieben übrigens noch genügend andere falsche Vorstellungen übrig.

Eines Tages saßen wir dann, Remo und ich, zusammen mit einigen Österreichern und ein paar Russen in einem Flugzeug, das in Richtung Wien flog. Nun verließ ich dieses Land, in dem ich 14 Jahre lang gelebt hatte, das so schicksalhaft für mich gewesen und das trotz allem eine Art zweite Heimat für mich geworden war. Hier war ich zum ersten Mal Dino begegnet, hier mußten wir uns schon einmal trennen, um uns in Wien wiederzufinden. Voll Vertrauen waren wir wieder in dieses Land gekommen und hier kam unser Kind zur Welt. Nun mußte ich dieses Land ohne Dino verlassen. Als sich nach der Zwischenlandung in Lemberg (Lwow) die Maschine wieder erhob und zur letzten Flugstrecke ansetzte, waren wir alle sehr aufgeregt. Bald merkte ich, als ich hinunterblickte, daß die Flächen langgestreckter Felder einem Fleckerlteppich aus vielen kleinen Feldern Platz gemacht hatten. Da wußte ich: wir fliegen über Österreich. Und dann setzte die Maschine auf österreichischem Boden am damaligen Flughafen der russischen Besatzungsmacht in Vöslau auf. Während der Fahrt mit einem Autobus von Vöslau nach Wien sah ich mir neugierig die Menschen an, die vorbeigingen. Ich suchte etwas typisch Österreichisches an ihnen, fand aber nichts. Sie teilten keineswegs die Feierlichkeit der Stunde mit mir, sondern stapften teilnahmslos im Schneematsch dahin. Als ich dann mit klopfendem Herzen in das Haus in der Wasagasse eintrat, in dem sich das ZK befand, und die breite Treppe hinaufeilte, kam mir als erster Pepi Lauscher, einer meiner alten Jugendgenossen, entgegen. Wir umarmten uns herzlich. Der Pepi gehörte zu jenen, die das Glück gehabt hatten, durch Flucht lebend aus dem Nazi-KZ herauszukommen. Nach einem kurzen Aufenthalt bei Friedl Fürnberg, dem ich vereinbarungsgemäß unsere Ankunft meldete, ging es dorthin, wo man uns beide bereits erwartete und ein Zuhause bot, zu meiner zweiten Mutter, der Anna-Tante. Als die Tür zur kleinen Wohnung aufging, konnte ich sie, nach der ich mich so oft gesehnt hatte, endlich umarmen. Auch an ihr waren die 14 Jahre nicht spurlos vorübergegangen, sie war stiller und ernster geworden. Sie hatte es mit einer winzigen Rente sehr schwer gehabt, und mit meinem Vater, der mit einer Lebensgefährtin lebte, hatte sie sich überworfen, auch von ihm kam keine Unterstützung.

IN DER ZWEITEN REPUBLIK

Wiedereingliederung

Ich mußte mich nun an eine völlig neue Situation anpassen und zur Kenntnis nehmen, daß vieles anders war, als ich es erwartet hatte. Bei den sehr rasch nach Kriegsende, bereits im November 1945 abgehaltenen Wahlen zum Nationalrat hatte die KPÖ nur enttäuschende 5 % der Stimmen erhalten. In der darauf gebildeten Regierung gab es neben Vertretern der Volkspartei und der Sozialisten nur mehr einen Kommunisten, den Energieminister Karl Altmann, der 1947 wieder ausschied. Ich begriff, daß um das Vertrauen der Österreicher noch hart gerungen werden mußte, und stellte mich auch darauf ein. So wie früher wollte ich der Partei im Bestreben nach einer sozialistischen Orientierung meine ganze Energie und Tatkraft zur Verfügung stellen. Vorerst aber stand die Frage der materiellen Existenz im Vordergrund. Fürs erste gab es durch die Partei sehr bescheidene finanzielle Aushilfen, die in Abständen von ein paar Tagen bei der Genossin Anna Lagler geholt werden mußten. (Dieses durch und durch verläßliche Faktotum mit dem Pseudonym "Martha" hatte die Parteiführer Koplenig und Fürnberg von der Parteizentrale in der Alserstraße in die Sowjetunion und wieder zurück nach Österreich begleitet.) Mir waren diese Wege äußerst zuwider, ich wollte daher so rasch wie möglich zu arbeiten beginnen, um mir mein Geld verdienen zu können. Ich ging zu Fürnberg, um mit ihm darüber zu sprechen. Fürnberg fragte mich, für welche Art von Arbeit ich Interesse hätte. Darüber hatte ich bereits nachgedacht und antwortete, daß ich am liebsten bei einer Zeitung mitarbeiten möchte, eine redaktionelle Tätigkeit würde mich am meisten interessieren. Darauf meinte Fürnberg, daß es dafür eine gute Möglichkeit gebe. Es existiere eine Frauenzeitung, für die noch redaktionelle Mitarbeiter gebraucht werden. Er schickte mich zur damaligen Chefredakteurin der "Stimme der Frau", Hilde Mareiner, mit der ich darüber sprechen sollte. Ich ging also zu dieser Frau, die ich nicht kannte, und erwartete eine freundschaftliche Aufnahme, wie unter Genossen üblich. Ich mußte aber feststellen, daß das kleine Persönchen hinter dem großen Schreibtisch mir mit Mißtrauen und Ablehnung begegnete und mich abwimmeln wollte. Sie wisse ja nicht, ob ich überhaupt schreiben könne, sagte sie, und müsse daher verlangen, daß ich etwas schreibe, das sie begutachten könne. Auf meine Frage nach einem Thema meinte sie, einfach irgend etwas. Als ich gegangen war und über die Angelegenheit nachdachte, kam ich zu dem Schluß, daß es mit dieser Frau, die mich so offenkundig nicht haben wollte, keine gute Zusammenarbeit geben könne, und ich entschloß mich, diese Sache nicht weiter zu betreiben, denn in die Nesseln wollte ich mich nicht setzen.

Genossen machten mich darauf aufmerksam, daß man für die Direktoren der USIA-Betriebe (jene ehemals deutschen Betriebe, die nun unter russischer Verwaltung standen) Dolmetscher suche, ich möge mich doch darum bewerben. Da die Sache für mich dringend war, ging ich gleich zu dem Genossen Emil Huk, einem damals sehr wichtigen Mann, dem die Arbeitsvermittlung für diese Betriebe oblag. Er schickte mich als Dolmetscherin zum russischen Direktor der Fa. Waagner Biro in Stadlau. Während der kurzen Zeit, die ich bei dieser Firma gearbeitet hatte, lernte ich ein bißchen die Atmosphäre in einem USIA-Betrieb an der Seite des russischen Direktors kennen. Mein Gehalt betrug 400 Schilling monatlich, was nicht gerade hoch war. Zwischen dem russischen Direktor - er hieß, so weit ich mich erinnern kann, Kolesnikow - und dem österreichischen Direktor gab es ein gespanntes Verhältnis. Während der russische Direktor bestrebt war, seine Vormachtstellung zu betonen, so war er doch auf den österreichischen Direktor angewiesen, dem die Probleme des Betriebes besser vertraut waren. Der russische Direktor war ein im Grunde genommen gutartiger Typ, dessen Lautstärke bei seinen Anweisungen bloß Theaterdonner war. Wenn er sich im Gespräch mit Betriebsräten hartnäckig zeigte und nicht den richtigen Ton fand, konnte ich, bevor ich übersetzte, ihn auf diese Tatsache hinweisen. Seine Angewohnheiten entsprachen nicht immer denen eines Fabrikdirektors. Wenn er es sich zum Beispiel hinter seinem Schreibtisch bequem machen wollte, zog er manchmal seine Schuhe aus, was dann zu Komplikationen führte, wenn jemand unvermittelt den Raum betrat.

Einige Parteifunktionäre aus Hernals, die wußten, daß dort früher mein Arbeitsgebiet gelegen hatte, traten mehrmals mit dem Vorschlag an mich heran, doch bei ihnen im Bezirk eine hauptamtliche Funktion zu übernehmen. Ich sollte den damaligen Bezirkssekretär Franz Zabusch ablösen. Auf meinen Einwand, daß es mir nach so langer Abwesenheit schwer fallen würde, eine solche Funktion auszufüllen, meinten sie, daß sie mich in jeder Hinsicht bei der Arbeit unterstützen würden, und ich sagte schließlich zu. Mein russischer Direktor, der mich nicht ziehen lassen wollte, ordnete eine Gehaltserhöhung an. Ich entschied mich aber trotzdem für die schlechter bezahlte Anstellung in der Partei.

Mit Franz Zabusch, den ich vom KJV her kannte, saß ich einige Tage gemeinsam im Bezirkssekretariat der Hernalser Partei, ohne nennenswerte Informationen zu bekommen. Während dieser Zeit fiel mir auf, daß die verschiedensten Leute kamen, um ihn zu sprechen. Man klärte mich auf, daß diese Leute von der KP Bestätigungen darüber erhalten wollten, daß sie keine Nazis gewesen seien. Solche Bestätigungen waren gefragt, offensichtlich gerade von denen, die kein ganz reines Gewissen hatten. In Gesprächen mit Funktionären und Mitgliedern, in denen ich mich über den Stand der Organisation informierte, wurde mir klar, wie verheerend sich die Situation nach Kriegsende ausgewirkt hatte, in der zu wenige ehrliche Antifaschisten zur Verfügung standen, die eine verantwortungsvolle Aufgabe hätten übernehmen können. Vielfach hatten sich kleinere und größere Gauner Amtscharakter angemaßt, um "im Namen der Besatzungsmacht" oder "im Namen der Kommunistischen Partei" Requirierungen für die eigene Tasche vorzunehmen.

1947 war vieles anders als früher. Die Parteiorganisation war größer, die Aufgaben waren anders geworden, und die soziale Zusammensetzung hatte sich geändert. Waren es in der Zwischenkriegszeit die Ärmsten, vor allem die Arbeitslosen, die zur Kommunistischen Partei gestoßen waren, so kamen jetzt viele Betriebsarbeiter und angesehene Betriebsräte. Das weckte Stolz in mir. Natürlich haben die USIA-Betriebe dabei eine Rolle gespielt, denn dort konnte man hoffen, durch den Beitritt zur KP seinen Arbeitsplatz abzusichern.

Die Arbeit im Bezirk gestaltete sich sehr schwierig und anstrengend und nahm mich übermäßig in Anspruch - nicht nur, weil die versprochene Hilfe ausblieb, sondern vor allem auch deshalb, weil durch Intrigen, die sich vornehmlich gegen den Obmann und Bezirksrat August Kamhuber, einen aufrichtigen KZler richteten, immer wieder Sand ins Getriebe gestreut wurde. Ich war daher recht froh, als mich der damalige Wiener Parteisekretär Alois Peter zu sich rief und mir mitteilte, man wolle mich als Teilnehmerin in die Parteischule in der Laufbergergasse schicken.

Die Vortragenden an der Laufbergerschule waren zum Teil alte Bekannte wie Genia Lande, zum Teil waren es mir damals noch nicht bekannte, marxistisch vorzüglich gebildete Genossen wie Franz Marek, Franz West, Poldi Spira und andere. Neue Erkenntnisse, wie ich erwartet hatte, gab es keine. Was ich - und nicht nur ich - dringend benötigt hätte, wären Informationen über die Ereignisse vor und nach dem Einmarsch von Hitler gewesen, doch davon war keine Rede - von einer Aufarbeitung ganz zu schweigen.

Meine persönlichen Angelegenheiten stockten. Die offiziellen Stellen verhielten sich gegenüber einer aus der Sowjetunion zurückgekehrten Emigrantin wenig entgegenkommend, wie ich zu meiner Enttäuschung feststellen mußte. Ich mußte, um die österreichische Staatsbürgerschaft wiederzuerlangen, ein Ansuchen stellen. Zusammen mit dem Bescheid über die Wiedergewährung erhielt ich einen Zahlungsauftrag über 1.000 Schilling. Das war damals, bei einem Monatsverdienst von 400 bis 500 Schilling, ein unverschämt hoher Betrag! Auf Anraten des ehemaligen Energieministers, des Genossen Karl Altmann, der fundierter Jurist war, suchte ich um Reduzierung des Betrages an. Dies wurde bewilligt, und ich brauchte "nur" mehr S 250 Schilling in Raten dafür zu bezahlen, daß ich mich wieder österreichische Staatsbürgerin nennen durfte. Das andere Problem war die Wohnung. Ich konnte nicht auf Dauer mit Remo bei der Tante in der kleinen Wohnung bleiben - wir mußten uns zu dritt ein Zimmer teilen. Als ich aus der Sowjetunion zurückgekommen war, wurde ich vom Genossen Rudolf Richter gefragt, ob ich eine Wohnmöglichkeit hätte. Ich sagte ihm, daß ich vorübergehend bei meiner Tante unterkommen könne, hoffte aber auf die Unterstützung der Partei bei der Wohnungssuche. Es gab damals noch leerstehende Wohnungen, welche 1945 von den Nazis verlassen worden waren und welche die Russen beschlagnahmt hatten. Über solche Wohnungen konnte die Partei verfügen. Viele aus der Emigration und aus dem KZ zurückgekehrte Genossen hatten auf diese Weise, sofern sie nicht ihre alten Wohnungen beziehen konnten, gut eingerichtete Wohnungen erhalten. Ich erwartete daher, daß man auch mich nach dem alten Prinzip: "Einer für alle, alle für einen" bei der Wohnungsbeschaffung nicht übergehen werde, und wartete bescheiden und geduldig. Doch es schien sich auch hier manches geändert zu haben. Waren früher alle Parteimitglieder mehr oder minder Hungerleider, so war das jetzt anders, es gab Unterschiede. Das Sagen hatten im wesentlichen nicht nur in politischen, sondern auch in praktischen Fragen die Leute um Fürnberg wie Rudolf Richter und Heinrich Fritz, und die unterschieden zwischen Eliten, oder wen sie sonst für würdig befanden, und solch einfachen Rädchen, wie ich eines war. Mir wurde keine Wohnung beschafft. Als ich ein paar Jahre später während einer Konferenz vom damaligen Bezirkssekretär des 20. Bezirks, Ludwig Hofmann, gefragt wurde, ob mir jemand bekannt sei, der eine Wohnung benötige, seine kleine Wohnung sei frei geworden, griff ich zu. Durch diesen Zufall kam ich wenigstens zu einer Substandardwohnung in der Hannovergasse, bestehend aus Gangküche und einem kleinen Zimmer, in der ich mit meinem Sohn zehn Jahre lang wohnte. Was Kranksein unter solchen Wohnverhältnissen bedeutet, habe ich ausgekostet, als ich mir nach einer Operation das Wasser vom Gang hereinholen und den Kübel hinaustragen mußte. Die Operationswunde begann zu bluten, wodurch Infektionsgefahr bestand. Ich mußte dem Arzt, der mich sofort wieder ins Krankenhaus einweisen wollte, versprechen im Bett zu bleiben. Schließlich fand ich in der alten Hausbesorgerin die nötige Betreuung. Erst 1960 gelang es mir, unter Zuhilfenahme eines Kredits und unter großen finanziellen Opfern eine moderne Genossenschaftswohnung zu beziehen. Das war 13 Jahre nach meiner Rückkehr! Meinem Willen, mich weiterhin für die Partei zu engagieren, konnten jedoch auch solche persönlichen Hintanstellungen keinen Abbruch tun.

Eine meiner falschen Vorstellungen war, daß ich annahm, der Nationalsozialismus wäre mit seiner militärischen Niederlage auch ideologisch erledigt und die Österreicher - einige Unverbesserliche ausgenommen - wären froh, Hitler endlich losgeworden zu sein. Die Unverbesserlichen aber waren weit mehr als nur "einige", und bei vielen Anlässen kam der alte Nazimief zum Vorschein, wie ich es beispielsweise bei der Vorsprache auf Ämtern erlebte. Man hatte mir empfohlen, um einen Opferausweis anzusuchen, ich wurde aber mehrmals abgewiesen (ich habe ihn erst 1981, nach 34 Jahren, bekommen). Als ich einmal in einem Amt zu tun hatte, und aus meinen Unterlagen ersichtlich war, daß ich in der Sowjetunion als Emigrantin gelebt hatte, war ich über die geradezu provokant hervorgekehrte und schleppend-bürokratische Art, wie man mich behandelte, verärgert und sagte laut, man könne glauben, es hier mit lauter Nazis zu tun zu haben. Ich hatte lautstarken Protest erwartet, stattdessen trat eisiges Schweigen ein, und ein paar böse Blicke trafen mich. Offensichtlich hatte ich den Nagel auf den Kopf getroffen.

Eine gute Freundin hat mir in Gesprächen einiges von dem geschildert, was sich nach dem Einmarsch der Hitlertruppen in ihrer Umgebung abgespielt hatte. Sie erzählte mir beispielsweise von den Geschäften, die Juden gehört hatten und auf einmal andere Besitzer bekamen, und davon, daß diese Leute immer noch diese Geschäfte besäßen. Sie selbst hatte zu den Genossen von Hernals weiter Kontakt gehalten, die entsprechend den Möglichkeiten Akte des Widerstandes setzten. Die spektakulärste Geschichte ist die von einem russischen Fliegeroffizier, der abgeschossen worden war und dem die Hernalser Gruppe weiterhalf. Der Mann meiner Freundin war zum Kriegsdienst eingezogen worden, und sie lebte daher allein mit ihrem Töchterchen. Da bat sie eines Tages der Genosse Hans Rothfuß, diesen russischen Fliegeroffizer für einige Zeit bei sich zu verstecken. Sie übernahm diese gefährliche Aufgabe. Der Russe, sie nannten ihn Peter, war vorher bereits bei anderen Genossen versteckt gewesen, doch mußte aus Konspirationsgründen sein Aufenthaltsort gewechselt werden. Bogdanow, das war sein Familienname, war mit seinem Flugzeug abgeschossen und dabei verwundet worden. Man hatte ihn zuerst in ein Gefangenenlager in Polen gesteckt. Von diesem Lager berichtete er, daß die Deutschen sie ohne Dach über dem Kopf und ohne Essen gefangen hielten. Einige hätten aus rasendem Hunger bereits begonnen, das Fleisch von Verstorbenen zu essen. Peter wurde anschließend in ein Lager in Niederösterreich gebracht, und von dort konnte ihm der Genosse Rothfuß zur Flucht verhelfen. Er brachte ihn zu den Leuten seiner Gruppe nach Hernals. Bei meiner Freundin war er von November 1943 bis Oktober 1944. Im Hause durfte niemand von seiner Anwesenheit wissen, bei Bombenalarm mußte er in der Wohnung bleiben. Wenn ihn die Gestapo aufgespürt hätte, wäre es für ihn und für die Frau der sichere Tod gewesen. Es war zwischen ihnen ausgemacht, daß er beim Kommen der Gestapo zuerst sie und dann sich selbst erschießen sollte - also schlief er immer mit der Pistole unter dem Kopfpolster. Meine Freundin erzählte mir auch, welch fürchterliche Nacht sie einmal verbracht hatte, als ihre Schwester, die bei der Polizei arbeitete und von Peter nichts wußte, ihr mitteilte, in ihrer Wohnung werde voraussichtlich kommende Nacht eine Razzia durchgeführt werden. In ihrer Verzweiflung bat sie ihre Nachbarn, die sehr anständige Leute waren, einen "Mann aus Dalmatien" (der Heimat der Eltern ihres Mannes), der ohne Paß gekommen sei, für eine Nacht bei ihnen schlafen zu lassen. Sie willigten ein. Zum Glück verlief die Nacht ohne Zwischenfall, niemand kam. Die Nachbarn waren nur etwas erschrocken, als sie beim "Mann aus Dalmatien" einen Revolver sahen.

Als die Front sich zu nähern begann, drängte es Peter, so rasch wie möglich zu den Seinen zu kommen. Im Oktober 1944 wurde von Widerstandskämpfern eine Aktion gestartet, bei der sechs russische Offiziere, darunter eine Frau, in Weinfässern mit einem Auto von Wiener Neustadt aus durch die Kampflinie gebracht werden sollten, damit sie sich zu ihren Truppen durchschlagen könnten. Tatsächlich kamen nur zwei durch, darunter Peter. Die anderen wurden von Hitlerleuten gestellt und erschossen. Der Genosse Rothfuß wurde von der Gestapo verhaftet und ins Konzentrationslager Mauthausen gebracht, wo er umkam.

Daß Peter nach Ungarn durchgekommen war, erfuhr meine Freundin, als man sie 1945 zur russischen Kommandantur rief, um sie über ihn auszufragen. Es gab dort einen Akt über Peter Bogdanow. Seither hat sie nichts mehr von ihm gehört. Sie macht von dieser Sache nie viel Aufhebens, nur wenige wissen davon. Würden es denn die Leute überhaupt verstehen, daß man wegen eines Russen sein Leben aufs Spiel setzt?

Die Wiedergutmachung für alle Naziopfer durch den Staat war eine sehr schleppende Angelegenheit. Auch die Toten mußten lange auf eine würdige Grabstätte warten. Ich war sehr traurig und bedrückt, als ich mehr als zwei Jahre nach Kriegsende am Zentralfriedhof die vernachlässigten Gräber der Hingerichteten sah. Ich fand das Grab von Leo Gabler: ein verwahrloster überwucherter Flecken, darauf ein Holzbrett mit seinem Namen. Es dauerte noch Jahre und bedurfte zahlreicher Interventionen von seiten des KZ-Verbandes, bis die Naziopfer eine würdige Gedenkstätte am Friedhof erhielten. In der Partei genossen die Naziopfer verdientes Ansehen. Bei mir war das anders - war ich doch kein Naziopfer, sondern ein Opfer von Stalin. Über meine Erlebnisse in der Sowjetunion konnte ich mit meinen Genossen nicht sprechen. Wer von ihnen hätte damals verstanden, daß jemand, der in der Sowjetunion gelebt und gearbeitet hatte, eines Tages grundlos verhaftet würde und spurlos verschwinden konnte? Ich schwieg und wartete auf den Tag, an welchem ich würde reden können. Ich sagte mir, so viel Kraft und Größe müsse ich eben aufbringen, um trotz allem zur Partei zu stehen, die im Prinzip immer Vorrang vor dem persönlichen Schicksal hat. Öffentlich über meine Erlebnisse in der Sowjetunion zu sprechen hätte von den "Gegnern und Feinden der Partei" ausgenützt werden können. Heute weiß ich, daß der Makel, die Frau eines unter Stalin Verhafteten zu sein, auch in der österreichischen Partei Geltung hatte. Daß ich Dino jemals wiedersehen würde, begann ich immer mehr zu bezweifeln. Hätte ich denn nicht schon längst ein Lebenszeichen bekommen müssen? Ich hatte wiederholt an die verschiedensten Stellen geschrieben, an das Sowjetische Innenministerium, den Obersten Richter, die Zentrale Lagerleitung, hatte Briefe zur Weiterleitung an den Sowjetischen Hochkommissar in Österreich, den Sowjetischen Boschafter und an Fürnberg mit der Bitte übergeben, sich der Sache anzunehmen. Antwort erhielt ich bis zum Jahr 1956 keine einzige.

Reise nach Italien

Unvergessen bleibt mir unser erster Besuch zusammen mit Remo bei der Familie von Dino im Sommer nach unserer Rückkehr. Ich wußte, daß man uns dort gut aufnehmen würde, ich wußte aber auch, daß ich dort eine Mutter antreffen würde, die um ihren Sohn bangt und der ich nichts Tröstendes werde sagen können. Dino hatte mir von seiner Schwester Lina erzählt, von ihrem Mann Ugo und von Franco, deren kleinen Sohn. Während seiner Abwesenheit war bei Lina und Ugo noch ein kleiner Piero zur Welt gekommen. Diese beiden Kinder waren etwas älter als Remo, der nun 13 Jahre alt geworden war. Am Bahnhof von Florenz sollten wir abgeholt werden. Lina und ich kannten uns zwar nur von Fotos, doch als der Zug einfuhr - es waren damals nicht viele Leute am Perron -, erkannten wir uns sofort und umarmten uns. Lina, eine typische italienische Mama mit entsprechender Kommandogewalt, hatte es übernommen, uns vom Bahnhof in Florenz ins eigene Haus nach Avane bei Empoli zu bringen. Sie verfrachtete uns in einen Zug, der damals noch fast eine Stunde bis Empoli fuhr. Von einem Auto war noch keine Rede. Als wir in Empoli ausstiegen, schubste sie uns in eines der fiakerähnlichen Gefährte, die dort standen. Ganz nobel fuhren wir zum Haus in Avane, dem kleinen Örtchen neben Empoli. Es stand in einem kleinen engen Gäßchen, angeschmiegt an andere einstöckige Häuser. Als wir durch die offene Tür schritten, war ich überrascht, wieviele Menschen uns in dem kleinen Raum erwarteten. Es waren alle Verwandten; Bekannten und Freunde gekommen, um die Frau und den Sohn von Dino zu begrüßen. Spontan streckten sich uns alle Hände entgegen, ein Stimmengewirr brach los, und alle wollten uns gleichzeitig in ihre Arme schließen. Diese heiße Welle von Verbundenheit, in die wir plötzlich eingebettet waren, überwältigte uns alle, und wir umarmten einander mit tränenfeuchten Wangen. Als die Freunde nach einiger Zeit gegangen waren, blieben wir mit der Familie zurück. Das waren Dinos Mutter, die Nonna (Oma) Corinna, Lina, seine Schwester, Ugo, der Schwager, und die beiden Jungen. Die folgenden Tage machten wir gemeinsame Besuche, und es war rührend zu sehen, wie ein jeder sich bemühte, uns zu verwöhnen in einer Zeit, wo es rundherum noch am Nötigsten mangelte. Auch bei Verwandten, die in der "campagna", auf dem Lande lebten, waren wir eingeladen. Es dauerte lange, bis ich mir die Namen der vielen Verwandten und Freunde gemerkt hatte. Venezia, eine Cousine von Dino, behielt ich bald im Gedächtnis. Sie war ein zierliches Frauchen, immer in Bewegung und bemüht, noch etwas ausfindig zu machen, womit sie uns Freude bereiten konnte. Besonders nahe ist mir auch die Begegnung mit Ginetto Cantini gegangen, der ein Jugendfreund von Dino war. Er war aktiver Kommunist und übte bis zu seinem Tod Funktionen in der Stadtverwaltung von Florenz aus. Wir fuhren noch oft in die schöne Toskana, wo unsere Verwandten uns immer mit großer Liebe aufnahmen und nie ohne Geschenke entließen. Doch ein Besuch hat besonders nachhaltigen Eindruck bei mir hinterlassen.

Ich war 1948 gerade in Empoli, als auf den Führer der italienischen Kommunistischen Partei, Palmiro Togliatti, ein Attentat verübt wurde. Auf jenen Togliatti, der sich unter dem Namen Ercoli in Moskau im Hotel Lux aufhielt und den ich 1933 aufsuchte, um ihn um eine Intervention wegen der Parteimitgliedschaft von Dino zu bitten. Ein junger Mann hatte auf Togliatti drei Schüsse abgegeben und ihn schwer verletzt. Man kann sich kaum vorstellen, welch ungeheurer Sturm der Entrüstung, welch große Welle der Sympathie und Sorge um das Leben Togliattis die Menschen im ganzen Land in Blitzesschnelle erfaßt hatte. Überall gab es Menschenansammlungen und erregte Debatten. Wer einen Radioapparat besaß, stellte ihn ans offene Fenster, damit alle die letzten Nachrichten über Togliattis Befinden mithören konnten. Aber nicht nur in der roten Toskana, sondern im ganzen Land zeigte sich die große Beliebtheit von Togliatti. Die Empörung hatte Siedehitze erreicht und drohte auszuufern. Es gab sogar einige Zusammenstöße. Togliatti selbst soll damals, schwer verletzt, vor Abenteuern gewarnt haben. Er konnte nach dem Attentat noch 16 Jahre an der Spitze seiner Partei wirken und maßgeblich dazu beitragen, daß die italienische KP einen Weg größerer Selbständigkeit und Unabhängigkeit von der Sowjetunion ging als andere Kommunistische Parteien.

Unserer italienischen Familie gelang es im Lauf der Jahre durch Zusammenhalt und viel Fleiß, ein schönes Haus in Empoli zu erbauen und eine eigene Konfektionswerkstätte zu betreiben. Dinos Mutter ist inzwischen gestorben, ebenso Linas Mann, die zierliche Venezia und andere. Wenn ich heute an Kunstreisen nach Italien teilnehme und dabei die Möglichkeit für einen Kurzbesuch in Empoli nützen kann, ist dies immer ein kleines Fest. Wir beiden Alten, Lina und ich, sitzen dann mit der großen Familie - die Söhne sind verheiratet, die Enkel bereits erwachsen - an einer reich gedeckten Tafel, eine lärmende und fröhliche Gesellschaft, und ich finde es schön, dazuzugehören.

Fleißiges Rädchen

Nach dem Ende der Parteischule wurde mir vorgeschlagen, als Mitarbeiterin in der Org-Abteilung des ZK zu arbeiten. Ich nahm diesen Vorschlag gerne an. Die Organisationsabteilung wurde vom Genossen Rudolf Richter geleitet, der die rechte Hand von Friedl Fürnberg war. Das war auch seine hervorstechendste Eigenschaft, denn eigenständiges Wirken gab es bei ihm kaum. Dafür war seine bis in die persönliche Sphäre reichende Ergebenheit Fürnberg gegenüber umso tiefer. Mit meinen drei Kollegen in der Abteilung verstand ich mich gut. Als wenig später eine Abteilung geschaffen wurde, die sich speziell mit den Parteiorganisationen in den USIA-Betrieben beschäftigen sollte, wurde ich dieser Abteilung zugeteilt. Man glaubte, mit der Schaffung einer eigenen Abteilung den Problemen in diesen Betrieben besser beikommen zu können. In der Theorie war man der Überzeugung, daß diese Betriebe anders als rein kapitalistische zu betrachten seien, weil sie zum Eigentum der sozialistischen Sowjetunion gehören, sie also zum Teil "sozialistische" Betriebe seien. Auf der anderen Seite stellte man fest, daß es innerhalb eines kapitalistischen Systems keine sozialistischen Betriebs-Oasen geben könne. Dieser politische Eiertanz wirkte sich insofern aus, als man Arbeitskämpfe in "kapitalistischen" Betrieben bedingungslos unterstützte, während in den USIA-Betrieben aus Rücksicht auf die russische Betriebsleitung Hemmungen aufkamen. Das Verhalten der russischen Direktoren war unterschiedlich, doch ist bekannt, daß es in den Betrieben der USIA immerhin gelang, bessere Arbeitsbedingungen und zum Teil auch Privilegien für die Arbeiter durchzusetzen, was eine Vorbildwirkung für die gewerkschaftlichen Forderungen von Arbeitern aus anderen Betrieben hatte. Im ZK kam man allerdings bald zu der Überzeugung, daß eine spezielle Abteilung für USIA-Betriebe unnötig sei und daß diese Betriebe so wie alle anderen zu behandeln seien.

Die Nachahmer

Es war die Zeit, in welcher in den Kommunistischen Parteien der Personenkult noch in Hochblüte stand. 1949 ging Stalins 70. Geburtstag mit Riesenpomp über die Bühne, und niemand hätte es damals für möglich gehalten, daß sieben Jahre später, nachdem Stalin 1953 gestorben war, durch die Enthüllungen von Chruschtschow die Fratze eines blutbefleckten Despoten zum Vorschein kommen würde. Zu seinem 70. Geburtstag überschlug man sich noch mit Glückwünschen und Geschenken aus aller Welt. Das Geschenk der KPÖ war eine luxuriöse Arbeitszimmer-Einrichtung. Auch von Organisationen und Gruppen wurden Geschenke für Stalin abgeliefert. Den ganzen Tag über kamen Abordnungen mit ihren Geschenken, die im Hause des ZK Schlange standen. Ich erinnere mich an das Geschenk einer Frauengruppe, die für Stalin gemeinsam einen Pullover gestrickt hatte: jede Frau durfte ein paar Reihen stricken. Ich selbst schrieb an die "Volksstimme" einen Leserbrief, in welchem ich von der zündenden Rede Stalins während der Belagerung von Moskau berichtete.

Zum 60. Geburtstag von Johann Koplenig 1951 durfte die KPÖ nicht nachstehen. Koplenig war der Parteivorsitzende, der, aus dem Arbeitermilieu kommend, faktisch seit 1924 an der Spitze der Partei stand und dessen Persönlichkeit die Arbeiter angesprochen hat. Von Fürnberg und dessen Umgebung wurde dies auch erkannt. Anläßlich des sechzigsten Geburtstags wurde ein "Koplenig-Aufgebot" vorbereitet und den Organisationen der Partei wurden Wettbewerbsaufgaben gestellt. Die Sieger bekamen Fahnen mit einem Bild von Koplenigs Kopf. Ich hatte die Aufgabe, diese Fahnen zu bestellen, und ich achtete sehr darauf, daß Koplenigs Charakterkopf auf den Fahnen gut herauskam. Als offizielle Geburtstagsfeier fand eine Kundgebung im Konzerthaus statt, zu der viele Vertreter von den Bruderparteien kamen. Es wurde damals sogar ein Koplenig-Lied gesungen, vertont von Marcel Rubin, mit dem Refrain: "Mit Koplenig für Österreich"! "Kop" selbst, der diese Ehrungen über sich ergehen ließ, war keineswegs eitel und wahrscheinlich froh, als der Rummel zu Ende war.

Welche unrealistischen Vorstellungen von der politischen Entwicklung in Österreich damals sogar beim Vorsitzenden der KPÖ vorhanden waren, erfuhr ich, als ich mich als gewählte Betriebsrätin im Hause des ZK einer Sache angenommen hatte. Für jene zahlreichen Angestellten des

ZK, die zur Kategorie der politisch Geschädigten gehörten, mußten Anträge gestellt werden, damit ihnen nach dem sogenannten Sozial-Überleitungsgesetz die Zeiten der Haft und der Emigration bei der Berechnung der Pension begünstigt angerechnet würden. Als ich zu diesem Zweck auch zu Koplenig ging, meinte er zögernd, ob dies denn nötig sei, wir würden doch selber einmal die entsprechenden Bestimmungen erlassen.

Österreich war zu dieser Zeit noch besetzt und in vier Besatzungszonen eingeteilt. Bei Fahrten in die Bundesländer mußte die Demarkationslinie passiert und der Identitätsausweis vorgezeigt werden. Die Stadt Wien, ebenfalls in vier Besatzungszonen eingeteilt, wo aber trotz des "Kalten Krieges" die Vertreter der vier Besatzungsmächte in gutem Einvernehmen miteinander auskamen, bot sich, zwischen Ost und West stehend, als geeignete Stätte für die Abhaltung kommunistisch beeinflußter Veranstaltungen und Tagungen an. Im Jahr 1952 wurden Chinesisch-Österreichische Kulturwochen abgehalten. Damals war die Freundschaft zwischen der Sowjetunion und China noch ungetrübt, zum Bruch kam es erst viele Jahre später. (Die österreichische KP hat, so wie die meisten anderen kommunistischen Parteien, alle Kehrtwendungen der Sowjetunion mitgemacht und auch 1948 den Bruch mit Tito-Jugoslawien mitvollzogen. Kein kommunistischer Funktionär hätte es damals gewagt, seinen Urlaub in Jugoslawien zu verbringen.) Ein chinesisches Gesangs- und Tanzensemble, das nach Europa gereist war, war in Prag aufgetreten und sollte anschließend nach Wien kommen, um bei Veranstaltungen im Rahmen der Chinesisch-Österreichischen Kulturwochen aufzutreten. Von der Partei, welche faktisch die Durchführung dieser Kulturwochen übernommen hatte, wurde mir aufgetragen, dem Ensemble entgegenzureisen, um es auf der Fahrt von Prag nach Wien zu begleiten. Man gab mir zu diesem Zweck einen Brief des österreichischen ZK an das ZK der tschechischen Partei mit, um mich auszuweisen. Während dieser Reise hatte ich ein für die Zeit des Kalten Krieges charakteristisches Erlebnis: Der Eisenbahnzug hatte sich, je näher wir der Grenze kamen, nach und nach geleert, und ich war so ziemlich die einzige, die über die Grenze weiterfuhr. An der Grenzstation holten mich die österreichischen Gendarmen aus dem Zug und begannen mit mir ein hochnotpeinliches Verhör. Man durchsuchte alle meine Sachen und fand den Brief des ZK. Sie glaubten wohl, ein wichtiges kompromittierendes Dokument gefunden zu haben, und hätten den Brief gerne geöffnet. Die Wahrheit, die ich ihnen gesagt hatte, glaubten sie mir nicht. In meiner Empörung sagte ich zu ihnen, wenn sie glauben, es verantworten zu können, dann mögen sie den Brief öffnen. Das taten sie natürlich nicht, trieben aber die Sache weiter auf die Spitze und veranlaßten, daß ich in einem Nebenraum von einer

Frau nach "verstecktem Material" gründlich durchsucht wurde, wobei ich mich splitternackt ausziehen mußte.

Das chinesische Ensemble war hinreißend. Seine Darstellungen waren unglaublich perfekt, die akrobatischen Leistungen seiner Mitglieder unerreicht. Zusammen mit anderen Genossen begleitete ich das Ensemble in die verschiedenen Orte zur Unterstützung während seiner Auftritte. Obwohl von offiziellen Stellen und der Presse weitgehend ignoriert, waren die Veranstaltungen gut besucht, und die Künstler wurden bejubelt.

Eine ganze Reihe weiterer unter kommunistischem Einfluß stehender internationaler Veranstaltungen und Kongresse fand zu Beginn der Fünfzigerjahre in Wien statt, wie ein "Kongreß der Jugend und Studenten", ein "Kongreß zum Schutz des Kindes", ein "Internationales Treffen der Landjugend", ein "Kongreß des WGB" (des kommunistisch dominierten Weltgewerkschaftsbundes) und der vom Internationalen Friedensrat 1952 nach Wien einberufene "Völkerkongreß", zu dem aus ungefähr 100 Ländern 2000 Teilnehmer kamen. Zu einer Zeit, als es nicht nur den Kalten Krieg in Europa gab, sondern die Amerikaner in einen heißen Krieg in Korea verwickelt waren, engagierten sich viele bedeutende Persönlichkeiten für die Sache des Friedens, wie Jean Paul Sartre, Anna Seghers, Pablo Neruda und viele andere, die an diesem Kongreß teilnahmen. An den Häuser-Mauern konnte man damals Inschriften lesen wie "Korea den Koreanern, Coca Cola den Amerikanern".

Die Abhaltung dieser Kongresse, für deren organisatorische Durchführung in erster Linie die kleine KPÖ zu sorgen hatte, war eine gewaltige Aufgabe. Sie wurde durch die Tatsache ermöglicht, daß es in Österreich noch die Besatzung gab. Schon aus Respekt vor der russischen Besatzungsmacht hätte niemand die Vermietung der benötigten Lokalitäten oder andere Hilfeleistungen verweigert. Die große Zahl der benötigten Helfer wurde zum größten Teil aus USIA- und anderen parteinahen Betrieben - ohne Verdienstentgang - abgezogen. Anders wäre es nicht möglich gewesen, ein ganzes Heer von Mitarbeitern zu mobilisieren, das für Unterbringung, Transport, Verpflegung, Betreuung usw. dieser Masse von Menschen zu sorgen hatte. Bei jedem dieser Kongresse habe ich eine Arbeitssparte übernommen oder eine ausländische Delegation betreut. Das war sehr anstrengend, aber auch interessant. Es war eine Freude, die Verbrüderungen zwischen Menschen der verschiedensten Nationalitäten und Hautfarben mitanzusehen. Der Hauptzweck dieser Kongresse war zweifellos, in der Zeit des Kalten Krieges die Positionen des Ostblocks zu stärken. Die Gegenaktivitäten der großen Parteien und offizieller Stellen - die übrigens auch nicht wenig gekostet haben dürften - wurden in der Regel von den Kongreßteilnehmern ignoriert.

Ich übernahm noch die verschiedensten Aufgaben in der Org-Abteilung wie die Mitarbeit im Redaktionskollegium für das interne Organ "Der Funktionär" und die zeitweilige Leitung eines Seminars in der Parteischule von Mauerbach. Wir fuhren einzeln in die Bundesländer, um den Zustand der Organisationen zu prüfen, uns über den Fortgang der Arbeiten zu informieren und helfend einzugreifen, wo es nötig war. Diese Reise waren sehr strapaziös. Der damals sehr kleine Autopark des ZK stand in erster Linie den Polbüromitgliedern zur Verfügung. Wir benützten bei diesen Reisen Bahn und Bus, die noch sehr schlecht ausgestattet waren. Oft war es nötig, in entlegenere Gemeinden zu Fuß zu marschieren, und das bei jedem Wetter. Übernachtet wurde für gewöhnlich bei Genossen, denn das sparte der Partei die Nächtigungskosten. Da wurde dann noch lange in einer Wohnung mit den Genossen diskutiert. Bei einem Aufenthalt in Tirol quartierte mich der Bauer, ein Mitglied der örtlichen KP, in der Dachstube ein, die ich mit seiner Tochter, einem feschen Dirndl, teilen mußte. Aber kaum war ich eingeschlafen, da trommelte etwas gegen die Fensterscheiben, so daß ich aufwachte. Es wurden Steinchen gegen die Fenster geworfen. Was dies bedeuten sollte, konnte ich mir nicht erklären, bis das Dirndl verschämt sagte, daß dies die "Fensterlbuam" seien. Erst als nach einer Weile die tiefe Stimme des Bauern erklang, der die "Fensterlbuam" verscheuchte, trat wieder Stille ein und ich konnte weiterschlafen.

Viel Arbeit hatten wir, wenn es Wahlen zum National- oder Gemeinderat gab. Ab der zweiten Hälfte der Fünfzigerjahre widerspiegelten sie den stetig sinkenden Einfluß der Kommunistischen Partei. Die Prozesse in den Nachbarländern gegen die "Volksfeinde", wie Rajk in Ungarn und Slansky in der Tschechoslowakei, die nach russischem Muster aufgezogen wurden und in großen Wahlplakaten und der Propaganda der anderen Parteien weidlich ausgenutzt wurden, haben das Ihre zu den Wahlniederlagen der KPÖ beigetragen. Was durch die wiederholte Entsendung verschiedener Delegationen in volksdemokratische Nachbarländer, die immer nur Gutes berichteten, möglicherweise an Sympathien gewonnen wurde, wurde mehrfach zunichte gemacht durch die Berichte, welche von dort über politische Verfolgungen und Monsterprozesse kamen. Wir selbst glaubten an die Schuld der Angeklagten, und gerade die Tatsache, daß man auf der amerikafreundlichen Gegenseite für sie eintrat, schien uns Beweis genug für deren Spionagetätigkeit im Dienst der USA zu sein. Man glaubte damals in der KPÖ, durch intensive Wahlpropaganda und den maximalen Einsatz aller Funktionäre dem Mißtrauen und der Angst der Menschen vor einer ähnlichen Entwicklung in Österreich begegnen zu können. Voll Spannung und hochgeschraubter Erwartungen wurden am Wahlabend im Hause des ZK die telefonischen Berichte entgegengenommen. Und jedesmal gingen wir nach Bekanntwerden der Resultate wie die begossenen Pudel nach Hause. Wir hatten auf sozialistische Wähler gehofft, aber die blieben aus. Weit mehr Stimmen als die KP konnte der VdU (Verband der Unabhängigen) gewinnen, welcher unter dem Schutz des sozialistischen Innenminister Oskar Helmer gebildet worden war und hauptsächlich von ehemaligen Nationalsozialisten getragen wurde. Als in einer Wahlnacht nach der Stimmenauszählung feststand, daß die KPÖ trotz Stimmengewinns eines ihrer Nationalratsmandate verloren hatte, war ich dabei, wie Ernst Fischer anbot, sein Mandat abzugeben. Auf Ernst Fischer, der auch im Ausland großes Ansehen genoß und der beste Redner im Parlament war, wurde aber nicht verzichtet. Ausscheiden mußte damals Erwin Scharf. Seit den Nationalratswahlen von 1959 ist die KPÖ im Parlament nicht mehr vertreten.

Die Arbeit im Hause des ZK ging abends nahtlos in die Arbeit im Bezirk über, wo man mir ebenfalls verschiedene Aufgaben zugeschanzt hatte. Zur Zubereitung des Essens für den nächsten Tag (mein Sohn nahm sein Essen zur Arbeit mit) kam ich damals nur nachts, und es passierte nicht selten, während ich mich für einen Moment in der kleinen Küche hingesetzt hatte, daß ich vor Müdigkeit einschlief und erst vom Geruch des angebrannten Essens aufwachte. Aber so wie ich strampelten sich noch viele andere Funktionäre bis zur Erschöpfung ab in der Meinung, damit ihre Pflicht der Partei gegenüber zu erfüllen. Eine Erholung waren nur die Urlaube, die mir dann Zeit zum Atmen gaben. Ich verbrachte sie gewöhnlich mit einigen meiner Kolleginnen in einem der schönen österreichischen Gebirgsdörfer. Die Urlaube der Polbüromitglieder sahen allerdings anders aus - ihnen wurden die Urlaubssorgen zur Gänze abgenommen. Auf Einladungen der volksdemokratischen Länder verbrachten sie alljährlich mit ihren Frauen den Urlaub in einem der für die Parteispitzen bestimmten Sanatorien, wobei für alle Kosten sowie Sonderwünsche und Geschenke die Gastländer aufkamen. Die anderen ZK-Mitglieder wurden fallweise in die Heime und Sanatorien dieser Länder zu den gleichen Bedingungen entsandt. Vom verstorbenen Franz Marek allerdings wurde mir bekannt, daß er es später abgelehnt hatte, dieses Privileg weiter in Anspruch zu nehmen, doch dürfte er damit ziemlich alleine geblieben sein.

Im Jahre 1953 kam die Nachricht vom Tod Stalins. Für die einen - in unseren Augen die, welche der Sowjetunion feindlich gesinnt waren - war der Diktator Rußlands gestorben. Wir anderen aber empfanden den Tod unseres Idols als einen schweren Schlag und trauerten aufrichtig.

Die Österreicher bewegte zu dieser Zeit am meisten die Frage: Wann werden endlich die Besatzungstruppen abziehen, wann kommt es endlich zum Abschluß eines Staatsvertrages mit den Besatzungsmächten? Am wenigsten beliebt waren zweifellos die Russen. Mich bedrückte dies einigermaßen, hatte ich sie doch als Menschen kennengelernt, die nicht besser und nicht schlechter waren als andere. Es hatte allerdings während der Besatzungszeit von russischer Seite die meisten Übergriffe gegeben, es gab Verschleppungen von Personen, die von höheren Stellen angeordnet waren. Durch die Tatsache, daß während des Kalten Krieges in den Medien in großer Aufmachung ausschließlich auf diese negativen Seiten hingewiesen wurde, wurde die andere Seite, die Verdienste der Sowjetunion bei der Befreiung Österreichs, verdrängt. Waren es nicht 26.000 russische Soldaten gewesen, die für die Befreiung Wiens ihr Leben gelassen hatten, deren einfache, meist unbeachtete Gräber man auf allen Wiener Friedhöfen finden kann? Die Mehrheit der Österreicher betrachtete sie nicht als Befreier, dieses Wort wurde in Anführungszeichen gesetzt. "Wir haben den Krieg verloren", hört man bis zum heutigen Tag.

Während die KPÖ zunächst als Voraussetzung für den Abschluß eines Staatsvertrages die Neutralität Österreichs befürwortet hatte, wandelte sich diese Linie nach Kontakten mit Moskau, wo man offensichtlich noch keine einheitliche Stellungnahme zu dieser Frage bezogen hatte. In der KPÖ rechnete man daher nicht mit dem baldigen Abschluß eines Staatsvertrages, als russische Regierungsstellen schon Entgegenkommen bei den Verhandlungen mit Österreich zeigten. Während die KPÖ noch den Standpunkt vertrat, daß die Westmächte an keinem Staatsvertrag interessiert seien und deshalb für die Russen unannehmbare Bedingungen stellten, waren zwischen österreichischer Regierung und sowjetischen Stellen bereits positive Kontakte im Gange, und in der "Arbeiterzeitung" wurde über die KPÖ gespottet: "Man sagt ihnen nichts!"

Als es schließlich 1955 zum Abschluß des Staatsvertrages kam, brachte dies für die KPÖ - die ihn begrüßte - einige Veränderungen mit sich. Nachdem die USIA-Betriebe in österreichisches Eigentum übergegangen waren, kam es vielfach zu personellen Veränderungen, und die zahlreichen kommunistischen Personalchefs mußten es sich gefallen lassen, auf weniger lukrative Posten versetzt zu werden. Für manche Gattinnen hoher Parteifunktionäre, die gute Positionen innegehabt hatten, bedeutete dies, daß eine neue Verwendung gefunden werden mußte. Aber auch sehr viele einfache Parteimitglieder waren keineswegs vom Staatsvertrag begeistert. Ich erlebte Mitgliederversammlungen, wo zum Ausdruck gebracht wurde, daß man sich von den Russen, die als bequemer Rückhalt empfunden worden waren, nun "verlassen" fühlte, und es war oft schwer, diese Mitglieder davon zu überzeugen, daß durch den Abschluß des Staatsvertrages das drohende Gespenst einer möglichen Teilung Österreichs gebannt werden konnte.

Der Mitgliederstand der KPÖ begann nun langsam, aber fortgesetzt abzubröckeln. War es früher von Vorteil gewesen, im USIA-Betrieb oder in der russischen Zone Mitglied der KPÖ zu sein, so war jetzt das Gegenteil der Fall: es wurde vorteilhafter, sich von der KPÖ abzusetzen. Wir betrachteten dies als natürlichen Reinigungsprozeß.

Beim Bund Demokratischer Frauen

Eines Tages bat Koplenig mich zu sich und teilte mir mit, daß Frauen aus der Bundesleitung der Frauenorganisation, dem "Bund demokratischer Frauen", den Wunsch geäußert hatten, mich als Mitglied ihrer Leitung in der Funktion einer Verantwortlichen für die Organisationsarbeit zu gewinnen. Ich war etwas überrascht, denn mit spezieller Frauenarbeit hatte ich bis dahin nichts zu tun gehabt. Mir war aber bekannt, daß Frauen aus der Leitung ausgeschieden waren, nachdem es Differenzen gegeben hatte. Ich war daher eher skeptisch, doch als "Kop" mir bei einem zweiten Gespräch nahelegte, mich für diese Tätigkeit zu entscheiden, sagte ich zu. Das war allerdings, wie sich später herausstellte, ein Fehler. Die Auffassungen der Frauen der Bundleitung über Arbeitsmethoden deckten sich nicht mit meinen Erfahrungen. Es gab viel Getue, und man redete viel über Aufgaben, doch bei der Durchführung haperte es. Ich kapierte bald, daß man unter der Org-Arbeit, die mir zugedacht war, verstand, daß hier alle Verantwortung für die Durchführung der Beschlüsse einfach abgeladen werden könne. Nahm man, wie ich, nicht an den täglichen Kaffeekränzchen teil - ich bin keine Kaffeetrinkerin -, so war man ein Außenseiter. Die Kränzchen gehörten gewissermaßen zum Arbeitsstil und die Kaffeefreundschaften übertrugen sich auf die Arbeit. Einerseits himmelte man sich gelegentlich an ("Du hast gestern in der Versammlung gesprochen, wie ein junger Gott", Steffi Hofmann zu Irma Schwager), andererseits teilte man gelegentlich auch Nadelstiche aus. Eine konzentrierte Tätigkeit war tagsüber kaum möglich, die Zimmer waren Durchzugsräume. Ich hatte es mir daher zur Gewohnheit gemacht, meine Schreibtischarbeiten am Abend, wenn die anderen gegangen waren, in Ruhe zu erledigen. Dabei stellte sich heraus, daß auch Irmgard Scharf, "Maxi" genannt, die Abendstunden für ihre Arbeit nützte. Maxi, die Frau von Erwin Scharf, war aus der von ihm gegründeten linkssozialistischen SAP gekommen und im Bund als Dokumentation für dessen Überparteilichkeit willkommen gewesen. Sie war für die Herausgabe des Funktionärorgans verantwortlich und machte diese Arbeit mit viel Geschick und Gewissenhaftigkeit. Maxi wurde mir bald eine sehr kameradschaftliche Freundin, die sich ähnliche Gedanken machte wie ich. In der Folge bemühten wir uns beide darum, System in die Arbeit zu bringen: Aufgaben sollten nach Eignung aufgeteilt und auch zu Ende geführt werden, doch stellte sich immer deutlicher heraus, daß dies nicht akzeptiert wurde.

Ich hatte mit Steffi Hofmann, der Wiener Bundvorsitzenden, die auch Mitglied der Stadtleitung der Partei und später des ZK war, noch bevor ich zum Bund gekommen war, einmal in der Straßenbahn ein Gespräch. Wir kamen dabei auch auf die Emigrationsjahre zu sprechen, die Steffi Hofmann in England verbracht hatte. Ich hatte Verständnis bei ihr vorausgesetzt und glaubte, ihr sagen zu können, auf welche Art mein Mann in der Sowjetunion verschwunden war. Daraufhin sah sie mich entgeistert an, als stünde ein Reptil vor ihr, und unser Gespräch versandete sofort. Für eine brave Kommunistin wie sie stand fest, daß jemand, der in der Sowjetunion verhaftet worden war, ein Feind des Kommunismus gewesen sein mußte. Seit diesem Gespräch blieb ich für sie offensichtlich suspekt.

Ein ähnliches Erlebnis hatte ich mit einer jungen Russin, einer Botschaftsangestellten, als ich bereits im Bund arbeitete. Sie kam manchmal zu unseren Veranstaltungen, und ich traf sie auf der russischen Botschaft, als ich wieder einen Brief wegen Dino übergeben wollte. Sie fragte, ob sie mir helfen könne, und ich sagte ihr, in welcher Angelegenheit ich da sei. Sie hatte aber keine Ahnung davon, was in den Dreißigerjahren in ihrem Land geschehen war. Sie hörte mir bestürzt und verwundert zu, nahm meinen Brief und versprach, ihn persönlich weiterzugeben, was sie wahrscheinlich auch getan hat. Aber nicht weniger bestürzt wie sie war ich darüber, daß junge Sowjetbürger ihre eigene Geschichte nicht kannten. Läßt man denn über all die schrecklichen Geschehnisse von damals bereits Gras wachsen? Sollten die vielen Opfer schon wieder vergessen sein? Die Entwicklung in der Sowjetunion wäre wahrscheinlich weiter in diese Richtung gegangen, wenn nicht 1956 am 20. Parteitag der KPdSU Chruschtschow seine berühmt gewordene Geheimrede gehalten hätte. Zum ersten Mal wurde über die Verbrechen während der Stalinzeit berichtet. Es war noch nicht die ganze Wahrheit, was damals durchsickerte, doch schlug die Nachricht wie eine Bombe ein. Auf Grund der Bruchstücke, die damals bis zu mir drangen, begann ich Hoffnung zu schöpfen, daß nun endlich die langersehnte Zeit gekommen sei, wo man offen werde reden können. Ich würde endlich erfahren, wo Dino ist, und vage begann ich wieder zu hoffen, daß er noch am Leben sei und vielleicht aus einem fernen sibirischen Lager zurückkehre.

Rosa Puhm, im Alter von 5 Jahren, mit Eltern (Aufnahme ca. 1914)

Die Autorin als Volksschülerin, im Alter von etwa 8 Jahren

Ausflug der Hernalser Gruppe des Kommunistischen Jugendverbandes (KJVÖ) 1925;
Rosa Puhm stehend, 9. v. rechts

Verbandsschule des KJVÖ in Grünbach 1928;
Rosa Puhm sitzend, 2. v. rechts; Alfred Klahr stehend, 3. v. links

Roter Landsonntag (Arbeiterwehr in Uniform), Ende der 20er Jahre

Im Sekretariat des KJVÖ in der Pulverturmgasse,
Rosa Puhm an der Schreibmaschine, 1929

Rosa Puhm und Dino Maestrelli 1933 in der Sowjetunion

Zur Erinnerung an das Autowerk, 26. 12. 1946; Kolleginnen aus dem Kopierbüro, darunter Galja Remisova und Marusja Turajewa, in der Mitte die Autorin

Von links nach rechts: Onkel Karl, Remo, Rosa Puhm, Anna-Tante (1947)

Hilfsaktion für Ungarn (1956)

Der Abschied vom Bund Demokratischer Frauen wird gefeiert
(Rosa Puhm und Maxi Scharf, 1959)

Internationales Jugendfestival 1959; Rosa Puhm (Mitte) mit österreichischen Mitarbeiterinnen und japanischen Delegierten

In der Künstlerischen Volkshochschule (1971)

Besuch der italienischen Familie in Wien (1973); ganz links: Lina

Посольство
Союза Советских
Социалистических Республик

Wien III. Reisnerstrasse 45—47

Bestätigung.

Die Konsularabteilung der Botschaft der UdSSR in Österreich bestätigt hiemit, daß Herr Maestrelli Dino Angelowitsch, geb. I.4.1907 in Empoli /Italien/ vom Obersten Gericht der Sowjetunion vollkommen rehabilitiert wurde.

Посольство СССР в Австрии
Консульский отдел

Der Chef der Konsularabteilung
der Botschaft UdSSR

/I.DEDÜLJA/

Am "20" September 1957.

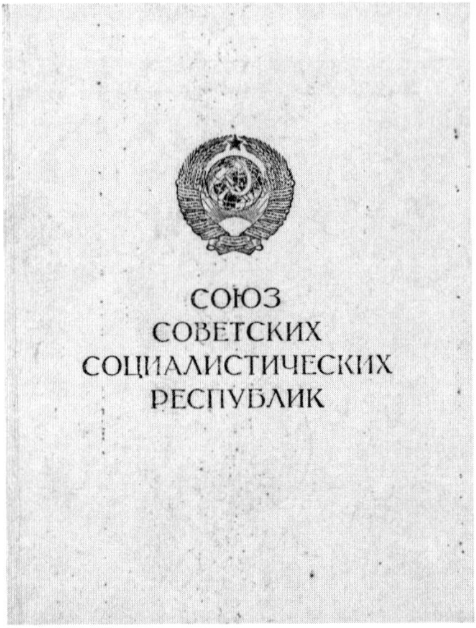

Auszeichnung "Medaille für heldenhafte Arbeit im Großen Vaterländischen Krieg 1941 - 1945"

„ЗА ДОБЛЕСТНЫЙ ТРУД
В ВЕЛИКОЙ ОТЕЧЕСТВЕННОЙ ВОЙНЕ
1941—1945 гг."

Л № 343481

УДОСТОВЕРЕНИЕ

За доблестный и самоотверженный труд в период Великой Отечественной войны

Тум
Роза
Эдуардовна

указом Президиума Верховного Совета СССР от 6 июня 1945 года награжден медалью

„ЗА ДОБЛЕСТНЫЙ ТРУД В ВЕЛИКОЙ ОТЕЧЕСТВЕННОЙ ВОЙНЕ 1941—1945 гг."

От имени Президиума Верховного Совета СССР медаль вручена

„22" июля 1946 г.

(должность и подпись лица,

М. П.

вручившего медаль)

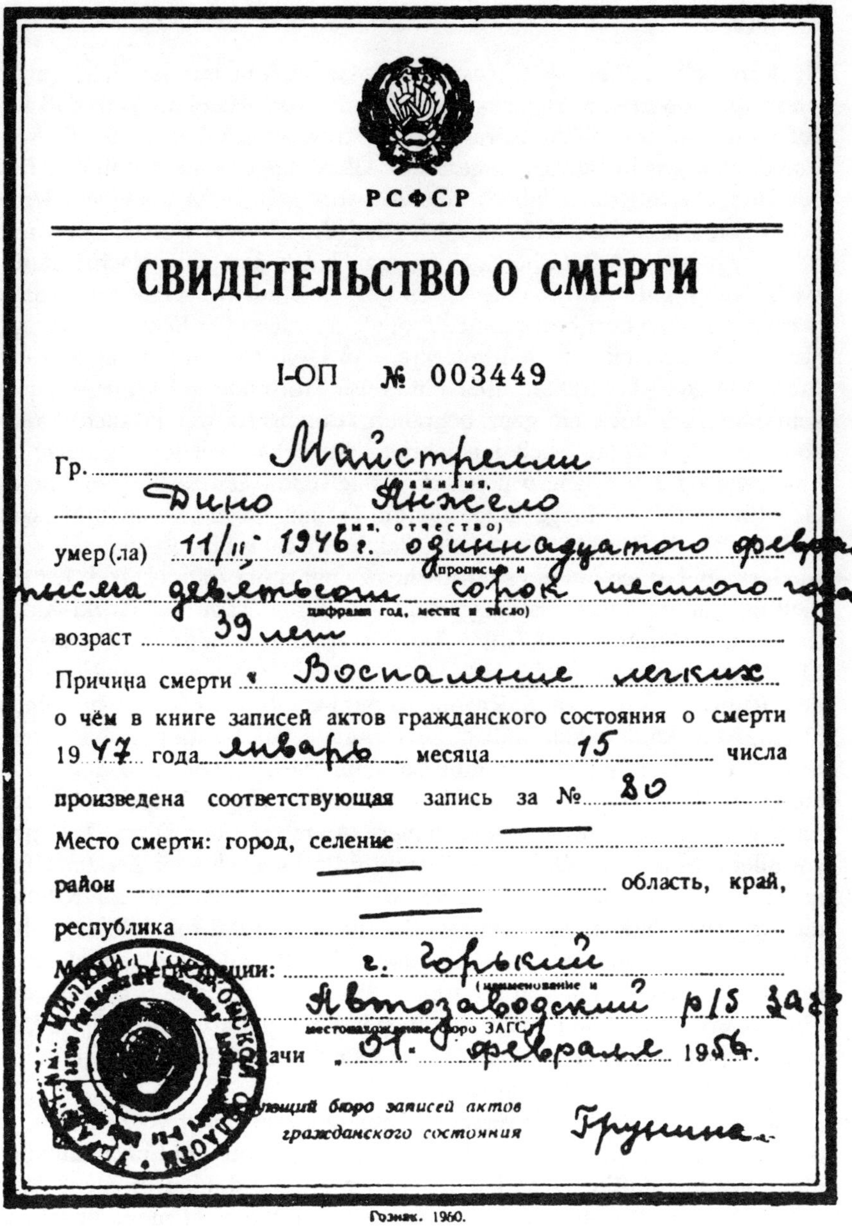

РСФСР

СВИДЕТЕЛЬСТВО О СМЕРТИ

I-ОП № 003449

Гр. Майстрелли
(фамилия,
Дино Анжело
имя, отчество)
умер(ла) 11/II 1946 г. одиннадцатого февраля
(прописью и
тысяча девятьсот сорок шестого года
цифрами год, месяц и число)
возраст 39 лет
Причина смерти Воспаление легких
о чём в книге записей актов гражданского состояния о смерти
19 47 года январь месяца 15 числа
произведена соответствующая запись за № 80
Место смерти: город, селение —
район — область, край,
республика —
Место регистрации: г. Горький
(наименование и
Автозаводский р/б ЗАГС
местонахождение бюро ЗАГС)
Дата выдачи 01. февраля 1956.
Заведующий бюро записей актов
гражданского состояния Грушина

Гознак. 1960.

Todesurkunde für Dino Maestrelli, ausgestellt am 1. Februar 1956;
Todesursache: Lungenentzündung

Die Urkunde

Noch im selben Jahr, als Chruschtschow seine Geheimrede hielt, wurde ich in die Sowjetische Botschaft gerufen. Es war das erste Mal, daß ich auf meine wiederholten Anfragen eine Antwort erhalten hatte. Es war also doch etwas in Bewegung geraten! Allerdings war die Art und Weise der Benachrichtigung, daß es eine Antwort gab, nicht alltäglich: Irma Schwager, Bundvorsitzende und Mitglied des ZK der Partei, teilte mir mit, ich möge zur Botschaft gehen, man hätte dort eine Nachricht für mich, "keine gute", wie sie sagte. Ich ging also zur Botschaft und wußte bereits, was mir dort bevorstand. Trotzdem brach aller Schmerz aus mir heraus, als man mir offiziell mitteilte, daß Dino tot sei. Ich hatte es die Jahre hindurch befürchtet, aber eine leise Hoffnung auf seine Wiederkehr hatte ich doch nie ganz begraben können. Es war ja auch vorgekommen, daß Leute nach langjähriger Lagerhaft wieder auftauchten. Fast zwanzig Jahre lang war ich im Ungewissen gewesen - nun war es Gewißheit! Die so lange aufgestauten Tränen begannen unaufhaltsam und still zu fließen. Als der Mann, der inzwischen hinausgegangen war, wiederkam, bat ich um ein schriftliches Zeugnis über Dinos Tod. Ich erhielt es bald darauf. Es ist ausgestellt vom Standesamt des Gorki-Autowerkes mit Datum vom 1.2.1956. Darin steht unter anderem: Gestorben: 11.2.1946, eingetragen: 15.1.1947, Todesursache: Lungenentzündung. Bei den Rubriken Ort, Stadt, Rayon, Republik gibt es überall nur einen Strich. Man kann sehen, daß diese Urkunde auf Bestellung ausgestellt wurde. Zu Nachforschungen gibt sie keine Möglichkeit, und daß Dino ein unschuldiges Opfer des Stalinterrors war, ist nirgends ersichtlich. Ich schrieb wieder Briefe, verlangte nähere Angaben über Dinos Tod und vor allem seine Rehabilitierung. Daraufhin erhielt ich vom ZK der KPÖ mit einem Schreiben vom 30.4.1957 bestätigt, daß das ZK der KPdSU die Angelegenheit meines Mannes überprüft und ihn rehabilitiert habe. Unterschrift: Fürnberg. Ich wollte aber ein offizielles Dokument einer russischen Stelle und schrieb weiter Briefe. Über die Botschaft der UdSSR erhielt ich dann auch eine Bestätigung, datiert vom 20.9.1957, in welcher steht, daß mein Mann "vom Obersten Gericht der Sowjetunion vollkommen rehabilitiert wurde ...".

Die Wunde brannte. Ich versuchte, mir Dino im Lager vorzustellen, in dem er - wenn es stimmte, was in der Urkunde stand - an Lungenentzündung sterben mußte. Was hat er vorher alles erdulden müssen? Wie schwer muß es für ihn gewesen sein, seine Familie nicht mehr zu sehen! Vielleicht gab es eine Frau, die ihn getröstet hat - ich habe sie mir für ihn gewünscht. Ganz zugeheilt ist diese Wunde nie, und die Sache mit der Lungenentzündung habe ich immer mehr bezweifelt. 1960 wurden mir und anderen Opfern materielle Unterstützungen zugesprochen, die man "Pension" nannte, die diese Bezeichnung aber wegen der geringen Höhe nicht verdienen. Offensichtlich waren diese Zuwendungen zwischen den sowjetischen Stellen und Friedl Fürnberg abgesprochen worden. Ich erhielt die Mitteilung darüber in einem Drei-Minutengespräch mit Fürnberg und erfuhr später, daß andere Opfer übergangen worden sind wie Genia Quittner-Lande und auch Mia Spitz, die selbst 16 Jahre in Lagern und Verbannung zugebracht hat.

Ich hatte erfahren, daß der ehemalige Schutzbündler Franz Chuchlik und seine Frau Nettl, unsere Freunde aus Gorki, nunmehr in der Stadt Wels wohnen. Ich freute mich, daß Franz am Leben geblieben war, und nahm Verbindung zu ihnen auf. Bei meinem Besuch in Wels und bei einem Gegenbesuch in Wien lernte ich die weitere Geschichte nach seiner Verhaftung kennen. Im April 1938 hatte man Franz Chuchlik vom Arbeitsplatz weg verhaftet (daß jemand ein vorbildlicher "Stachanow-Arbeiter" war, spielte bekanntlich keine Rolle), und im November 1939 wurde er nach Moskau überstellt. In Gorki wurde er geschlagen und mußte hungern. Man hatte ihn des "Hochverrats" bezichtigt, sein Untersuchungsrichter war ein gewisser Below. In Moskau wurde er mit den Kleidern verstorbener Häftlinge ausgestattet, denn er hatte nur mehr zerfetzte Kleider am Leib und er wurde wieder aufgepäppelt. Er wußte natürlich nicht, was dies alles zu bedeuten hatte. Am 20.12.1939 wurde er zusammen mit einer Gruppe von ca. 40 Leuten an die Grenze gebracht und am Fluß Bug in Polen an schwer bewaffnete deutsche SS-Leute übergeben. Er erinnerte sich, wie ein Mann aus seiner Gruppe zu schreien begann: "Nein, zu Hitler gehe ich nicht!" und versuchte zurückzulaufen. Was mit diesem Mann weiter geschah, wußte er nicht. Über die Ereignisse am Fluß Bug gibt es auch Berichte von anderen Überlebenden. Unter den 1939 von den Russen an die SS ausgelieferten Kommunisten befand sich auch das österreichische Gründungsmitglied der KPÖ, Franz Koritschoner, der in einem Nazikonzentrationslager umkam.

Franz Chuchlik wurde über Warschau und Berlin in Ketten nach Wien gebracht. Er hatte das Glück, daß ihn ein mutiger Verwandter, der Beziehungen zu den Nazis unterhielt, aus dem Gefängnis herausholen konnte, was ihm wahrscheinlich das Leben gerettet hat. Bis er und seine Frau wieder zueinanderfanden, mußten sie viele Hindernisse überwinden und Entbehrungen auf sich nehmen, die bis über den Zusammenbruch der Naziherrschaft hinausreichten. Er erzählte, wie er damals Tschiks arretiert und in den weggeworfenen Konservenbüchsen der Amis nach eßbaren Resten gesucht habe.

Als ich ihn fragte, ob er während seiner Haft in Gorki etwas von Dino gehört habe, teilte er mir zögernd folgendes mit: Als er noch in Gorki im Gefängnis saß, wurde in seine Zelle, die er mit vielen anderen teilte, ein neuer Mann gebracht. Dieser war vorher mit Dino zusammen in einer Zelle gewesen und erzählte, daß Dino eines Nachts gerufen wurde und seine Habseligkeiten mitnehmen mußte. Man wußte, was dies bedeutete. Jemand, der nachts mit seinen Sachen aus der Zelle geholt wurde, wurde an die Wand gestellt und erschossen. Das also war die "Lungenentzündung", von der in der Todesurkunde die Rede ist! Ich werde natürlich nie erfahren, wie es wirklich gewesen ist. Ich weiß nur mit Bestimmtheit, daß ein himmelschreiendes Verbrechen an einem unschuldigen, von mir geliebten Menschen begangen wurde und daß das gleiche Verbrechen noch an Millionen anderer Menschen begangen wurde. Viele Jahre später bekam ich das Buch von Robert Conquest "Im Anfang starb Genosse Kirow" zu lesen, in welchem eine Fülle von Daten über die Greuel während der Herrschaft Stalins zusammengetragen ist. Dort ist auch vermerkt, daß in Gorki aus der NKWD-Stelle in der Worobjewka-Straße täglich 50 bis 70 Leichen fortgeschafft wurden. In diesem Buch wird auch festgestellt, daß die Urteilsfloskel "ohne Recht zu korrespondieren", wie es bei Dino der Fall war, mit einiger Sicherheit bedeutete, daß diese Menschen nicht mehr am Leben waren. Der Autor schreibt, daß niemand mit einem solchen Urteil je in einem Lager oder Gefängnis angetroffen wurde, doch wurden später in Massengräbern wie in Winniza die Leichen von Menschen gefunden, deren Urteil so gelautet hatte. Es ist eine grauenhafte Logik: ein Toter kann nicht korrespondieren. Diese Daten waren mir damals noch nicht bekannt. Ich hielt weiter zur Partei, an deren Integrität ich keinen Zweifel hegte.

Ungarn 1956 und die Folgen

Im Oktober 1956 kamen aufrüttelnde Nachrichten über einen Aufstand in Ungarn. Er wurde durch Studentendemonstrationen ausgelöst, denen sich immer größere Teile der Bevölkerung angeschlossen hatten, und richtete sich gegen das Regime und im besonderen gegen die unter Mátyás Rákosi wuchernde Parteibürokratie, welche die Verantwortung für die schlechten Lebensverhältnisse in Ungarn trug. Die Polizei hatte auf die Demonstranten geschossen und es war Blut geflossen. Von der Menge waren mehrere Parteiführer gelyncht worden. Ich verstand nichts mehr: Da war immer so viel vom zufriedenen und guten Leben in den volksdemokratischen Ländern die Rede gewesen, von der "Verbundenheit der Parteiführung mit dem Volk", und nun standen in Ungarn die

Menschen gegen dieses Regime auf und gingen auf die Straße. Ich versuchte, mich an den Glauben festzuklammern, wie es die kommunistische Presse verbreitete, daß dies alles von den Westmächten, vor allem durch den Ami-Sender "Freies Europa" angezettelt worden war. Dieser Sender spielte zweifellos eine sehr unrühmliche Rolle bei den ungarischen Ereignissen, doch der Verstand sagte mir, daß ein Volksaufstand in einem Land, in dem die Menschen mit ihren Lebensverhältnissen zufrieden sind, nicht angezettelt werden kann. Für die einen war eine "Revolution", für die anderen eine "Konterrevolution" ausgebrochen. Es kamen täglich neue alarmierende Nachrichten, die Ereignisse überstürzten sich. Die Führungen in der Regierung und in der Partei waren ausgewechselt worden. Sowjetische Truppen, die zu Hilfe gerufen worden waren, zogen sich anfangs wieder zurück. Als neuer Ministerpräsident verkündete Imre Nagy (früher aus der KP ausgeschlossen, dann rehabilitiert und wiederaufgenommen) für Ungarn die Neutralität und den Austritt aus dem Warschauer Pakt. Die von der Gegenregierung Janos Kadar erneut gerufenen Sowjettruppen begannen, mit Panzern ausgerüstet, massiv in die Kämpfe einzugreifen und den Aufstand blutig niederzuschlagen. Den vorangegangenen Grausamkeiten und Lynchmorden an Polizisten und Funktionären folgte das grausame Blutbad auf Ungarns Straßen, dem tausende Menschen zum Opfer fielen.

Bis in den November dauerten die Kämpfe in Ungarn an, und es hatte die massenweise Flucht über die österreichische Grenze begonnen. Fast 200.000 Flüchtlinge sollen es gewesen sein, wie berichtet wurde. Janos Kadar, der neue Mann an der Spitze, stand vor der schwierigen Aufgabe, nicht nur die zerstörten materiellen Güter wiederherzustellen, sondern auch das zerstörte Vertrauen der Menschen wiederzugewinnen. Seine zerschundenen Finger, die, wie man sagte, eine Folge der Verhörmethoden während seiner Inhaftierung in der Rákosi-Zeit waren, haben zu seiner Popularität beigetragen.

An den folgenden Hilfsmaßnahmen für Ungarn beteiligten sich außer der Sowjetunion noch mehrere andere Länder und Organisationen, darunter der Österreichische Gewerkschaftsbund. Im Bund Demokratischer Frauen versuchten wir, Kontakt zum Ungarischen Frauenrat zu bekommen, um gemeinsam festzustellen, in welcher Form wir uns an den Hilfeleistungen beteiligen können. Ich hatte diese Aufgabe übernommen und nützte die Gelegenheit, mit einem Geschäftsmann, einem Parteimitglied, im Auto nach Budapest mitzufahren. Bereits während der Fahrt konnten wir die Spuren der Kämpfe sehen, es sah aus wie nach einem Krieg. Doch nie werde ich den Anblick vergessen, der sich bot, als wir an die Peripherie von Budapest kamen. Aus allen Fenstern der großen Wohnbauten hingen schwarze Tücher herab und schrien uns eine stumme Anklage entgegen. Anderntags kam ich in Budapest zu dem Platz, auf dem früher ein riesiges Stalin-Denkmal gestanden hatte. Aber Stalin fehlte bereits, nur die Reste seiner Stiefel standen noch auf dem Sockel. Das Denkmal war von der wütenden Menge geschleift und zertrümmert worden. (Wie oft bekommen doch die Falschen Denkmäler!) Im Einvernehmen mit dem Ungarischen Frauenrat wurde im Bund beschlossen, so rasch wie möglich eine Sammelaktion einzuleiten, um dem Ungarischen Frauenrat Lebensmittel und Kleidung zur Weiterleitung vor allem an Kinderheime übergeben zu können. Die Frauen in den Bund-Gruppen gingen mit großem Eifer an diese Arbeit und machten es möglich, daß wir noch vor Weihnachten einen mit Lebensmittel, Kleidern und Weihnachtspaketen beladenen Lastwagen nach Budapest bringen konnten. Dort rechnete man es uns hoch an, daß wir aus einem kapitalistischem Land die ersten waren, die Hilfsgüter brachten. Ende Jänner 1957 war es bereits wieder möglich, einen zweiten Transport durchzuführen, was für eine kleine Organisation wie die unsere eine beachtliche Leistung war.

Mit jener Frau vom Ungarischen Frauenrat, die mich in Budapest begleitete, da sie gut deutsch sprach, mit Jolly Takács, verband mich bald eine enge Freundschaft. Jolly war eine sehr kluge Frau und konnte mir in mancher für mich schwierigen Situation gute Ratschläge geben. Wenn ich in Budapest weilte, war ich bei ihrer Familie immer bestens aufgehoben. Aber auch mit Anna Bodonyi, der Sekretärin der Ungarischen Frauenorganisation, verband mich eine herzliche Freundschaft. Sie erwartete in dieser schwierigen Zeit gerade ihr zweites Kind.

Neben den Hilfeleistungen mit Sachgütern begann sich für uns bald eine neue Aufgabe zu stellen. Um auch dabei zu sein, waren während der Kämpfe viele Halbwüchsige und auch Kinder von zu Hause weggelaufen und wurden nun von den verzweifelten Eltern gesucht. Nachdem die österreichische Grenze faktisch offen war, konnten Flüchtlinge jeden Alters ohne Papiere die Grenze passieren. Die Eltern dieser Kinder wandten sich nun in ihrer Verzweiflung an den Ungarischen Frauenrat um Hilfe, sie wollten ihre Kinder wiederhaben. Wir machten es uns zur Aufgabe, diesen Eltern so weit wie möglich, bei der Zusammenführung mit ihren Kindern behilflich zu sein. Es war dies weniger eine politische Frage, denn ein Gebot der Menschlichkeit. Als wir vom Ungarischen Frauenrat aber auch von vielen Eltern direkt Briefe mit den Namen dieser Kinder bekamen, versuchten wir herauszufinden, wo sich diese Kinder aufhielten, und vor allem zu verhindern, daß sie in ein anderes Land weiterverschickt werden, weil dann kaum noch Aussicht auf Zusammenführung mit den Eltern bestand. Das war keine leichte Aufgabe, da die österreichischen offiziellen Stellen unsere Absicht ignorierten und zu keinen Informationen über den Aufenthaltsort der Kinder bereit waren. Ich konnte den Schmerz der Eltern verstehen, denen oft ihr einziges Kind im Trubel der Ereignisse davongelaufen war, und stürzte mich mit entsprechender Energie in diese Arbeit. (Ich muß aber zugeben, daß es mir auch willkommen war, vor den politischen Diskussionen über die Ungarnereignisse in diese humane Tätigkeit flüchten zu können.) Wir veröffentlichten hunderte Namen gesuchter Minderjähriger in der uns zugänglichen Presse und schickten die Abschriften der Elternbriefe an das Innenministerium. Antwort bekamen wir jedoch keine. Im Bund wurde die Situation besprochen und beschlossen, direkt im Innenministerium vorzusprechen. Im Jänner 1957 ging ich also zusammen mit Anna Grün ins Ministerium. Anna Grün, eine sehr engagierte und mutige Frau, war während der Hitlerzeit in Frankreich im Widerstand tätig und wurde von der Gestapo verhaftet und gefoltert. Sie hatte sich immer schon verlassener und vernachlässigter Kinder angenommen und leitete nach 1945 das erste Polizei-Jugendheim in der Boltzmanngasse. Wir wurden, als wir eine Namensliste von gesuchten Kindern überreichten, wie lästige Bittsteller behandelt, und es wurde uns gesagt, man würde Auskünfte nur an direkte Verwandte geben. Als Innenminister Helmer selbst dazukam, den Anna Grün persönlich kannte, meinte er nach einer herablassenden Begrüßung, wir seien mit unserem Anliegen nicht an der richtigen Stelle, wir müßten uns an das Rote Kreuz wenden, und zwar nicht an das Österreichische, wo wir bereits waren, sondern an das Internationale Rote Kreuz. Beim Internationalen Roten Kreuz wurde uns gesagt, wir seien mit unserem Anliegen bei ihnen nicht an der richtigen Stelle, zuständig dafür sei das Innenministerium ...

Nach diesen Erfahrungen zu resignieren kam für uns angesichts der dringenden Hilferufe der Eltern nicht in Frage. Wir versuchten deshalb, jenen Fällen selbst nachzugehen, wo Eltern sich direkt an uns gewendet hatten. Die Mutter eines 16jährigen Mädchens mit dem Namen Ilona Gazso hatte uns geschrieben: "... ich flehe sie an, helfen sie mir, solange es noch nicht zu spät ist ... ich muß mein Kind suchen, ich muß sie nach Hause bringen, bis man sie nicht weiterlockt und dann ist alles zu Ende ..." Die Mutter hatte von dem Mädchen einen Brief aus dem Lager Traiskirchen bekommen. Gemeinsam mit einer Ungarisch sprechenden Frau fuhr ich zu diesem Lager. In der Kanzlei des Lagerleiters war ein lebhaftes Kommen und Gehen. Zwei junge Burschen fragten, ob es in Südafrika auch andere Arbeit als in den Goldminen gebe. Es wurde verneint. Zwei Mädchen sagten, daß ihre Eltern geschrieben haben, sie mögen zurückkommen. Antwort darauf: Sie sollten froh sein, daß sie über die sichere Grenze gekommen seien. Als wir nach Ilona Gazso fragten, erhielten wir keine konkrete Antwort. Wir hörten aber, daß der

Innenminister an diesem Tag persönlich im Lager gewesen sei. Es stellte sich heraus, daß durch unsere Intervention die Weiterreise von Ilona tatsächlich im letzten Augenblick verhindert worden war. Die Abreise nach England war für den gleichen Tag fixiert gewesen, die dafür nötige "grüne Karte" war bereits ausgestellt worden.

Ein anderer aufregender Fall war der des 13jährigen Ferenc Palinkas, der ebenfalls aus Abenteuerlust über die Grenze kam. "... es ist mein einziges Kind, ich bin Witwe und kann ohne ihn nicht leben ...", hatte seine Mutter geschrieben und um Hilfe gebeten. Nachdem das Innenministerium, dem wir auch diesen Brief zur Kenntnis gebracht hatten, wieder nicht reagierte, wurde im Bund beschlossen, daß ich zusammen mit einer Ungarisch sprechenden Funktionärin nach Tirol fahren solle, wo sich Ferenc und andere ungarische Kinder im Lager aufhielten. Ferenc war zuerst in Solbad Hall, dann im Lager Rum bei Innsbruck und hatte zuletzt aus einem Innsbrucker Krankenhaus an seine Mutter geschrieben. Zusammen mit der Innsbrucker Bund-Verantwortlichen Reserl Scheiring machten wir drei Frauen uns mit einem PKW auf die Suche nach den Kindern. Wir merkten bald, daß unserem PKW ein Gendarmerie-Auto folgte, und als wir bei einem Lager ausstiegen, hielten uns die Gendarmen zur Ausweisleistung an und notierten unsere Namen. Den Gendarmen, die Reserl Scheiring persönlich kannten, war dieser Auftrag peinlich genug, und einer von ihnen entschuldigte sich anschließend bei ihr. Wir hatten leider mit unseren Recherchen unter diesen Umständen wenig Erfolg. Man log uns vor, das gesuchte Kind sei im Lager nicht anwesend. Den Brief einer Mutter an ihr Kind nahm man mit der Bemerkung entgegen, es könnte sich ja auch um eine "Fälschung" handeln. Das Gendarmerie-Auto war uns während der Suche in mehreren Lagern treu geblieben. Der Mutter von Ferenc Palinkas, die später selbst nach Wien kommen konnte und im Innenministerium vorsprach, gelang es dann aber nach einem Jahr der Trennung, ihren Buben wieder in die Arme zu schließen. Später haben mir nach Ungarn zurückgekehrte Kinder erzählt, daß ihnen genau wie den Erwachsenen Unterschriften über die Freiwilligkeit der Rückkehr abverlangt wurden. Man fotografierte sie und nahm ihnen sogar Fingerabdrücke ab.

Unsere wiederholten Interventionen und Veröffentlichungen in den Zeitungen konnten nicht länger übergangen werden, und man kam auch im Innenministerium schließlich zur Einsicht, daß Kinder, die aus Abenteuerlust ihren Eltern davongelaufen waren, keine politischen Flüchtlinge seien. Schließlich wurde uns auf telefonische Anfragen hin bestätigt - schriftlich wurde mit uns nicht verkehrt -, daß in Hinkunft Kinder unter 14 Jahren nicht weiterverschickt würden, sondern zu ihren Eltern kämen, bei den 14- bis 18jährigen müsse dabei deren eigener

Wille berücksichtigt werden. Der Stop für die Weiterverschickung kam allerdings für jene zu spät, die bereits im Ausland waren und denen die Eltern nachweinten.

Als die Internationale Demokratische Frauenföderation (IDFF) beabsichtigte, ihren nächsten Internationalen Kongreß 1958 in Wien abzuhalten, wurde ich beauftragt, bei den Stellen des Innenministeriums anzufragen, ob die Abhaltung dieses Kongresses genehmigt würde. Die Besatzungszeit war vorüber, wo die Abhaltung solcher Kongresse von vornherein gesichert war.

Inzwischen waren aus dem Polizei-Apparat sukzessive alle Kommunisten entfernt worden. Im Innenministerium empfing mich Ministerialrat Dr. Pammer, der Chef der Staatspolizei, der mich mit den Worten begrüßte: "Sie sind keine gute Österreicherin!" Es hatte Kontakte mit ihm wegen der Ungarnkinder gegeben und seine Bemerkung bezog sich auf mein diesbezügliches Engagement. Er sagte zu, wegen des IDFF-Kongresses Innenminister Helmer zu konsultieren, und meinte, es werde voraussichtlich keine Einwendungen geben. Als ich ging, war mir im Ohr hängen geblieben, ich sei "keine gute Österreicherin". Hatte ich nicht schon einmal eine Rüge bei einer Polizeistelle einstecken müssen? Vor 15 Jahren hatte man mir doch bei einer NKWD-Stelle in der Sowjetunion gesagt, ich sei "keine gute Kommunistin". Was für eine Ähnlichkeit bei aller Verschiedenheit!

Bei einer zweiten Vorsprache kam es zu einer sehr freimütig geführten Diskussion zwischen dem Ministerialrat und mir. Ich konnte nicht umhin, auf die "schlechte Österreicherin" hinzuweisen, worauf er antwortete, die Kommunisten deshalb für schlechte Österreicher zu halten, weil sie vom Ausland gelenkt seien. Ich wehrte mich damals entschieden gegen diese Bemerkung. Im Laufe des Gesprächs erfuhr ich von ihm, daß er im KZ Dachau gewesen sei, Katholik sei, keiner Partei angehöre und daher nie in die peinliche Lage kommen werde, Fehler eingestehen zu müssen, wie dies oft bei Kommunisten der Fall sei. Gegen die Abhaltung des Kongresses der IDFF in Wien hatte das Innenministerium keine Einwände.

Anläßlich des Kongresses wurde vom Bund ein gesamtösterreichisches Frauentreffen in Wien veranstaltet. Es sollte bei einer großen Festveranstaltung den österreichischen Frauen Gelegenheit geboten werden, sich mit Frauen aus aller Welt zu treffen, und diesen sollte ein schönes wienerisches Programm präsentiert werden. Für die Organisation dieses Treffens und für das künstlerische Programm im Konzerthaus war ich verantwortlich.

In die Zeit angespannter Arbeit zur Vorbereitung des Frauentreffens fiel die Krankheit und der Tod meiner Anna-Tante, die mir faktisch

Mutter gewesen war. Ich besuchte sie im Krankenhaus täglich während der Mittagspause. Nach ihrem Tod mußte ich die für die Beerdigung nötigen Laufereien und Formalitäten erledigen und gleichzeitig die Arbeiten im Bund weiterführen. Solidarische Hilfeleistungen bekam ich keine zu spüren.

Der Krach im Bund

Das Klima im Bund wurde zusehends unfreundlicher, die Arbeit für mich deshalb immer schwieriger. In einer Diskussion in der engeren Leitung über den 20. Parteitag der KPdSU war ich unangenehm aufgefallen, als ich die Meinung vertrat, daß es Aufgabe unserer führenden Genossen gewesen wäre, den sowjetischen Freunden offener und kritischer gegenüberzutreten und ihnen vor Augen zu halten, welch negative Auswirkungen viele von ihnen praktizierte Maßnahmen auf die Tätigkeit der westlichen kommunistischen Parteien hatten. (Es war natürlich naiv von mir zu glauben, die Russen hätten sich aus Rücksicht auf die westlichen Parteien in ihrer Politik beeinflussen lassen.) Nach meinen diesbezüglichen Bemerkungen gab es eine betretene Stimmung, und außer einer einzigen Frau, der jungen Anni Habrda, die der gleichen Meinung war, sagte niemand auch nur ein einziges Wort dazu. Aber bei der Partei wurden meine Bemerkungen gewiß registriert.

Da die Arbeit so nicht weitergehen konnte, hatte ich mich entschlossen, auf einer Sitzung des Arbeitsausschusses die Frage nach einer gedeihlicheren Zusammenarbeit anzusprechen und Vorschläge für die Verbesserung der Arbeit wieder einzubringen, die ich schon mehrmals gemacht hatte: kollektive Erarbeitung der Aufgaben, Aufteilung und Festlegung persönlicher Verantwortung, Kontrolle der Durchführung der Beschlüsse und Erfahrungsaustausch. Maxi und ich hatten gehofft, durch eine offen geführte Diskussion die Unstimmigkeiten ausräumen zu können. Doch gerade das Gegenteil trat ein - diese Sitzung wurde zum Alptraum für uns. In der Diskussion wurden die Arbeitsprobleme kaum berührt und meine Vorschläge als Diktat bezeichnet. Dafür zerzauste man uns beide nach Strich und Faden. Es hagelte persönliche Anschuldigungen, etwa daß Maxi "krankhaft ehrgeizig" sei, und mir wurde "Hartherzigkeit" und "fehlende Opferbereitschaft" vorgeworfen - dies von Frauen, die im Gegensatz zu mir in sorgenfreien Familienverhältnissen und bequemen Wohnungen lebten und Gratisurlaube konsumierten. Nach diesen Auseinandersetzungen war eines deutlich geworden: eine gute Zusammenarbeit war nicht mehr möglich. In der Folge konnte ich feststellen, daß der Rufmord über den Rahmen der Frauenorganisation hinausgetragen wurde. Im Wohnbezirk, wo ich neben anderen Tätigkeiten auch noch 20 Parteimitglieder kassierte, sagte mir der Bezirkssekretär Herbert Großmann, daß meine Arbeit im Bund ungenügend wäre, und auch von Koplenig, zu dem Irma Schwager als Mitglied des Zentralkomitees die Mittelsperson war, bekam ich zu hören, daß man mit meiner Arbeit im Bund nicht zufrieden sei und daß ich mich "negativ entwickelt" hätte. Er überprüfte allerdings solche Informationen nie selbst, sondern stützte sich auf die ihm zugetragenen Berichte. Es gab damals Momente, wo ich an mir selbst zu zweifeln begann. War ich jetzt tatsächlich ein unfähiger Trottel geworden, wie man mir suggerieren wollte? Ich litt oft unter starken Magenschmerzen - sie waren die ersten Anzeichen auftretender Magengeschwüre.

Schließlich entschlossen Maxi und ich uns, an das Politbüro der Partei einen ausführlichen Brief zu schreiben, in dem wir unsere Stellungnahme darlegten und mit dem Vorschlag unserer Überführung zu einer anderen Arbeit verbanden. Es kam zu einer gemeinsamen Sitzung vom Arbeitsausschuß des Bundes mit den Sekretären des Polbüros der Partei. Das Fazit war der Beschluß, uns beide von der Arbeit im Bund zu befreien. Wir atmeten auf. Man billigte uns auch zu, bis zur Festlegung eines neuen Arbeitsgebietes ein paar Tage Urlaub zu machen. Es war gerade schönes Spätsommerwetter, und wir beide beschlossen, die unerwartete Freizeit zu nützen, um unseren Abschied mit einem kleinen Ausflug in den Wienerwald und einer Einkehr bei einem gemütlichen Heurigen zu feiern.

Bald wurde Maxi und mir mitgeteilt, daß man mit unserer Mitarbeit bei der Vorbereitung der VII. Weltjugendfestspiele rechne. Diese sollten im Sommer des Jahres 1959 in Wien stattfinden. Zum ersten Mal sollte diese Riesenveranstaltung in einer westlichen Hauptstadt ablaufen. Das internationale Vorbereitungskomitee mußte nach Kräften unterstützt werden, und das war wieder eine große Aufgabe für den österreichischen Parteiapparat und erforderte die Heranziehung vieler Mitarbeiter. Ich übersiedelte wieder in das Haus des ZK und arbeitete vorübergehend in meiner früheren Abteilung.

Das Festival wurde eine große Sache: Laut Berichten waren aus 112 Ländern 18.000 Jugendliche in Wien versammelt gewesen. Zu einer Zeit, als Wien noch keine UNO-Stadt war, prägten sie in ihrer Buntheit für zehn Tage das Gesicht der Stadt.

Nach dem Abschluß des Festivals wurde mir von Julius Deutsch, dem Verantwortlichen für den Buchhandel der Partei, der etwas ungewöhnliche Vorschlag gemacht, in der Buchhandlung für russische Literatur "Das Internationale Buch" eine Arbeit im Verkauf zu übernehmen. Gegenüber meinen früheren Tätigkeiten schien mir dies eine einengende

Arbeit zu sein, doch hielt ich es für richtig, dorthin zu gehen, wo mich die Partei gerade brauchte. Daß man allem Anschein nach begonnen hatte, mich wegen schwindender Parteiergebenheit vom Apparat wegzuschieben, hatte ich noch nicht begriffen. (Als Quasi-Abfertigung nach zwölfjähriger, teils aufreibender Tätigkeit als Parteiangestellte bekam ich nicht ganz drei Monatsgehälter ausbezahlt.) Es stellte sich heraus, daß ich neben dem Verkauf und anderen Tätigkeiten auch die Verantwortung für die Kassaführung zu übernehmen hatte, was mir verschwiegen worden war. Wie ich sogleich bemerkte, war die Kassa schlampig geführt worden. Den Leiter der Buchhandlung Alexander Vajda - er stellte anfangs zufrieden fest, wie rasch ich mich eingearbeitet hatte - verärgerte ich bald, weil ich es wagte, kleine Verbesserungsvorschläge zu machen, die er entschieden ablehnte und als Angriffe auf seine überragende Geschäftsführung wertete. Sein rüdes Benehmen - er schrie oft im Laden herum - konnte von den Kunden nicht übersehen werden. Später erhielt ich vom Betriebsrat und auch von Frau Mathilde Brüll, meiner Vorgängerin bestätigt, daß Vadja diese Frau, deren Mann ebenfalls in der Sowjetunion umgekommen war, mit seinen Schikanen bis an den Rand der Verzweiflung gebracht hatte. (Später wurde mir bekannt, daß Vadja selbst in der Sowjetunion zusammen mit anderen Österreichern verhaftet worden war, aber wieder freikam. Er hat darüber nie ein Wort verloren.)

Der prominenteste Besuch, den die Buchhandlung verzeichnete, war der des ehemaligen Außenministers der UdSSR und Unterzeichners des Österreichischen Staatsvertrages Wjatscheslaw Molotow, der einmal die Buchhandlung besuchte und dabei ein paar Worte mit mir wechselte. Molotow war es, der 1939 den Nichtangriffspakt mit Hitler unterzeichnet hatte. Er war einer der engsten Vertrauten von Stalin gewesen. Das Autowerk von Gorki, in dem ich gearbeitet hatte, hatte nach russischer Sitte, Betriebe und Institutionen nach einer Persönlichkeit zu benennen, damals den Namen "Molotow-Autowerke" bekommen. Als Molotow während der Ära Chruschtschow als dessen Gegner gestürzt und aus der Partei ausgeschlossen worden war - unter Stalin hätte es andere "Maßnahmen" gegeben -, verzichtete auch das Autowerk von Gorki auf seinen Beinamen und führt seither wieder die einfache Bezeichnung "Autowerk von Gorki" (GAS abgekürzt auf russisch). Nach seinem 1957 erfolgten Sturz wurde Molotow nach Wien zur Atombehörde geschickt. Viele Jahre später, als die Gegner von Chruschtschow wieder Oberhand hatten, wurde er mit 94 Jahren wieder in die Partei aufgenommen.

Ich kam bald darauf, daß man mich nicht nur in die niedrigste Gehaltsstufe eingereiht hatte - mir wurde auch als einziger der Angestellten der Fremdsprachenzuschlag vorenthalten. Ich entschloß mich deshalb, zu

Julius Deutsch zu gehen, um mit ihm darüber zu sprechen. Der Betriebsrat Toni Sandmann warnte mich davor. Er sagte mir, daß ihm bereits bekannt sei, daß mein Gehaltsansuchen nicht berücksichtigt und dafür das Gehalt einer Vajda genehmen Mitarbeiterin erhöht werde. Ich begriff, daß diese provokatorische Entscheidung für mich als Anschauungsunterricht gedacht war. Obwohl mir der Betriebsrat riet, lieber zu resignieren, ging ich zu Julius Deutsch. Dieser thronte in seiner ganzen Fülle hinter dem Schreibtisch, offensichtlich darauf bedacht, mir gegenüber seine Rolle als Boss voll auszuspielen. Er kanzelte mich sofort mit der Bemerkung ab, daß es mir als einer ungelernten Buchhändlerin nicht zustünde, irgendwelche Ansprüche zu stellen und Vorschläge zu machen. (Im "Internationalen Buch" war kein einziger der dort Beschäftigten gelernter Buchhändler.) Der Zorn über diese erniedrigende Behandlung trieb mir, als ich ging, die Tränen in die Augen. Es schien so, wie der Betriebsrat gesagt hatte, daß ich vor die Wahl gestellt sei, entweder zu parieren und zu kuschen oder nervlich vollkommen aufgerieben zu werden. Die Partei ließ mich nun allein im Regen stehen. Es konnte so nicht weitergehen, ich mußte trachten, von der Buchhandlung wegzukommen. Daß dies mit meinen 52 Jahren nicht leicht sein würde, war mir bewußt. Aber hatte ich mich nicht schon öfter im Leben am eigenen Zopf aus dem Sumpf ziehen müssen? Zu einer der mit der Partei verfilzten Firmen, die des öfteren als Auffangstellen für abgestellte Funktionäre fungieren mußten, wollte ich auf keinen Fall gehen, dies hätte mein Stolz nicht zugelassen. Ich besuchte einen Abendkurs, ging zum Arbeitsamt und begann, Zeitungsannoncen durchzulesen. Und entgegen den Prophezeiungen des Betriebsrates stellte sich der Erfolg ein: ich fand eine neue Arbeit. Nach zwei nervenaufreibenden Jahren, die sich auf den Magen geschlagen hatten, konnte ich die Buchhandlung verlassen. Im Zeugnis war zu lesen, was man mir vorher nicht eingestanden hatte, nämlich, daß ich die Arbeiten "mit größter Sorgfalt und zu unserer Zufriedenheit durchgeführt" habe, daß ich "verschiedentlich Verbesserungen vorgeschlagen und durchgeführt" habe und "dem Betrieb auch dadurch sehr nützlich war".

Einer Frau wird nichts geschenkt, schon gar nicht, wenn sie eine sogenannte alleinstehende Frau ist. Auch an der neuen Arbeitsstelle, einer Firma, welche die Vertretung von ausländischen Motorrädern in Österreich besitzt, wurde mir alles abverlangt. Als Alleinbürokraft zusammen mit dem Verkäufer in einer Verkaufsniederlassung der Firma war ich dort eine Art lebender Computer. Ich lernte die rauhen Sitten im Fahrzeughandel kennen. Meine Wohnung verließ ich um sieben Uhr früh und kam um sieben Uhr abends nach Hause.

Der Chef, ein typischer Emporkömmling, zahlte mir keinen Groschen über den Kollektivvertrag, was sich später auf die Berechnung der Pension selbstverständlich nachteilig auswirkte. Nach vier Jahren Anstellung bei dieser Firma, vollgestopft mit Arbeiten, zu denen mir jede innere Beziehung fehlte, war es dann so weit: ich konnte in Pension gehen. Da ich selbst gekündigt hatte, erhielt ich keine Abfertigung. Ich hatte mir daher vorgenommen, so lange ich meine Kreditschulden für die Wohnung nicht abgezahlt hätte, Nebenbeschäftigungen anzunehmen, und packte deshalb bei den verschiedensten Verdienstmöglichkeiten, die sich boten, zu.

Die interessanteste meiner Nebenbeschäftigungen war, daß ich für Reisebüros die Führung russischer Reisegruppen auf der Rundfahrt durch Österreich übernahm, nachdem diese ihren Wien-Aufenthalt bereits absolviert hatten. Es war verhältnismäßig leicht, mit den Russen zu arbeiten. Sie waren im Gegensatz zu Südländern, die schwer zusammenzuhalten sind, sehr diszipliniert, und ich kam mit ihnen, die sozusagen ehemalige Landsleute von mir waren, immer gut aus.

Den Reisegruppen war, soweit ich bemerkte, immer ein Aufpasser zugeteilt, und über Politik wurde kaum gesprochen. Nach ihrer Ankunft wurden sie gewöhnlich in die Sowjetbotschaft gebracht, wo sie insofern "vorbereitet" wurden, als man ihnen sagte, sie mögen sich von den hier vorhandenen Einrichtungen, den vielen Autos usw. nicht blenden lassen. Diese Autos seien auf Kredit gekauft, und die Arbeiter verschuldet - was so unrichtig nicht gewesen ist. Eine sehr schöne Seite meines Pensionistenlebens habe ich damals aufschlagen können. Ich fand nun Zeit und Gelegenheit, mich auch jenen Beschäftigungen zuzuwenden, die meinen Anlagen und Wünschen entsprachen und die in meinem Leben immer zu kurz gekommen waren. Mich zog die Künstlerische Volkshochschule (KVH) an, und ich ging vorerst in eine Vortragsreihe über Kunstgeschichte, die mich überaus fesselte und mir neue wissenswerte Einblicke verschaffte. Beim Besuch der Vorträge konnte ich beobachten, wie in den Malkursen Alt und Jung eifrig beschäftigt vor den Staffeleien stand, und in mir wuchs der Wunsch, es auch wieder zu versuchen. Ich belegte einen Malkurs - und ich kann gar nicht sagen, wie immens viel mir die Beschäftigung mit der Malerei gegeben hat! Ich machte Fortschritte, ich erlitt Rückschläge, durfte immer wieder dazulernen und schließlich die Freude erleben, daß meine Freunde sich meine Bilder gerne aufhängen.

Meine Beziehungen zur Partei waren jetzt die eines einfachen Mitgliedes oder besser gesagt Vertrauens"mannes" geworden, denn die Kassierung mehrerer Mitglieder hatte ich mir auch im neuen Wohnbezirk wieder aufhalsen lassen. Das wurde gern gesehen, und ich wäre wahrscheinlich ein geradezu ideales Parteimitglied gewesen, hätte ich nichts anderes getan, als fleißig Mitglieder kassiert und Zeitungen verkauft und ansonsten meinen Mund gehalten. (Daß die Partei durchaus nicht nur auf Mitgliedsbeiträge angewiesen war, sondern an einer ganzen Reihe von Wirtschaftsunternehmen beteiligt war, wurde mir erst bekannt, als in den Zeitungen Berichte darüber erschienen.) Ich war natürlich weiter am politischen Geschehen und am Geschehen innerhalb der Partei interessiert. In der Sowjetunion war 1964 Chruschtschow, der viele Feinde gehabt und gewiß nicht in allen Fragen der Politik eine glückliche Hand gezeigt hatte, in einer Palastrevolution gestürzt worden. In der Folge war Kritik am Stalinregime unerwünscht, und sie verstummte wieder zusehends. In der KPÖ folgte man dieser Linie und verschwieg oder verharmloste die Verbrechen während der Stalinzeit weiterhin.

Es gab aber auch innerhalb der Partei bereits eine Reihe einflußreicher Funktionäre, welche die festgefahrene Politik der Altkommunisten nicht mehr mitmachten. Am 19. Parteitag 1965 überwogen jene Kräfte, die sich gegen die sektiererische Abkapselung der Partei und für eine Neuorientierung mit Berücksichtigung der nationalen Belange bei größerer Unabhängigkeit von der Sowjetunion einsetzten. Es gab personelle Veränderungen: Chefredakteur der "Volksstimme" wurde Franz West, Johann Koplenig legte krankheitshalber den Vorsitz zurück und wurde zum Ehrenvorsitzenden gewählt. An seine Stelle trat Franz Muhri.

1968 - ein Schicksalsjahr

In unserem Nachbarland war mit der Ablöse des früheren Parteichefs Antonin Novotny durch Alexander Dubćek einiges in Bewegung geraten. Durch die Einleitung von demokratischen Reformen auf politischem, wirtschaftlichem und kulturellem Gebiet hatte sich erstmals ein Sozialismus zu formieren begonnen, wie wir ihn uns wünschten und wie er auch den Vorstellungen des tschechoslowakischen Volkes entsprach. Wir schöpften Hoffnung und blickten nach Prag. Einen tiefen Eindruck hinterließ bei mir ein Vortrag von Eduard Goldstücker, dem Prorektor der Prager Karlsuniversität und Präsidenten des Tschechoslowakischen Schriftstellerverbandes. Der Vortrag fand in Wien im April 1968 unter dem Vorsitz von Ernst Fischer statt und zog viele interessierte Menschen verschiedenster Richtungen an. Goldstücker wies in seiner Rede unter anderem darauf hin, daß sich in der Tschechoslowakei als einem wirtschaftlich hoch entwickelten Land die Übernahme des sowjetischen Modells besonders negativ auswirken mußte. Er betonte aber, daß in der ČSSR der sozialistische Inhalt der Gesellschaft gewahrt bleiben solle, ebenso das Bündnissystem mit den anderen Ostblockländern. Der Vortrag wurde mit großem Interesse aufgenommen. Ich hatte mir damals ein Scheitern dieses Beispiels für einen "Sozialismus mit menschlichem Antlitz", wie es von Ernst Fischer formuliert wurde, nicht vorstellen können, es war zu schön!

In der Sowjetunion unter dem Parteichef Leonid Breschnew wurde die Entwicklung in der Tschechoslowakei mit scheelen Augen verfolgt, man ortete einen "kapitalistischen Restaurationsversuch" und eine Gefahr für das sozialistische Lager.

Ich verbrachte in diesem Sommer meinen Urlaub bei einem befreundeten Ehepaar in Zürich und in einem Landhaus im Schweizer Jura. Meine Schweizer Freundin Lotte Hümbelin, eine gebürtige Wienerin, die ich noch aus der Zeit meiner Jugendaktivitäten kannte, und ich waren uns in der Sorge um die Weiterentwicklung der Geschehnisse in der Tschechoslowakei einig. Mit höchster Spannung verfolgten wir in den Radiomeldungen das Tauziehen zwischen den beiden Regierungen, und die Angst begann von uns Besitz zu ergreifen: Es wird doch nicht so wie in Ungarn zu einer russischen Gewaltlösung, zu einem Einmarsch kommen! Im Gegensatz zu den Ungarn hatten die Tschechen doch ganz deutlich betont, daß sie an der Bündnispolitik mit den Warschauer Paktstaaten festhalten wollten! Es war zu Aussprachen und Vereinbarungen zwischen den Persönlichkeiten der beiden Länder gekommen. Als ich nach Hause fuhr, schien mir die Lage entspannt zu sein, und ich hoffte auf einen guten Ausgang. Doch ich war noch nicht lange daheim, als am Morgen des 21. Augusts um dreiviertel sieben Uhr bei mir das Telefon läutete und die erregte Stimme einer Freundin mir mitteilte: "Die Russen sind heute nacht in Prag einmarschiert, die Tschechoslowakei ist besetzt!" Also doch! Diese Nachricht war schlimmer als ein Schlag ins Gesicht. Ich begann zu heulen. Ich rief in meiner Bezirksleitung an und beschwor den Bezirkssekretär, in der Partei die Stimme gegen diese Ungeheuerlichkeit zu erheben. Das konnte nicht mehr toleriert, das mußte scharf verurteilt werden! Als ich erfuhr, daß am Abend eine Konferenz von Funktionären und Betriebsräten im Hause des ZK stattfinden werde, ging ich hin. Der Parteivorsitzende Muhri war anwesend, Fürnberg, Richter und Hexmann waren nicht in Wien, sie verbrachten gerade mit ihren Frauen den Urlaub in der Sowjetunion. Die Stimmung unter den Teilnehmern war einhellig: Der Einmarsch müsse in aller Öffentlichkeit verurteilt werden! Am 22. August erschien die "Volksstimme" mit der Überschrift: "Die KPÖ gegen den Einmarsch". Sie war an diesem Tag vergriffen. Man erfuhr von der schlagartigen Besetzung durch Truppen von fünf Warschauer Paktstaaten und von der Verschleppung der führenden Männer, die in russischen Panzerwagen fortgebracht worden waren. Die Prager Bevölkerung, die zu Dubćek und den Reformern hielt, leistete erbitterten Widerstand in vielschichtigen Varianten. In den Straßen Prags gab es erregte Diskussionen mit den Russen: "Warum seid ihr hergekommen?" Es gab Zusammenstöße, und russische Panzer wurden in Brand gesteckt. Es wurde geschossen, und es gab wieder viele Tote. Um die Russen zu desorientieren, wurden Straßenschilder abmontiert und dafür Schilder mit der Aufschrift "Dubček-Straße" angebracht. Nach der Besetzung der Rundfunkstation sendeten versteckt installierte Sender noch tagelang. Viele der russischen Soldaten, denen gesagt worden war, sie würden gegen eine "kapitalistische Konterrevolution" eingesetzt, waren verwirrt, als sie die Reaktion der tschechischen Bevölkerung sahen; manche sollen geweint haben.

In mir reifte in diesen Tagen eine Erkenntnis, die ich bis dahin immer bereit war zu verdrängen: Das alles kann nicht eine einmalige Fehlentscheidung der damaligen Machthaber mit Breschnew an der Spitze sein, das ist eine selbstherrliche Großmachtpolitik, die mit Sozialismus nichts mehr gemein hat. Ich brachte es damals unter Krämpfen fertig, mich mit jenen zu solidarisieren, die in Flugblättern und Demonstrationen ihre Abscheu gegen den russischen Überfall und ihre Sympathie für die überfallene Tschechoslowakei bekundeten. Zu "meiner Partei" hatte ich Vertrauen, hatte sie doch dieses Mal eine kritische Stellung bezogen. Als Fürnberg vom Urlaub aus der Sowjetunion zurückgekehrt war, wurde ihm sofort von Reportern die Frage gestellt, ob er mit der ablehnenden Stellungnahme des ZK der KPÖ zum Einmarsch konform gehe, was von ihm - zu diesem Zeitpunkt - bejaht wurde. Das stellte mich zufrieden.

Auf den Bezirks-Aktivistenbesprechungen zu diesem Thema gab es harte Diskussionen, und die Geister begannen sich zu scheiden. In meinem Bezirk überwog die Zahl der Altkommunisten - alt in doppelter Hinsicht: lange in der Partei und alt an Jahren. Sie beriefen sich auf die traditionelle Freundschaft mit der Sowjetunion und meinten, die Russen würden gewiß einen guten Grund für den Einmarsch gehabt haben. Zum ersten Mal entschloß ich mich damals, über meine eigenen Erlebnisse in der Sowjetunion öffentlich zu reden. Ich berichtete von den Übergriffen während der Stalinzeit, von der Verhaftung meines Mannes und davon, daß der russische Bürger, wenn überhaupt, nur beschnittene und falsche Informationen serviert bekomme. In der Tschechoslowakei, wo früher Ähnliches passierte, haben Dubček und andere, die selbst Leidtragende waren, Größe bewiesen, als sie versuchten, einen besseren Sozialismus aufzubauen. Die Mehrheit der Anwesenden verhielt sich meinen Ausführungen gegenüber abweisend, einer rief mir "Märchentante!" zu. Ein Resolutionsentwurf des damaligen Zentralkomitees, in dem der Einmarsch verurteilt wurde, fiel bei der Abstimmung durch.

Bei den Vorbereitungen zum 20. Parteitag der KPÖ, der für Anfang 1969 einberufen wurde, setzten sich bei der Wahl der Delegierten vielfach die alten konservativen Kräfte durch, die eine rege organisierte Tätigkeit entfalteten und sich auf große Teile der überalterten Mitgliederschaft stützen konnten. Parallel mit der Rückwärts-Entwicklung in der Tschechoslowakei wurde auch in der KPÖ mit administrativen Maßnahmen die Wende vollzogen. Es folgten die Ausschlüsse der "Revisionisten" Ernst Fischer, Franz Marek und einer Reihe anderer der fähigsten Spitzenfunktionäre; andere machten nicht mehr mit und gingen selbst. Was damals an Parteikadern zurückblieb, war eine linientreue Mittelmäßigkeit. 1971 war die Wendung um 180 Grad endgültig vollzogen, die "Normalisierung" hatte triumphiert. Für diese Partei, die ein Drittel ihres ohnehin nicht großen Mitgliederbestandes und ihre besten Köpfe im Gefolge der Parteikrise verloren hatte, blieb die Isolation der Normalzustand. Es war für mich und viele andere meiner Genossen nicht einfach, feststellen zu müssen, daß wir uns mit dieser Partei nicht mehr identifizieren können. Bisher hatte ich alles, auch das, was man mir persönlich zugefügt hatte, nicht der Partei, sondern den Menschen angelastet, die, wie mir schien, wider den Geist der Partei gehandelt hatten. Daß es nicht nur um die Bösartigkeit einzelner Leute, sondern um die Linie der Partei selbst ging, die sich unbequem gewordener Menschen entledigt, hatte ich nicht wahrhaben wollen. Ich begann mich zu fragen - und viele meiner Genossen taten dies damals auch -, welche Konsequenzen es wohl in dem Fall gegeben hätte, wenn die tonangebenden Leute in der Führung nicht nur Partei-, sondern auch Staatspositionen mit Verfügungsgewalt wie in den Nachbarländern eingenommen hätten. Mit anderen Worten: Wir mußten es als Vorteil empfinden, nicht in einem volksdemokratischen Regime zu leben.

Der Prozeß der Loslösung war sehr schmerzlich und zog meine seelische und körperliche Verfassung stark in Mitleidenschaft, ich fühlte mich krank. Ein halbes Jahrhundert hatte ich dieser Partei angehört, hatte ihr gedient und meine besten Freunde dort gefunden. Ich erinnerte mich, wie ich mir als junger Mensch Gedanken darüber gemacht hatte, ob es nicht das Schicksal einer jeden Partei sein müsse, einmal alt und lahm zu werden, wie es bei der Sozialdemokratie zu beobachten war, die in ihren jungen Jahren auch eine revolutionäre Partei mit viel Elan gewesen war. Die Möglichkeit, daß auch meine Partei einmal nicht mehr meinen Vorstellungen entsprechen könnte, wies ich zurück, hatte man uns doch gelehrt, daß die marxistische Weltanschauung, auf welcher diese Partei basiert, keinen Stillstand kenne, sondern laufend neue Ideen und Erkenntnisse in sich aufnehme. Jetzt hatte sich aber gezeigt, daß die Tatsachen mit diesen Worten nicht übereinstimmten. Mit dem Gefühl der Trostlosigkeit und der Heimatlosigkeit, das von mir Besitz ergriffen hatte, mußte ich erst noch fertig werden.

Die Depression

Sie kam unerwartet, wie ein Blitz aus heiterem Himmel. Nachdem ich eine Grippe überstanden hatte, bekam ich plötzlich Angstzustände. Eine Schwäche war eingetreten, ich konnte mich kaum auf den Beinen halten. Nach anfänglichen Fehldiagnosen wurde festgestellt, daß ich an einer Depression leide. Die große Menge von Psychopharmaka, die mir verabreicht wurde, blieb ohne Wirkung. Ich befand mich in einem schrecklichen Zustand, in welchem ich endlos scheinende Tage und Monate verbringen mußte, von einem Tag zum anderen darauf hoffend, daß die Medikamente endlich Wirkung zeigen würden - ein Zustand zwischen Sein und Nichtsein. Während der Körper kraftlos war, kreisten während meiner erzwungenen Untätigkeit die Gedanken umsomehr im Kopf, jeden Tag, lange Stunden: Hatten mich jetzt alle bösen Erlebnisse der Vergangenheit eingeholt? Ich zog in Gedanken die verschiedenen Stufen meiner Lebenskurve nach - jetzt war ich ganz unten angelangt und stand vor einem Abgrund. Die Hoffnung auf Wiedererlangung meiner Gesundheit hatte ich nicht aufgegeben, doch begann ich rational und ohne Emotionen abzuwägen, wie lange dieser Zustand für mich erträglich sein könne und wann es besser wäre, dem allen ein Ende zu machen.

Ich war froh, als mir der Arzt vorschlug, zu einer stationären Behandlung ins Krankenhaus zu gehen. Fünf Wochen intensiver Behandlung und vor allem die Besuche meines Sohnes richteten mich schließlich wieder auf. Ich konnte, was ich gar nicht mehr zu hoffen gewagt hatte, wieder zu meinem Malkurs in die Künstlerische Volkshochschule gehen, nachdem die Hände zu zittern aufgehört hatten. Seither habe ich das Gefühl, von der untersten Stufe meiner Lebenskurve, auf der ich bereits gestanden hatte, wieder emporgestiegen zu sein. Alles, was nachher kam, war ein neu geschenktes Leben. Jeder schöne Tag, ob in der freien Natur oder anderswo verbracht, jeder Kunstgenuß zählt seither doppelt.

Wiedersehen mit der Sowjetunion

Im Jahr 1968 kam ein Brief aus der Sowjetunion bei mir an. Er war von einem ehemaligen Arbeitskollegen, Serafim Michailowitsch Ljubimow, und war sehr kurz gehalten. Darin bat er, falls mich sein Brief erreichen sollte, ihm zu schreiben, wie es mir und meinem Sohn jetzt ergehe. Ich freute mich über diesen Brief, hatte ich doch seit mehr als 18 Jahren keine Briefe aus der Sowjetunion bekommen. Ljubimow hatte mir seinerzeit während der Kriegsjahre im URGAS ermöglicht, nach meinem Kind im Krankenhaus zu sehen, als in der Nacht zuvor ein Bombenhagel niedergegangen war und mir ein sturer Bürokrat die Erlaubnis dazu verweigert hatte. Ich erfuhr aus seinen Briefen, daß er nach der Scheidung von seiner Frau und nach einer Reorganisierung im Autowerk von Gorki in den Kaukasus übersiedelt war und bis zu seiner Pensionierung in einem Betrieb in der Stadt Ordschonikidse, dem ehemaligen Wladikawkas, als Chefarchitekt gearbeitet hatte. Ich hatte in den vergangenen Jahren oft an meine Freunde in der Sowjetunion gedacht und hätte auch eine Reise in Erwägung gezogen, wenn mir nicht bekannt gewesen wäre, daß Gorki Sperrgebiet sei und es dorthin keine Reisen für Ausländer gebe. Ich nützte eine günstige Flugreise zum 1. Mai nach Moskau, um mich mit meinem Bekannten aus vergangenen Zeiten treffen zu können. Sima - so durfte ich ihn statt des umständlichen "Serafim Michailowitsch" nennen - war aus Ordschonikidse angereist gekommen. Wir freuten uns über das Wiedersehen nach so vielen Jahren. Während der Besichtigungsfahrten, die er meist mitmachte, hatten wir Gelegenheit, uns über die Geschehnisse der vergangenen Jahre zu unterhalten. Ich schlug ihm vor, eine Reise nach Wien zu unternehmen. Ich hätte ihm gern, mit einem gewissen Stolz, meine Heimat gezeigt und wußte, daß dies für ihn ein Wunschtraum war. Die nötige Einladung für eine Privatreise wollte ich ihm schicken. Unsere Reisegruppe war im neuerbauten Riesenhotel "Rossija" in der Nähe des Roten Platzes untergebracht, auf dem es in diesen Tagen überaus lebhaft zuging. Der Eindruck, den ich vom damaligen Moskau bekam, bot nichts, was mir neu gewesen wäre: Wie gehabt, überall riesige Transparente mit den mir hinlänglich gekannten Losungen, die sich auf die führende Rolle der KPdSU und die Ankurbelung der Planerfüllung bezogen; die Straßen voll mit hastenden Menschen und Betrunkenen, wie man sie immer, besonders aber an Feiertagen antreffen konnte.

Nach meiner Rückkehr war mir daran gelegen, mein Versprechen zu erfüllen und Sima sofort eine Einladung zu schicken. Diese schriftliche Einladung hatte nicht nur zu beinhalten, daß ich für Unterkunft, Verpflegung und eventuell nötige ärztliche Betreuung aufkommen würde, es kamen noch mehrere Beglaubigungen dazu, die ich vom Bezirksgericht in der Riemergasse, vom Justizministerium und vom Außenamt einholen mußte; dazu schließlich für alles noch eine beglaubigte Übersetzung ins Russische. Im Dezember 1970 konnte ich schließlich die Einladung abschicken, damit Sima mit ihr um die Reiseerlaubnis ansuchen konnte. Drei Monate später bekam er die Absage mit der Begründung, daß für eine Reise "keine Notwendigkeit bestehe", da er zu mir in keinem Verwandtschaftsverhältnis stehe. Sima machte mir daraufhin das Angebot, einen Urlaub bei ihm im Kaukasus zu verbringen. Von den Bergen des Kaukasus hatten seinerzeit schon die Schutzbündler in Gorki geschwärmt, die dort als Instruktoren in Bergsteigerschulen tätig waren. Das Angebot war verlockend, und ich sagte zu. Nachdem ich die Einreiseerlaubnis zu einem Privataufenthalt bekommen hatte, machte ich mich im Sommer des Jahres 1972 auf den langen Weg. Ich reiste mit der Bahn zuerst nach Moskau. Dort wurde ich von Sima wieder abgeholt, der für die Weiterfahrt sorgte. Eine Flugkarte nach Ordschonikidse hatte auch Sima nicht erreichen können, dazu hätte er meinen Paß vorweisen müssen. Ich mußte mich also damit abfinden, nach einer Fahrt von einem Tag und zwei Nächten noch die Bahnfahrt nach Ordschonikidse bei 35 Grad Hitze in Kauf zu nehmen.

Gegenüber den Kriegs- und Nachkriegsjahren, wie ich sie kannte, war das Leben gewiß leichter geworden, doch konnte man es nicht mit einem westlichen Lebensstandard vergleichen. Sima hatte sein Ernährungsproblem insofern gelöst, als er in der Werksküche eines nahen Betriebes zu Mittag aß, für die ihm ein Arbeiter seine Essensmarken verkaufte. Diese Menüs waren reichlich, aber schwer verdaulich, und als ich sie versuchte, bekam ich Magenschmerzen. In einem "Diät"-Restaurant - ich bekam dafür eine Benützungserlaubnis vom im Restaurant diensthabenden Arzt - gab es Salzfisch zu essen, der mir ebenfalls Beschwerden verursachte. Wir landeten schließlich im "Intourist"-Restaurant, wo es zwar teures, aber verhältnismäßig gutes Essen gab. Aus dem Angebot von Lebensmitteln war zu ersehen, daß es mit der Versorgung der Haushalte schlecht bestellt war. Milch und Milchprodukte sowie Brot waren ausreichend vorhanden, aber z.B. mit Fleisch haperte es. Und das, welches ich zu sehen bekam, auch jenes auf dem freien Markt, war in keinem appetitlichen Zustand.

Mein Freund war in den praktischen Dingen nicht sehr geschickt. Eine geübte russische Hausfrau hätte wahrscheinlich mehr Wendigkeit und Spürsinn besessen und besser gewußt, wie an die Dinge, die man benötigt, heranzukommen sei. Ich mußte bei Sima, der sich sehr um mich sorgte, den Willen fürs Werk nehmen. Wir unternahmen zusammen einige schöne Bergtouren. Die Anreise dazu erfolgte mit dem Autobus, für den man Tage zuvor Platzkarten besorgen mußte. Auf andere Wanderer stießen wir bei unseren Touren gewöhnlich nur bei den Berghotels und "Stützpunkten" in der Nähe von Seilbahnen. Sie kamen in Gruppen und ließen sich, nachdem sie oben ein kleines Stück des Weges gegangen waren, beim Gletscher fotografieren, um wieder zurückzufahren. Wir machten es schließlich auch nicht anders, denn allein in der wenig erschlossenen Eisregion weiterzugehen wäre gefährlich gewesen. Ein schönes Erlebnis war die Fahrt zum höchsten Berg des Kaukasus, dem 5.633 m hohen Elbrus.

Über Fragen der Politik habe ich mit Sima wenig gesprochen. Ich merkte, daß er und seine Landsleute ihr Interesse anderen Fragen zugewandt hatten. Neben der Bewältigung der Alltagsprobleme waren es bei Sima vor allem die Musik und der Tennissport. Es war die Zeit des politischen Stillstandes. Daß es trotz des 20. Parteitags keine Entstalinisierung gegeben hatte, war daraus ersichtlich, daß man in einem georgischen Laden und sogar auf einen Felsen gemalt und weithin sichtbar das Bild des "großen Georgiers", Jossif Wissarionowitsch Stalin, der eigentlich Dschugaschwili hieß, bewundern konnte.

Als der Termin herangerückt war, fuhr ich wieder gern nach Hause zu meinen Bequemlichkeiten. Sima begleitete mich sichtlich traurig nach Moskau.

Noch im gleichen Jahr schickte ich eine Einladung ab. In der Botschaft der UdSSR hatte man mir versichert, daß die Beglaubigungen wie bei der vorherigen Einladung - nicht mehr nötig seien. Ich bekam aber die Einladung mit der Bemerkung zurückgeschickt, daß man sie in Ordschonikidse ohne Beglaubigungen nicht annehme. Ich mußte also die Laufereien zu den verschiedenen Ämtern wiederholen. Und dann kam wieder die Absage durch die sowjetischen Stellen. Die Sache war für mich unerklärlich und doppelt ärgerlich, da es zur gleichen Zeit bei Bekannten wiederholte Privatbesuche aus der Sowjetunion gab - wie man mir sagte, ohne jede Schwierigkeit. Ich versuchte es ein Jahr darauf noch einmal - wieder kam die Ablehnung.

Ich bekam viel Post von Sima. Seine Briefe waren lang und ausführlich. Ich konnte meinerseits, wenn mir danach zumute war und wenn ich Sorgen hatte, brieflich mein Herz bei ihm erleichtern, und ich stieß immer auf ehrliches Verständnis und großes Einfühlungsvermögen. Seinen Briefen konnte ich aber auch entnehmen, daß es bei ihm Leute gab, die seine "Verbindung mit dem Ausland" nicht gutgeheißen haben. Als einer seiner Freunde aus Gorki erfuhr, daß er die Festschrift zum 50jährigen Bestehen des Autowerkes, die er von diesem Freund erhalten hatte, an mich weitergeschickt hätte, brach dieser die Verbindung zu ihm ab. Einmal bekam ich ein Foto mit seinem Porträt, von dem ein Stück weggeschnitten war. Dazu die Erklärung: Als ihn einmal sein Cousin besuchte, ließen sie sich zusammen fotografieren, und als Sima die Absicht äußerte, mir dieses Bild zu schicken, mußte er den Cousin wegschneiden, denn dieser wünschte nicht, daß "sein Foto ins Ausland kommt". Diese Beispiele zeugen von einer Krampfhaftigkeit und Weltabgeschlossenheit, die die Menschen in der Sowjetunion noch bis in die Achtzigerjahre kennzeichnete. Als Simas Briefe lange Zeit ausblieben, war ich beunruhigt. Er hatte von einer Operation geschrieben, der er sich möglicherweise werde unterziehen müssen. Wer würde mich verständigen, wenn ihm etwas passiert? Ich entschloß mich, offene Karten mit meiner Absenderadresse und mit einer Bitte an den Leser um eine kurze Antwort abzusenden, denn ich hoffte auf eine Nachricht durch die Nachbarn. Und dann fand ich eines Tages in meinem Postkasten einen Brief aus der Sowjetunion mit einer mir fremden Handschrift. Ich öffnete und las: "... ich bin die Briefträgerin im Bereich, in dem S.M. Ljubimow gewohnt hat. Ich teile ihnen mit, daß er am 31. Jänner 1985 nach einer Operation gestorben ist ... Die Briefe habe ich nach Omsk geschickt, wo ein Cousin von ihm wohnt, da ich dachte, daß er Sie verständigen wird ..." Ich bedankte mich brieflich bei dieser einfachen Frau, die, anders als der Cousin aus Omsk, die "Verbindung zum Ausland" nicht gescheut und eine menschliche Pflicht übernommen hatte. Sima war also tot. Mir war er ein guter Freund, der wie niemand anderer an meinen Sorgen und Problemen Anteil genommen hatte - ich war für ihn so etwas wie eine späte unerfüllte Liebe.

Inzwischen kann ich das Leben als parteilose Bürgerin gut verkraften, was für mich aber nicht bedeutet, der Tätigkeit der verschiedenen politischen Parteien interesselos gegenüberzustehen. Bei Aktivitäten, die über Parteigrenzen hinausgehen, sei es im Rahmen von Bürgeraktionen, sei es im Alleingang, habe ich mich wiederholt betätigt und auch schöne Erfolge verzeichnen können. Ein Erlebnis aus dem Jahr 1985 halte ich für erwähnenswert, weil es die Situation beleuchtet, wie sie bereits im Jahr vor den Turbulenzen zur Wahl von Kurt Waldheim zum Bundespräsidenten bestanden hat. Ich schrieb einen Leserbrief an eine große Tageszeitung, weil mich die TV-Serie "Die Deutschen im Zweiten Weltkrieg", die in Österreich unter dem Titel "Der Zweite Weltkrieg" lief, besonders aufgebracht hatte. Diese Serie, überwiegend aus Nazi-Wochenschauen zusammengesetzt, kam eher einer Rechtfertigung, denn einer Verurteilung des Krieges gleich, es wurde z.B. von einem "sauberen" und "sportlichen" Krieg in Afrika gesprochen. Nach der Veröffentlichung meines Briefes fand ich in meinem Postkasten anonyme Zuschriften, aus denen ich zitiere: "... mit ihrer jüdischen Geisteshaltung möchten sie auf die Jugend einen Einfluß ausüben ... die Jugend wird an ihren Gesinnungsgenossen, die mit falschen Tatsachen manipulierten furchtbare Rache nehmen ...". Aus einem anderen Brief: "Gottseidank ist die Jugend nicht so dumm und glaubt das Geschmiere der jüdischen Latrinenpresse nicht!" Auch Telefonanrufe in diesem Sinne habe ich bekommen. Eine jüdische Bekannte beschwor mich, die Staatspolizei von diesen Briefen in Kenntnis zu setzen. Obwohl ich mir davon nicht viel versprach, entschloß ich mich doch, den Weg zur Staatspolizei zu unternehmen. Ich hatte nicht erwartet, daß mein Bericht dort Aufsehen erregen würde, war aber doch erstaunt darüber, wie wenig Interesse er bei den beiden anwesenden Beamten fand. Ich wurde gefragt, ob ich den Brief an die Zeitung in jemandes Auftrag geschrieben hätte. Dann meinten sie, wenn ich mich bedroht fühle, so könne ich Anzeige erstatten, ansonsten seien ihnen die Kreise, um die es sich bei diesen anonymen Briefen handeln könne, ohnehin bekannt. Ich möge die Briefe abgeben, und man werde einen Akt anlegen. Dann bat mich einer der Beamten, draußen am Gang etwas zu warten, und verschwand. Als er nach einer Weile wiederkam, meinte er kurz angebunden, ich könne gehen. Im Weggehen begann ich zu begreifen: Er wollte wahrscheinlich erst einmal nachsehen, mit wem er es bei dieser Anzeigerin zu tun habe - es könnte etwas über sie aufliegen. Ich glaube annehmen zu können, daß über eine "schlechte Österreicherin", wie ich seinerzeit vom Ministerialrat Dr. Pammer genannt worden war, bei der Stapo Unterlagen vorhanden sind, in die er Einsicht nehmen konnte. Etwas nachdenklich ging ich fort. Ich hatte den Eindruck gewonnen, daß ich den Beamten der Staatspolizei in größerem Maße suspekt erschienen war, als die von mir angezeigten Neonazis.

In meinem Land wird "Kommunist" als Schimpfwort gebraucht. Aktiver Nazi gewesen zu sein gilt bei vielen Menschen als weniger ehrenrührig. Ich sehe durchaus keinen Grund, meine Vergangenheit zu verleugnen und zusammen mit der Absage an die Parteien auch meinen Glauben an eine Gesellschaft aufzugeben, in welcher die von mir und meinen Freunden angestrebten Ideale verwirklicht werden können. Es führt nicht nur ein Weg dorthin, es werden ihrer viele sein.

Biografische Texte zur Kultur- und Zeitgeschichte

In dieser Reihe veröffentlicht der **Verlag für Gesellschaftskritik** regelmäßig Texte von und über Österreicher und Österreicherinnen, die nicht nur "ihre Pflicht" getan haben.

Williy Verkauf-Verlon

Situationen.

Eine autobiografische Wortcollage

Wien 1983, ISBN 3-900351-24-4
208 Seiten, öS 160,-/DM 26,-

Franz Pichler

Polizeihofrat P.

Ein treuer Diener seines ungetreuen Staates
Wiener Polizeidienst 1901 - 1938

Wien 1984, ISBN 3-900351-32-5
184 Seiten, öS 148,-/DM 22,-

Mali Fritz/Hermine Jursa

Es lebe das Leben

Tage nach Ravensbrück

Biografische Texte zur Kultur- und Zeitgeschichte, Band 1
Wien 1984, ISBN 3-900351-35-X
132 Seiten, mit 15 Zeichnungen von Helmut Kurz-Goldenstein,
öS 148,-/DM 22,-

"Jetzt haben wir Ihnen, Meisel!"

Kampf, Widerstand und Verfolgung des österreichischen Antifaschisten Josef Meisel 1911-1945

Biografische Texte zur Kultur- und Zeitgeschichte, Band 2
Wien 1985, ISBN 3-900351-43-0
184 Seiten, öS 168,-/DM 24,-

Josef Meisel

Die Mauer im Kopf

Erinnerungen eines ausgeschlossenen Kommunisten 1945-1970

Biografische Texte zur Kultur- und Zeitgeschichte, Band 3
Wien 1986, ISBN 3-900351-52-X
224 Seiten, öS 186,-/DM 27,-

Mali Fritz

Essig gegen den Durst

565 Tage in Auschwitz-Birkenau

Biografische Texte zur Kultur- und Zeitgeschichte, Band 4
Wien 1986, ISBN 3-900351-64-3
164 Seiten, öS 148,-/DM 22,-

Franziska Tausig

Shanghai-Passage

Flucht und Exil einer Wienerin

Biografische Texte zur Kultur- und Zeitgeschichte, Band 5
Wien 1987, ISBN 3-900351-65-1
168 Seiten, öS 168,-/DM 24,-

Christian Fleck

Der Fall Brandweiner

Universität im Kalten Krieg

Biografische Texte zur Kultur- und Zeitgeschichte, Band 6
Wien 1987, ISBN 3-900351-81-3
168 Seiten, öS 168,-/DM 24,-

Verzeichnis aller lieferbaren Titel - Frühjahr 1990

01 Peter Feldbauer, Kinderelend in Wien. Von der Armenpflege zur Jugendfürsorge. 17.-19. Jahrhundert.

02 Arno Pilgram, Kriminalität in Österreich. Studien zur Soziologie der Kriminalitätsentwicklung.

03 Leopold Redl/Hans Wösendorfer, Die Donauinsel. Ein Beispiel politischer Planung in Wien.

04 Julius Mende/Franz Ofner, Automation und Ausbildung. Folgen der Mikroelektronik in Arbeitswelt und Schule.

05 Emmerich Talos, Staatliche Sozialpolitik in Österreich. Rekonstruktion und Analyse.

06 Gottfried Pirhofer/Michael Tripes, Am Schöpfwerk neu bewohnt. Ungewohntes vom Wiener Gemeindebau.

07 Hansjörg Gutweniger/Eva Köckeis/Evi Laimer u.a., Wege und Umwege. Studienbiographien aus Österreich.

09 Arbeitsgemeinschaft Volksgruppenfrage (Hg.), Kein einig Volk von Brüdern. Zur Mehrheiten-/Minderheitenproblematik am Beispiel Kärntens.

12 Helmut Konrad (Hg.), Der alte Mensch in der Geschichte.

13 Josef Lins, Mitbestimmung im Wohnbau. Von Technokratenherrschaft zu konkreter Demokratie.

14 Roland Deiser/Norbert Winkler, Das politische Handeln der Österreicher.

15 Kulturjahrbuch 1 - mit Beiträgen zu Museen und Großaustellungen, zur Alltagskultur etc.

17 Michael John, Hausherrenmacht und Mieterelend. Wohnverhältnisse und Wohnerfahrungen in Wien 1890 - 1923.

18 Susanne Dermutz, Der österreichische Weg. Schulreform und Bildungspolitik in der Zweiten Republik.

20 Josef Baum, Tagwache. Erfahrungen eines Präsenzdieners beim österreichischen Bundesheer.

24 Willy Verkauf-Verlon, Situationen. Eine autobiographische Wortcollage.

25 Dieter Braunstein/Kunibert Raffer (Hg.), Technologie, Bildung und Abhängigkeit. Die kulturelle Dependenz der Entwicklungsländer.

26 Emmerich Talos/Georg Vobruba (Hg.), Perspektiven der Arbeitszeitpolitik.

27 Lisbeth N. Trallori, Vom Lieben und Töten. Zur Geschichte patriarchaler Fortpflanzungskontrolle

29 Kulturjahrbuch 2 - mit Beiträgen zur Jugend- und Alternativkultur, Museums und Ausstellungspolitik und zur Kulturwissenschaft.

30 Emmerich Talos/Wolfgang Neugebauer, "Austrofaschismus". Beiträge zu Politik, Ökonomie und Kultur 1934 - 1938.

31 Walter Sauer/Theresia Zeschin (Hg.), Die Apartheid-Connection. Österreichs Bedeutung für Südafrika.

32 Franz Pichler, Polizeihofrat P. Ein treuer Diener seines ungetreuen Staates. Wiener Polizeidienst 1901 - 1938.

33 Albert Lichtblau, Wiener Wohnungspolitik 1892 - 1919.

34 Karl Czasny/Richard Kende, Lehrjahre bei Bau-Holz. Erfahrungen in einer Gewerkschaftszentrale.

35 Mali Fritz/Hermine Jursa, Es lebe das Leben! Tage nach Ravensbrück.

37 Arbeitsgemeinschaft Volksgruppenfrage (Hg.), Zwischen Selbstfindung und Identitätsverlust. Ethnische Minderheiten in Europa.

38 Hubert Chr. Ehalt/Ursula Knittler-Lux/Helmut Konrad (Hg.), Geschichtswerkstatt, Stadtteilarbeit, Aktionsforschung. Perspektiven emanzipatorischer Bildungs- und Kulturarbeit.

39 Kulturjahrbuch 3: Ästhetik und Geschmack.

41 Erna Appelt, Von Ladenmädchen, Schreibfräulein und Gouvernanten. Die weiblichen Angestellten Wiens zwischen 1900 und 1934.

Verzeichnis aller lieferbaren Titel - Frühjahr 1990

42 Wolfgang Stangl, Die Neue Gerechtigkeit. Die Strafrechtsreform in Österreich 1954 - 1975.

43 "Jetzt haben wir Ihnen, Meisel!" Kampf, Widerstand und Verfolgung des österreichischen Antifaschisten Josef Meisel 1911-1945.

44 Hainburg - ein Basisbuch. 246.485 anschläge gegen den stau.

47 Karl Ucakar, Demokratie und Wahlrecht in Österreich. Zur Entwicklung von politischer Partizipation und staatlicher Legitimationspolitik.

48 Georg Scheuer, Genosse Mussolini. Wurzeln und Wege des Ur-Fascismus.

50 Heinz Hattinger/Peter Steyrer, Die Illusion vom Überleben. Zivilschutz in Österreich.

52 Josef Meisel, Die Mauer im Kopf. Erinnerungen eines ausgeschlossenen Kommunisten 1945-1970.

53 Kulturjahrbuch 4: Über das Schreiben.

54 Susanne Dermutz/Peter Gstettner/Peter Seidl (Hg.), Schulreform die Kritik geht weiter.

55 Josef Christian Aigner, Rolf Gindorf (Hg.), Von der Last der Lust. Sexualität zwischen Liberalisierung und Entfremdung.

59 Marina Fischer-Kowalski/Peter Seidl u.a., Von den Tugenden der Weiblichkeit. Mädchen und Frauen im österreichischen Bildungssystem.

60 Gertraud Steiner, Die Heimat-Macher. Kino in Österreich 1946-1966.

61 Linke Spuren. Marxismus seit den sechziger Jahren.

62 Margit Scherb/Inge Morawetz (Hg.), Stahl und Eisen bricht... Industrie und staatliche Politik in Österreich.

63 Kulturjahrbuch 5: Kaiserforum, Museumsinsel, Kulturpalast. Ein neues Museum als Jahrhundertchace?

64 Mali Fritz, Essig gegen den Durst. 565 Tage in Auschwitz-Birkenau.

65 Franziska Tausig, Shanghai-Passage. Flucht und Exil einer Wienerin.

66 Thomas Krobath/Max J. Suda/ Dieter Olaf Schmalstieg (Hg.), Befreiung in Zwängen. Für Kurt Lüthi.

67 Stefan Riesenfellner, Der Sozialreporter. Max Winter im alten Österreich.

69 Beate Frakele/Elisabeth List/Gertrude Pauritsch (Hg.), Über Frauenleben, Männerwelt und Wissenschaft. Österreichische Texte zur Frauenforschung.

70 Aurelia Weikert/Johanna Riegler/ Lisbeth N. Trallori (Hg.), Schöne neue Männerwelt. Beiträge zu Gen- und Fortpflanzungstechnologien.

71 Emmerich Talos/Margit Wiederschwinger (Hg.), Arbeitslosigkeit. Österreichs Vollbeschäftigungspolitik am Ende?

72 Kulturjahrbuch 6: Gramsci, Pasolini. Ein imaginärer Dialog.

73 Helmut Koch/Hans Lindenbaum (Hg.), Höchste Eisenbahn. Wohin fahren die ÖBB?

74 Erna Appelt/Andrea Lösch/Edith Prost (Hrsg.), Stille Reserve? Erwerbslose Frauen in Österreich.

75 Bernhard Cohen/Luc Rosenzweig, Der Waldheim Komplex.

78 Robert Hoffmann, "Nimm Hack' und Spaten..." Siedlung und Siedlerbewegung in Österreich 1918 - 1938.

80 Eduard Gugenberger/Roman Schweidlenka, Mutter Erde, Magie u. Politik. Zwischen Faschismus und neuer Gesellschaft.

81 Christian Fleck, Der Fall Brandweiner. Universität im Kalten Krieg.

82 Andrea Komlosy, An den Rand gedrängt. Wirtschafts- und Sozialgeschichte des Oberen Waldviertels.

83 Peter Pelinka/Gerhard Steger (Hg.), Auf dem Weg zur Staatspartei. Zu Geschichte und Politik der SPÖ seit 1945.

84 Emmerich Talos/Ernst Hanisch/Wolfgang Neugebauer (Hg.), NS-Herrschaft in Österreich 1938 - 1945.

85 Margit Scherb/Inge Morawetz (Hg.), Der un-heimliche Anschluß. Österreich und die EG.

Verzeichnis aller lieferbaren Titel - Frühjahr 1990